应急管理十二讲

钟开斌 著

人民出版社

序　一
推进应急管理体系和能力现代化

钟开斌同志是个非常热爱学习、善于学习、善于思考的年轻有为的学者。他撰写的《应急管理十二讲》一书，是他多年来在中央党校（国家行政学院）教学成果的凝练，是紧密结合应急管理实践调查研究的总结。我看到这本书稿，特别是听说人民出版社准备近期出版，感到非常高兴、非常及时。

应急管理是国家治理体系和治理能力的重要组成部分。当今世界上任何一个国家的政府，能不能防范化解重大风险，能不能有效地管理和处置危机，能不能维护正常的社会秩序，能不能保障人民群众的生命财产安全，成为检验这个政府能否取信于民的重要标志，是检验这个政府是否对人民群众负责的试金石。2019年11月29日，习近平总书记在主持十九届中央政治局第十九次集体学习时强调，要发挥我国应急管理体系的特色和优势，积极推进我国应急管理体系和能力现代化。在这次新冠肺炎疫情防控工作中，习近平总书记反复强调，防控工作取得的成效，再次彰显了中国共产党领导和中国特色社会主义制度的显著优势；这次疫情是对我国治理体系和能力的一次大考，我们一定要总结经验、吸取教训；要针对这次疫情应对中暴露出来的短板和不足，健全国家应急管理体系，提高处理急难险重任务能力。

当今世界正经历百年未有之大变局，我国面临对外维护国家主权、安全、发展利益，对内维护政治安全和社会稳定的双重压力，各种可以预见和难以预见的风险因素明显增多。风险挑战越来越呈现出自然和人为致灾因素相互联系、传统安全和非传统安全因素相互作用、既有社会矛盾和新生社会矛盾相互交织等特征；突发事件越来越呈现出伤亡大、损失大、影响大，复杂性加剧和防控难度加大等特点，"黑天鹅"与"灰犀牛"事件不断发生。如何准确把握外部环境的深刻复杂变化和我国改革发展稳定面临的新情况新问题新挑战，如何全面加强应急管理体系和能力建设，增强忧患意识，提高防控能力，着力防范化解重大风险，保持经济持续健康发展和社会大局稳定，是各级党委、政府和领导干部面临的一项紧迫而长期的任务。

《应急管理十二讲》一书，就是一本值得关注的全面探讨和科学阐释有效应对突发事件的专著。本书围绕"怎么看"和"怎么办"两大方面，在阐述应急管理的重要性、紧迫性、艰巨性的基础上，按照突发事件发生发展变化的生命周期，提出了做好应急管理工作的 11 项重点任务，构成了应急管理能力提升的理论框架。在我国应急管理机构改革不断深化、应急管理事业迈入新的发展阶段的背景下，本书讲清楚了应急管理的三个重大问题。

一是"是什么"的问题，即应急管理的概念界定。目前，理论界和实务部门在交叉使用"国家安全""公共安全""突发事件""灾害事故"等概念。2018 年应急管理部组建后，应急管理有时被狭隘地理解为仅仅是应急管理部门的职责，应急管理的对象有时被狭隘地理解为仅仅是应急管理部门所管理的自然灾害和生产安全事故，应急管理的内容有时被狭隘地理解为仅仅是事中应急处置与救援等。本书立足公共安全和"全灾种、全过程、大应急"的综合应急管理维度，就此做了科学阐释。第一，突发事件包括自然灾害、事故灾难、公共卫生事件、社会安全事件四大类，而且，各类事件之间往往相互关联、相互影响，有时还可能会相互叠加、耦合。第二，应急管理是各级党委、政府和相关部门共同的职责，而不仅仅是应急管理部门一家的职责，要按照"党政同责、一岗双责、齐抓共管"的总体要求，明确各方职责，特别要发挥好应急管理部门的综合优势和各相关部门的专业优势，根据职责分工承担各自责任，形成整体合力。第三，应急管理是一个覆盖突发事件事前、事中、事后的全过程应对活动，包含预防与应急准备、监测与预警、应急处置与救援、事后恢复与重建四个阶段，而且是一个循环往复的过程，每一次事后恢复与重建都是新一轮预防与应急准备的开始，要按照全周期管理的要求，统筹做好各个阶段的工作，做到安全发展、可持续发展。

二是"为什么"的问题，即应急管理的科学定位。本书从三个"事关"，对应急管理工作的重要性、紧迫性、艰巨性进行科学把握。第一，应急管理事关人民群众切身利益，国泰民安是人民群众最普遍的愿望，公共安全是最基本的民生，我们开展各项工作都要把人的生命放在首位，尊重生命，关爱生命，把保护人的生命安全和身体健康作为神圣职责。第二，应急管理事关经济社会发展大局，要把应急管理工作放到我国经济社会发展大局中谋划，进一步将安全发展作为我国经济社会发展的一项基本原则，统筹发展和安全两件大事，以安全促发展，以发展保安全。第三，应急管理事关中国梦的宏伟目标，我们必须站在确保党长期执政、执好政，实现"两个一百年"奋斗目标、实现中华民族伟大复兴的中国梦的战略高度，来认识应急管理工作的特殊重要性。

三是"怎么办"的问题，即应急管理的能力提升。党的十八届三中全会，把"完善和发展中国特色社会主义制度、推进国家治理体系和治理能力现代化"确立为全面深化改革的总目标。治理体系和治理能力是国家治理的两个核心要素，两者之间相辅相成，有了好的国家治理体系才能提高国家治理能力，提高国家治理能力才能充分发挥国家治理体系的效能。应急管理是国家治理体系和治理能力的重要组成部分，积极推进我国应急管理体系和能力现代化，同样要紧紧抓住体系和能力这两个基本要素。本书采取时间序列分析的方法，基于突发事件生命周期和突发事件应对全过程，将应急管理的重点任务分为源头防范、风险管控、应急准备、监测预警、事态研判、信息报告、决策部署、组织指挥、舆论引导、恢复重建、调查学习共 11 个方面。这 11 项重点任务环环相扣，是做好新时期应急管理工作的任务书、责任单、能力表，为各级党委、政府和领导干部提升应急管理能力提供了一个基本框架。

本书有三个突出的特点。

一是鲜明的政治性。新中国成立以来，党和国家始终高度重视应急管理工作。特别是党的十八大以来，习近平总书记站在实现"两个一百年"奋斗目标、保障中华民族长远发展的全局和战略高度，胸怀中华民族伟大复兴的战略全局和世界百年未有之大变局，对应急管理工作作出了一系列重要论述。习近平总书记关于应急管理的新思想、新论断、新要求，为新时代应急管理事业改革发展指明了方向，提供了根本遵循。本书全面贯彻习近平总书记关于应急管理的新思想、新论断、新要求，体现出鲜明的政治站位和政治导向。

二是严谨的学理性。应急管理既是一门艺术，也是一门学问、一门科学，而且是一个实践性非常强的跨学科新兴研究领域。本书在总结已有理论研究成果的基础上，基于突发事件生命周期和突发事件应对全过程，将应急管理的重点任务分为 11 个方面，同时引介了国内外学术研究的许多新成果。因此，本书具有比较扎实的学术支撑和严谨的学理逻辑。

三是鲜活的趣味性。恩格斯曾经说过："没有哪一次巨大的历史灾难不是以历史的进步为补偿的。"应急管理在很大程度上是灾难推动型的。从案例中总结经验教训，是做好应急管理工作的基本方法。本书采取案例导入和案例分析的方法，介绍分析了国内外应急管理领域的数十个案例，覆盖了国内和国外，预防与应急准备、监测与预警、应急处置与救援、事后恢复与重建等应急管理全过程，自然灾害、事故灾难、公共卫生事件、社会安全事件等各类突发事件。对每个重点案例，本书还引用不同的文献资料进行比对和深度解剖，给人以警示，给人以教育，给人以经验，给人以方法，也让本书读起来鲜活生动，有很强的趣味性和说服力。

2019年1月21日，习近平总书记在省部级主要领导干部坚持底线思维着力防范化解重大风险专题研讨班开班式上强调，面对波谲云诡的国际形势、复杂敏感的周边环境、艰巨繁重的改革发展稳定任务，我们必须始终保持高度警惕，既要高度警惕"黑天鹅"事件，也要防范"灰犀牛"事件；既要有防范风险的先手，也要有应对和化解风险挑战的高招；既要打好防范和抵御风险的有准备之战，也要打好化险为夷、转危为机的战略主动战。

本书出版，正值我国新冠肺炎疫情防控阻击战取得重大战略成果，全球疫情和世界经济形势严峻复杂，我国面临的风险挑战前所未有之际。"促一方发展、保一方平安"，是各级党委、政府和领导干部必须切实担负起的政治责任。我相信，本书对提高各级领导干部应对危机与风险的研判力、决策力、掌控力、协调力、舆论引导力和学习能力一定会发挥重要作用，对开展应急管理理论研究、加强应急管理教育培训一定会起到积极影响，让关心应急管理事业发展的理论工作者、实务工作者能够从中受益和借鉴。

最后，借此机会，我衷心希望钟开斌同志再接再厉，也期待有更多热心应急管理事业的志士仁人齐心协力，让更多更好的应急管理专著同广大读者见面，共同为推进我国应急管理体系和能力现代化作出积极贡献。

国家减灾委专家委副主任

国务院应急管理专家组组长

2020年5月

序 二
全面加强应急管理能力建设

有效应对突发事件，维护社会和谐稳定，是公共管理核心职能的应有之义，也是各国政府的基本职责。党的十八大以来，以习近平同志为核心的党中央，立足我国灾害事故多发频发的基本国情，就应急管理作出一系列重大战略决策，推动我国应急管理实现里程碑式发展。党的十八届三中全会提出，全面深化改革的总目标，就是完善和发展中国特色社会主义制度、推进国家治理体系和治理能力现代化。党的十九届四中全会提出，构建统一指挥、专常兼备、反应灵敏、上下联动的应急管理体制，优化国家应急管理能力体系建设。2019 年 11 月 29 日，习近平总书记在主持中央政治局第十九次集体学习时强调，充分发挥我国应急管理体系特色和优势，积极推进我国应急管理体系和能力现代化。

应急管理体系和应急管理能力，是一个国家应急管理的两个核心要素，是相互支持、相互作用、相辅相成的。应急管理体系是一个国家应对突发事件的理念及相应的体制机制安排，应急管理能力是国家拥有的应急管理资源及对其进行合理配置和有效使用的能力。应急管理体系在多大程度上对突发事件应对工作发挥作用，最终要靠应急管理能力来体现。随着新时代我国应急管理事业迈入新的发展阶段，中国特色应急管理体系基本形成，突发事件应对的制度框架基本建立，需要更多地从能力建设的角度，研究全过程突发事件应对活动的重点目标、关键环节、基本任务，提出对各级党委、政府和领导干部的核心能力要求。

钟开斌所著的《应急管理十二讲》，就是一本重点探讨应急管理能力建设的专著。本书在简要介绍应急管理的基本特点、重大意义和现实要求的基础上，基于突发事件生命周期和突发事件应对全过程，构建一个过程性应急管理能力框架，将应急管理全过程分为事前防备、事中控制、事后恢复三大环节共 11 项重点任务。针对每一项重点任务，本书综合了相关理论研究和实务工作的前沿成果，并选取典型案例，从"是什么""为什么""怎么办"三个方面，对每一项重点任务展开详细论述，给读者提供全过程应急管理的任务书、路线图、时间表。

能力建设既是推进新时代应急管理工作的重要抓手，也是中国共产党长期加强自身建设的重要方面。早在延安时期，毛泽东就提出："我们队伍里边有一种恐慌，不是经济恐慌，也不是政治恐慌，而是本领恐慌。过去学的本领只有一点点，今天用一点，明天用一点，渐渐告罄了。"党的十六届四中全会首次把"执政能力建设"作为中心议题，审议通过了《中共中央关于加强党的执政能力建设的决定》。决定指出，大力加强执政能力建设，"是关系中国社会主义事业兴衰成败、关系中华民族前途命运、关系党的生死存亡和国家长治久安的重大战略课题"。党的十九大报告强调："领导十三亿多人的社会主义大国，我们党既要政治过硬，也要本领高强。"

应急管理能力是党的执政能力的重要组成部分，是各级党委、政府和领导干部必须具备的一项重要能力。2015 年 1 月 12 日，习近平总书记同中央党校第一期县委书记研修班全体学员座谈时强调："要加强对学员进行危机处理、国家安全和公共安全的教育培训。"党的十九大报告强调，增强驾驭风险本领，健全各方面风险防控机制，善于处理各种复杂矛盾，勇于战胜前进道路上的各种艰难险阻，牢牢把握工作主动权。2019 年 1 月 21，习近平总书记在省部级主要领导干部坚持底线思维着力防范化解重大风险专题研讨班开班式上强调，防范化解重大风险，是各级党委、政府和领导干部的政治职责，大家要坚持守土有责、守土尽责，把防范化解重大风险工作做实做细做好。2019 年，中共中央办公厅印发的《党政领导干部考核工作条例》明确指出，"驾驭风险本领"是领导班子"领导能力"的重要内容，"能"要"全面考核领导干部履职尽责特别是应对突发事件、群体性事件过程中的政治能力、专业素养和组织领导能力等情况"。突如其来的新冠肺炎疫情，是对我国国家治理体系和治理能力的一次大考。习近平总书记强调，要针对这次疫情应对中暴露出来的短板和不足，提高处理急难险重任务能力；要增强综合能力和驾驭能力，学习掌握自己分管领域的专业知识，使自己成为内行领导。

本书的突出特点，是坚持政治性与学理性相统一、理论性与实践性相统一、知识性与趣味性相统一，用通俗易懂的语言，生动鲜活的案例，深入浅出地展示应急管理"应知""应会"的主要内容，熟悉做好应急管理工作的"道"与"术"，把握积极推进新时代我国应急管理体系和能力现代化的基本思路和主要方法。

一是政治性与学理性相统一。作者长年从事应急管理理论研究和政策研究，在中央党校（国家行政学院）从事应急管理干部教育培训，既熟悉应急管理理论前沿，也熟悉中央关于应急管理的重大决策部署以及各级党委、政府和领导干部应急管理工作的痛点难点。由于有这些有利条件作支撑，本书做到了政治性与学理性有机统一。一方面，本书坚持以习近平总书记关于应急管理的重要论述为指导，贯彻落实中央关于应急管理的重大决策部署，让读者全面把握中央关于应急管理工作的总体要求，熟悉中国特色应急管理体系的基本内容；另一方面，本书以国内外应急管理基础理论和前沿知识为支撑，介绍国内外最新研究成果，让读者系统了解应急管理领域的经典理论和前沿研究成果。

二是理论性与实践性相统一。管理既具有科学性又具有艺术性，既强调"知"又强调"行"，要求"知行合一"。本书采取理论阐述与案例剖析相结合的方法，兼顾理论厚度和现实深度，实现理论性与实践性有机统一，做到既"顶天"又"立地"：一方面，本书以应急管理基础理论为支撑，介绍突发事件应对的经典理论和最新研究成果，从而使得本书的内容具有比较扎实的理论厚度；另一方面，本书立足各级党委、政府、领导干部以及企事业单位领导和理论研究者的实际需求，全面介绍中央关于应急管理的新部署、新任务、新要求，总结提炼应急管理的相关基础知识图谱和核心能力要求，切实满足突发事件应对实际工作需要，让读者感到实用、管用、好用、耐用。

三是知识性与趣味性相统一。应急管理实践性比较强。毛泽东曾经说过："理性认识依赖于感性认识，感性认识有待于发展到理性认识。"理论来源于实践又高于实践，通过剖析以现实案例为主的鲜活实践，有利于熟悉应急管理理论知识，掌握应急管理实际能力。作者长年从事应急管理案例开发、评估和教学工作，积累了大量鲜活的真实案例。本书突破传统理论教材枯燥乏味的说教模式，采取"以案说理"的方式，以作者长年研究、开发和讲授的大量真实教案为基础，在"讲故事""摆事实"的过程中把相关的理论知识生动巧妙地传递给读者，实现了知识性与趣味性的有机统一。这种对"身边人"说"身边事"、析"身边案"的写作方法，大大增加了本书的吸引力和可读性。

应急管理是一个跨学科新兴研究领域。应对复杂多变的公共安全形势，做好艰巨繁重的应急管理工作，需要大力加强人才培养和学科建设。2019年11月29日，习近平总书记在主持中央政治局第十九次集体学习时强调，大力培养应急管理人才，加强应急管理学科建设。正如突如其来的新冠肺炎疫情表明的，在一个充满高度不确定因素的现代风险社会，应急管理的重要性、紧迫性、艰巨性日益凸显，对应急管理人才培养和学科建设的需求更为迫切。也正因此，按照国务院学位委员会的要求，部分学科授予单位正在公共管理一级学科下自主设置应急管理二级学科，开展相关学科建设和人才培养试点工作。

与严峻复杂的公共安全形势和各方面的要求期待相比，我国在应急管理方面的理论研究和实践积累都还远远不够。相信本书的出版，对加强我国应急管理理论研究与实务工作，推动新时代我国应急管理体系和能力建设，提升各级党委、政府和领导干部的应急管理能力和水平会有积极的帮助，也希望本书能够吸引越来越多的理论工作者和实务工作者参与讨论交流，为积极推进新时代我国应急管理体系和能力现代化作出贡献。

清华大学苏世民书院院长
清华大学公共管理学院学术委员会主任、教授
2020 年 5 月

目 录

CONTENTS

第一讲

应急管理：怎么看怎么办

应急管理是国家治理体系和治理能力的重要组成部分，承担防范化解重大安全风险、及时应对处置各类灾害事故的重要职责，担负保护人民群众生命财产安全和维护社会稳定的重要使命。要发挥我国应急管理体系的特色和优势，借鉴国外应急管理有益做法，积极推进我国应急管理体系和能力现代化。

——习近平在主持十九届中央政治局第十九次集体学习时的讲话（2019 年 11 月 29 日）

一、"我当时震惊了"

2001 年 9 月 11 日（星期二），美国东部时间上午 8 时 46 分，一架从波士顿飞往洛杉矶的波音 767 飞机遭劫持后，撞向位于纽约市曼哈顿岛西南端的世贸中心北侧大楼 94—98 层之间。9 时 03 分，又有一架飞机以极快的速度，冲向世贸中心南侧大楼。遭到攻击后，高达 110 层的世贸中心双子楼相继倒塌，附近多座建筑也因受震而坍塌。9 时 30 分许，另一架被劫持的客机撞向位于华盛顿的美国国防部五角大楼，导致五角大楼局部结构损坏并坍塌。10 时许，第四架被劫持的飞机在宾夕法尼亚州尚克斯维尔（Shanksville）东南部地区坠毁。

"9·11"事件是有史以来发生在美国本土最为严重的恐怖袭击事件。时任美国总统小布什事后谈道："自珍珠港事件后，这是我们遭遇的最为惨痛的一次突然袭击。这也是自 1812 年第二次独立战争后，第一次遭遇敌人袭击我们的首都。"[①] 根据官方统计，截至 2004 年 7 月 9 日(调查截止时间)，此次事件共造成 2973 人遇难（不包括 19 名劫机者，后调整为 2996 人）。其中，纽约世贸中心大楼共 2749 人（包括来自全世界 87 个国家的公民），五角大楼共 184 人（包括机上 59 名乘客和机组人员），宾夕法尼亚州共 40 人（包括乘客和机组人员）。[②] 事件造成惨痛的人员伤亡和经济损失，对美国民众造成极为深远的心理影响，不仅

---

① ［美］乔治·沃克·布什：《抉择时刻》，东西网译，中信出版社 2011 年版，第 123 页。

② National Commission on Terrorist Attacks Upon the United States, *The 9/11 Commission Report: Final Report of the National Commission on Terrorist Attacks Upon the United States*, New York: W.W. Norton & Company, 2003, p.311, p.552.

影响了美国的内政外交，也深刻地改变了世界格局。

"9·11"事件是对美国领导人的重大考验。事发当时，小布什在佛罗里达州的埃玛·布克小学访问。得知第一架飞机撞上世贸中心后，他说："这听起来很奇怪，我当时以为是一架小型的螺旋桨飞机由于突然失控而撞上大楼。"得知撞上世贸中心大楼的是一架商用的喷气式大型飞机后，他说："我当时震惊了，心想那架飞机上的飞行员一定是世界上最糟糕的飞行员。他怎么可能在一个大晴天把飞机撞上一座摩天大楼呢？或许是他突发心脏病吧。"得知又一架飞机撞上了世贸中心双子塔中的另一座大楼后，他说道："我的第一反应就是愤怒。竟然有人胆敢袭击美国。""阅读课还在继续，但是我的思绪早已飞离教室。谁会干出这样恶毒的行径？造成的损失有多严重？政府需要做些什么呢？"①

"9·11"事件是美国应急管理一个里程碑式的事件，也是全球应急管理的一个重要转折点。事件发生后，应急管理很快成为全球关注的一个焦点，得到包括中国在内的世界各国前所未有的重视。时任中共中央总书记江泽民在不同场合多次强调，要认真研究"9·11"事件，增强国家战略能力，有效应对重大突发事件，为经济社会发展创造和平稳定的环境。

> 有关部门要认真研究分析这次恐怖事件，加强对恐怖主义产生根源、活动特点和方式的研究，防范恐怖主义暴力活动。要努力营造长期稳定、安全可靠的国际和平环境，集中力量把自己的事情办好，特别是把经济搞上去，不断增强我们的综合国力。

> 我提出要对九一一事件进行深入研究，就包括要研究美国如何运用其国家战略能力来应对严重突发事件这样的问题。增强我们的国家战略能力，要作为一个重大问题抓紧研究。②

---

① ［美］乔治·沃克·布什：《抉择时刻》，东西网译，中信出版社2011年版，第121页。
② 《江泽民文选》第三卷，人民出版社2006年版，第368、357页。

人类文明史是一部灾难抗争史。在各种冲击挑战不断出现的当今风险社会，突发事件已经成为各国必须面对的重大挑战，应急管理已经成为各国国家治理的重要内容，突发事件应对已经成为领导干部必备的基本能力。突发事件有哪些特征？如何准确把握应急管理的重大意义？如何推进应急管理体系和能力现代化？

二、突发事件分类分级分期

（一）突发事件的特点

"突发事件"如今已经成为大家耳熟能详的一个词汇，实际上，"突发事件"这个概念是我国约定俗成的名词，不是外来词语的一对一翻译。英文里与之最接近的是"紧急事件"（emergency）一词。

从词语构成来看，突发事件包括"突发"和"事件"两个词汇，指突然发生的大事情，即人们常说的"飞来横祸"。"突发"，顾名思义就是突如其来、出乎预料、令人猝不及防（"飞来"）；"事件"，按照《辞海》的解释，则是指历史上或社会上发生的大事情（"横祸"）。概言之，"突发事件就是人们尚未认识到的在某种必然因素支配下瞬间产生的、给人们和社会造成严重危害、损失且需要立即处理的破坏性事件"[1]。

《周易·离》说道："突如其来如，焚如，死如，弃如。"这四个"如"，很好地概括了突发事件的特点。自 2007 年 11 月 1 日起施行的《中华人民共和国突发事件应对法》（以下简称《突发事件应对法》）第三条规定："本法所称突发事件，是指突然发生，造成或者可能造成严重社会危害，需要采取应急处置措施予以应对的自然灾害、事故灾难、公共卫生事件

---

[1]　朱力：《突发事件的概念、要素与类型》，《南京社会科学》2007 年第 11 期。

和社会安全事件。"根据这个定义，突发事件具有如下特点。

1. 突发性

突发性是从突发事件的发生形式而言的，对应定义中的"突然发生"，也就是古人所谓的"疾雷不及掩耳，迅电不及瞑目"。事件在短时间突然发生，出乎预料，"祸从天降"。在《说文解字》中，东汉语文学家许慎对"突"字的解释是："犬从穴中暂出也。从犬在穴中。"意为一条狗突然从狗洞里窜出，吓人一跳。突发事件的突发性，表现在人们对何时、何地、因何原因、发生何事、造成哪些危害等，事先缺乏科学全面的认知，因而很难在事前进行准确规划或做好充分准备。

在"9·11"事件中，突发性表现为事件的发生完全出乎预料，震惊了美国，也震惊了全世界。小布什把事发当日称为"开火日"："如果只是一架飞机的话，这可能是一次事故，两架的话就绝对是一次袭击，要是三架的话无异于向我们宣战。"①敌人突然来袭，事前没有防备。正如小布什在回忆录中写道的，在刚开始接到事件报告时，他颇感意外："这听起来很奇怪！""我当时震惊了！""我全身的血液沸腾了！"

2. 危害性

危害性是从突发事件造成的影响和后果而言的，对应定义中的"造成或者可能造成严重社会危害"。突发事件发生后，会对生命财产、生态环境、社会秩序、公共安全或国家安全造成危害。这些危害既包括客观损失（如人员伤亡、经济损失、环境影响、社会秩序破坏等），也包括主观影响（如政治影响、社会影响、媒体关注度、敏感程度等）。有些危害是暂时的，随着突发事件的结束而逐步消除；有些危害则是长期的，少则几年，多则几十年甚至数百上千年。

"9·11"事件产生的影响和危害是多方面、全方位、长期性的。除了造成重大人员伤亡，事件在短期内造成的经济损失和社会影响也非常巨大：美国股民开始恐慌性抛售股票，股市暴跌；航空业遭受巨大冲击，

---

① ［美］乔治·沃克·布什：《抉择时刻》，东西网译，中信出版社2011年版，第122页。

美国整个空运停顿 3 天，航空乘客人数在短期内剧烈收缩；游客数量锐减……联合国发表报告称，此次恐怖袭击令美国经济损失达 2000 亿美元，相当于当年美国国内生产总值（GDP）的 2%，对全球经济造成的损害甚至达到 1 万亿美元左右。①

同时，此次事件还炸毁了"美国的平静和安全感"，对美国民众造成了长期而深远的心理影响。2006 年 9 月，"9·11"事件五周年之际，《纽约时报》和哥伦比亚广播公司（CBS）联合开展的一项民意调查结果显示，仍有高达 69%的纽约人"非常担心"当地还会再次发生类似的恐怖攻击，只比事件发生 1 个月后（即 2001 年 10 月）的 74%低 5 个百分点；近三分之一的纽约人说每天都会想到"9·11"事件，四成的受访者则说他们还是觉得很不安。②

3. 紧急性

紧急性是从突发事件应对的要求而言的，对应定义中的"需要采取应急处置措施予以应对"。紧急性，也就是人们所说的"危在旦夕"，必须火速行动，防止事态进一步失控。我国《突发事件应对法》第一条规定，立法的目的是"控制、减轻和消除突发事件引起的严重社会危害"，"保护人民生命财产安全，维护国家安全、公共安全、环境安全和社会秩序"。

"9·11"事件发生后，在信息不全、情况不明、时间紧迫的情况下，作为总统，小布什必须作出一系列紧急决策。例如，是否应该立即中断埃玛·布克小学的阅读课？是否应该在第一时间向全国民众发表讲话？军队是否应该派出空中战斗巡逻机组到华盛顿和纽约巡视？飞行员是否有权击落拒绝安全着陆的可疑飞机？空军一号在何处着陆，是飞到路易斯安那州的巴克斯代尔空军基地，还是返回首都华盛顿？……

4. 公共性

公共性是从突发事件的影响范围而言的，对应定义中的"自然灾害、

---

① 《联合国报告称 911 令美国经济损失 2000 亿美元》，2001 年 11 月 16 日，见 http://www.chinanews.com/2001-11-16/26/139178.html。

② 《"9·11"：事过 5 年后　仍无安全感》，《现代快报》2006 年 9 月 10 日。

事故灾难、公共卫生事件和社会安全事件"。突发事件危及的是公共安全，即对"不特定多数人"的生命安全、身体健康以及财产安全、生态环境安全、经济社会发展甚至国家安全造成威胁，这种威胁覆盖的范围是公域，而不是家庭、企业等私域。

"9·11"事件的发生，严重危及美国的社会公共利益和国家利益，甚至在很大程度上影响全球的政治格局，对全世界都产生了广泛而深远的影响。对此，哈佛大学肯尼迪学院教授约瑟夫·奈说道，"世贸大厦无疑是整个美式资本主义的图腾"，它的毁灭，将是"世界已经发生深刻变化的一个可怕征兆"。耶鲁大学教授勒斯坦则认为："'9·11'将把美国变成了一个没有实权的超级大国，一个得不到服从和尊重的世界领袖……真正的问题不在于美国的霸权是否会衰落，而是美国能否想出办法体面地衰落，尽量减少对世界、对自己的损害。"①

（二）突发事件的分类

突发事件的类型是多种多样的。春秋时期，管仲曾对齐桓公说过国家要治理"五害"："水，一害也；旱，一害也；风雾雹霜，一害也；厉，一害也；虫，一害也。此谓五害。五害之属，水最为大。五害已除，人乃可治。"到了经济社会不断发展的今天，人类面临的突发事件变得更为复杂多样，已经远远不止这"五害"了。

根据我国《突发事件应对法》第三条规定，突发事件主要包括自然灾害、事故灾难、公共卫生事件和社会安全事件。国务院2006年1月8日发布的《国家突发公共事件总体应急预案》（国发〔2005〕11号，以下简称《国家总体应急预案》）指出，根据突发事件的发生过程、性质和机理，突发事件主要分为四大类。

1. 自然灾害

自然灾害是指由于自然异常变化造成的人员伤亡、财产损失、社会

---

① 转引自赵启强：《从9·11到全球金融危机》，《今日科苑》2009年第1期。

失稳、资源破坏等现象或一系列事件，主要包括水旱灾害、气象灾害、地震灾害、地质灾害、海洋灾害、生物灾害和森林草原火灾等。自然灾害也就是人们常说的"天灾"，由自然因素直接所致。

2016 年 11 月，世界银行与全球减灾和恢复基金（GFDRR）在第 22 届联合国气候变化大会（COP22）期间发布的《坚不可摧：加强贫困人口面对自然灾害的韧性》报告显示，自然灾害每年对全球经济造成的损失达 5200 亿美元（比通常报告的损失高出了 60%），并且每年致使大约 2600 万人陷入贫困境地。[①]

2. 事故灾难

事故灾难是指直接由人的生产生活活动引发，在生产生活中突然发生，伤害人身安全和健康、损坏设备设施、造成经济损失或环境污染，导致活动暂时中止或永远终止的意外事件。事故灾难主要包括工矿商贸等企业的各类安全事故、交通运输事故、公共设施和设备事故、环境污染和生态破坏事件等。事故灾难一般属于"人祸"，通常由人们无视规则的行为所致。

以交通事故为例。世界卫生组织（World Health Organization，以下简称"WHO"）2015 年发布的《道路安全全球现状报告 2015》称，全球每年约 125 万人死于道路交通事故，相当于全球每天有 3500 人因交通事故死亡。报告强调，道路交通事故在高收入国家与低收入和中等收入国家之间存在巨大差距：90%的道路交通死亡发生在低收入和中等收入国家，而那里只拥有世界 54%的车辆；欧洲（尤其是该地区中比较富裕的国家）人均死亡率最低，非洲则最高。[②]

3. 公共卫生事件

公共卫生事件是指突然发生，造成或者可能造成社会公众健康严重

---

① Stéphane Hallegatte, et al., *Unbreakable: Building the Resilience of the Poor in the Face of Natural Disasters*, Washington D.C.: The World Bank, 2016.

② 世界卫生组织：《道路安全全球现状报告 2015》，见 https://www.who.int/violence_injury_ prevention/road_safety_status/2015/GSRRS2015_Summary_CH.pdf?ua=1。

损害的事件，主要包括传染病疫情、群体性不明原因疾病、食品安全和职业危害、动物疫情以及其他严重影响公众健康和生命安全的事件。公共卫生事件通常由自然因素和人为因素共同所致。

突如其来的新冠肺炎疫情，给人民生命安全和身体健康造成严重威胁，对我国和全球经济社会发展造成严重冲击。习近平总书记指出："这次新冠肺炎疫情，是新中国成立以来在我国发生的传播速度最快、感染范围最广、防控难度最大的一次重大突发公共卫生事件。"[①]《抗击新冠肺炎疫情的中国行动》白皮书指出："新型冠状病毒肺炎是近百年来人类遭遇的影响范围最广的全球性大流行病，对全世界是一次严重危机和严峻考验。"[②]

4. 社会安全事件

社会安全事件是指突然发生，严重威胁社会治安秩序和公民生命财产安全，需要采取特别措施进行应急处置的事件，主要包括恐怖袭击事件、经济安全事件、涉外突发事件和群体性事件等。社会安全事件通常由一定的社会问题诱发。

例如，在恐怖袭击方面，根据美国马里兰大学全球恐怖袭击数据库（GTD）统计，从 1970 年到 2015 年，全球共发生 19138 起恐怖袭击事件（不包括那些未遂的袭击），严重威胁世界和平与安定；从全球趋势看，2004 年以后，恐怖袭击事件的频率明显增加并在 2014 年达到近年来的峰值。[③] 在"颜色革命"方面，从 20 世纪 90 年代初苏东剧变到 2003 年格鲁吉亚"玫瑰革命"，从 2004 年乌克兰"橙色革命"到 2005 年吉尔吉斯"郁金香革命"，从 2011 年"阿拉伯之春"到 2014 年乌克兰"二次颜色革命"，冷战结束以来，苏联和中东北非地区以和平的非暴力方

---

① 习近平：《在统筹推进新冠肺炎疫情防控和经济社会发展工作部署会议上的讲话》，《人民日报》2020 年 2 月 24 日。

② 国务院新闻办公室：《抗击新冠肺炎疫情的中国行动》，《人民日报》2020 年 6 月 8 日。

③ National Consortium for the Study of Terrorism and Responses to Terrorism（START），Global Terrorism Database, https://www.start.umd.edu/gtd.

式进行的政权更迭运动越来越多。

需要注意的是，突发事件的分类是相对的。在现代社会，很多突发事件具有交叉关联的特点，相互之间耦合转化、连锁联动，共同构成一个复杂的综合体。一方面，有的突发事件本身具有多重属性，在事件起因、发展过程、影响后果等方面同时兼具自然的、人为的、技术的因素。另一方面，各类突发事件之间相互影响、相互作用，"你中有我、我中有你"，产生各种次生、衍生影响，形成复杂的事件链。

（三）突发事件的分级

突发事件可以划分为不同的等级，要求我们按照"既要有效控制事态，又要应急措施适当"的原则，采取相应的应对措施。

我国《突发事件应对法》第三条规定："按照社会危害程度、影响范围等因素，自然灾害、事故灾难、公共卫生事件分为特别重大、重大、较大和一般四级。""突发事件的分级标准由国务院或者国务院确定的部门制定。"为此，国务院制定了《特别重大、重大突发公共事件分级标准（试行）》，作为《国家总体应急预案》的附件印发各地、各部门执行。国务院主管部门制定了较大和一般突发事件的分级标准。

这些分级标准具体体现在《中华人民共和国防震减灾法》（2008年修订，以下简称《防震减灾法》）、《生产安全事故报告和调查处理条例》（自2007年6月1日起施行）、《中华人民共和国传染病防治法》（2013年修订，以下简称《传染病防治法》）等法律法规，以及《国家防汛抗旱应急预案》、《国家处置重、特大森林火灾应急预案》、《国家地震应急预案》、《国家安全生产事故灾难应急预案》、《国家核应急预案》、《国家处置电网大面积停电事件应急预案》、《国家处置城市地铁事故灾难应急预案》、《国家突发公共卫生事件应急预案》、《全国高致病性禽流感应急预案》、《国家大规模群体性事件应急预案》等应急预案中。

（四）突发事件的分期

唐代著名医学家孙思邈将疾病划分为"未病""欲病""已病"三个层次，并以此为标准将医生分为上医、中医、下医三类："上医医未病之病，中医医欲病之病，下医医已病之病。"与人生老病死生命周期一样，突发事件表面上具有"突发性"，事发突然，出乎预料，但实际上也会经历一个从孕育潜伏、爆发持续到衰减平息的过程，形成完整的生命周期。据此，可将突发事件划分为事前、事中、事后三大阶段，对应"未病先防""既病防变""愈后防复"三大任务。

1. 事前阶段：事件孕育潜伏

事前阶段，是突发事件"彻底未发"的常态阶段或"将发未发"的苗头阶段。在此阶段，身体处在"未病"的状态，但各种不利因素已经开始孕育，并显示出一定的预兆或发出了某种警报。在事件孕育潜伏的过程中，身体主体开始出现某些漏洞的预兆，病菌病毒客体已经进入身体主体内，安营扎寨，积蓄力量，找好位置准备对主体发动进攻。

事前阶段（"未病"）的任务，是未病先防，即"防发生"——预防疾病和突发事件的发生，也就是"防范异态"。在此阶段，突发事件应对工作重点是做好预防与应急准备、监测与预警，实现"无急要应"——没什么紧急的事情要去应对。

2. 事中阶段：事件爆发持续

事中阶段，是突发事件已经爆发的僵持阶段。此时病菌病毒蔓延扩散，造成了各种影响和损失，需要管理者采取应急处置措施，以有效控制事态发展，尽可能降低事件造成的危害。在此阶段，身体处在"已病"的状态，疾病已经形成了一定的"气候"，异己力量在身体主体内站稳脚跟，并同主体展开针锋相对的较量，甚至是你死我活的斗争。

事中阶段（已病）的任务，是"既病防变"，即"防扩大"——防止疾病和突发事件升级、恶化，也就是"控制事态"。在此阶段，突发事件应对工作重点是做好应急处置与救援，实现"有急能应"——紧急事件来了能够从容应对。

3. 事后阶段：事件衰减平息

事后阶段，是突发事件衰减平息的善后阶段。在此阶段，身体处在"末病"的状态，大病初愈后逐步康复。经过"已病"阶段，疾病对身体的摧残以及治疗过程对身体机能的消耗，导致整个身体处于极度虚弱的状态，虽然病症已经消失，但余邪仍潜伏在体内。在"末病"阶段，需要固本培元，尽快调理，以恢复到"末病"前完全健康的状态。

事后阶段（"末病"）的任务，是"愈后防复"，即"防反复"——尽快恢复健康状态，防止疾病复发，也就是"恢复常态"。在此阶段，突发事件应对工作重点是做好事后恢复与重建，回归正常生产、生活状态，同时进行整改学习，实现"应后能进"——紧急事件应对后能够改进提高，避免类似事件再次发生。

三、应急管理为改革发展保驾护航

（一）应急管理是非常态管理

应急管理是突发事件应对的全过程活动，即政府及其他公共机构在突发事件全生命周期过程中，采取预防与应急准备、监测与预警、应急处置与救援、事后恢复与重建等措施，以控制、减轻和消除事件引起的严重社会危害，保护人民生命财产安全，维护国家安全、公共安全、环境安全和社会秩序的活动。

《左传》云："天灾流行，国家代有，救灾恤邻，国之道也。"应急管理是政府最基本的职责之一。根据是否有序，社会状态可分为常态和非常态两种。从管理情形来看，政府管理分为常态管理和非常态管理两大类。应急管理作为非常态管理，具有如下特点。

一是状态的特殊性。应急管理是政府管理的一种特殊状态和特殊形式，需要在紧急情况下进行决策，难于像常态管理一样事先进行精心安排和周密计划，其行为和后果一般也难于提前进行准确预测。正如《史记·齐悼惠王世家》所言："失火之家，岂暇先言大人而后救火乎？"决策者在管理权限、资源调动、管理手段、工作程序以及相应的组织机构等方面，都面临着与常态管理非常不同的特点。

二是措施的紧急性。突发事件发生后，事件的发生、发展具有破坏性，可供管理者利用的资源力量有限，事态发展的后果很难预料。时间就是生命。"凡得时者昌，失时者亡。"决策者必须在较短时间内，突破常规，特事特办，采取各种紧急处置措施，尽快控制事态。从事件发生、作出决策到采取措施，时间很短、情况不明、信息模糊、资源有限，需要决策者立即决断、迅速行动，快刀斩乱麻。

三是目标的公共性。突发事件是发生在公共领域的事件，危及的是全社会或局部社会的利益。因此，应急管理是一种公共行为，具有利益公共性，其主体是以政府为代表的公共部门（私人部门也可以参与其中）。应急管理的目的，是最大限度地避免突发事件的发生，或有效降低突发事件造成的负面冲击，维护公共利益，保障公共安全。

四是权力的强制性。政府在进行应急管理的过程中，必须采取"特事特办、急事急办"的工作方法，动用强制性公共权力，采取应急救助与安置、应急保障与保护、应急征用与征调，以及应急控制、限制与禁止等措施，通过强制力保障社会规范的效力，维护社会的公共利益。与常态管理相比，政府在应急管理过程中的权力更加集中，行政程序更加简化，一些行政行为带有更大的强制性。

五是过程的循环性。作为突发事件应对全过程活动的应急管理，是一个覆盖预防与应急准备、监测与预警、应急处置与救援、事后恢复与重建四个阶段的闭环管理过程。各个阶段之间相互联系、相互影响，形成一个良性循环圈。每一次预防与应急准备的启动，都是为监测与预警、应急处置与救援、事后恢复与重建做好铺垫；每一次恢复与重建活动的结束，都是新一轮预防与应急准备的开始。

（二）风险社会呼唤应急管理

1. 人类进入了"风险社会"

灾难是人类生活的一部分，人类发展的历史既是一部灾难史，也是一部与灾难抗争的历史。特别是在经济社会不断发展的今天，工业化进程不断加快，在带来经济增长的同时，也引发了社会贫富两极分化以及资源枯竭、环境污染、生态失衡等一系列问题，给自然界和人类社会都造成了不可抗拒的威胁，人类由此进入了"风险社会"。

1986 年，德国社会学家贝克在《风险社会》一书中开门见山地指出，人类正生活在"文明的火山上"。他说："现代性从经典工业社会的轮廓中获得了解放，并缔造了一种新的形态，也就是这里所称的工业化的'风险社会'。"贝克认为，虽然现代工业社会贫困饥饿大抵不复存在，但人为风险的威胁却更为严重。"阶级社会的驱动力可以归结为：我饿！反之，风险社会所触发的运动可以表述为：我怕！共同的焦虑取代了共同的需求。"① 英国社会学家吉登斯在分析现代性时同样指出："我们今天生活于其中的世界是一个可怕而危险的世界。这足以使我们去做更多的事情，而不是麻木不仁，更不是一定要去证明这样一种假设：现代性将会导向一种更幸福更安全的社会秩序。"②

研究表明，"根据世界发展进程的规律，一个国家和地区的人均GDP 处于 5000 美元以下的发展阶段，一般对应着人口、资源、环境、经济发展、社会公平等各种矛盾和瓶颈约束最为严重的时期，处于'经济容易失调、社会容易失序、心理容易失衡、社会伦理需要调整重建'

---

① ［德］乌尔里希·贝克：《风险社会：新的现代性之路》，张文杰、何博闻译，译林出版社 2018 年版，"前言"第 2 页，第 48 页。

② ［英］安东尼·吉登斯：《现代性的后果》，田禾译，译林出版社 2000 年版，第 9 页。

的关键时期"①。世界银行提出的"中等收入陷阱"认为，一个经济体的人均收入达到世界中等水平（人均 GDP 在 4000 美元至 12700 美元的阶段）后，由于不能顺利实现发展战略和发展方式转变，导致新的增长动力特别是内生动力不足，经济长期停滞不前；同时，快速发展中积聚的问题集中爆发，造成贫富分化加剧、产业升级困难、城市化进程受阻、社会矛盾凸显等。②

当前，人类社会正处在一个大发展、大变革、大调整的时代，各种新旧矛盾交织，不确定不稳定因素增多，风险挑战威胁加剧。法国著名政论家阿塔利在《未来十五年》一书中指出，未来世界未必能延续目前的繁荣稳定，在 2030 年左右，人类会面临一场前所未有的全球性危机——"在 2030 年前，如果我们不予干预，无论是富可敌国还是权倾朝野，无人能幸免于这场由人类无休止的野蛮行为铸成的灾难，无人能在这场海啸中存活。未来人类只能在断瓦残垣上重建一个新的世界，扼腕叹息这一场本可以避免的灾难"③。美国政治预测家西尔弗在《信号与噪声》一书中写道："我们以为自己可以控制很多风险，但结果并非如此，也许这才是更大的威胁。"④如何认识和应对各种风险，是当今世界各国都需要认真思考的问题。

2. 应对"时空压缩"下的风险挑战

20 世纪 80 年代末，美国人文地理学家哈维在从社会时空的维度分析资本主义的历史发展、从文化变迁的角度研究后现代的状况后，提出了"时空压缩"的概念。他指出："资本主义的历史具有在生活步伐方

---

① 牛文元：《基于社会物理学的社会和谐方程》，《中国科学院院刊》2008 年第 4 期。

② Indermit Gill, Yukon Huang and Homi Kharas（eds），*East Asian Visions: Perspectives on Economic Development*, Washington D.C.: World Bank & Singapore: Institute of Policy Studies, 2007.

③ [法] 雅克·阿塔利：《未来十五年：绝境逢生的未来世界》，赵斌斌译，中信出版集团 2020 年版，"序言"第 4 页。

④ [美] 纳特·西尔弗：《信号与噪声：大数据时代预测的科学与艺术》，胡晓姣、张新、朱辰辰译，中信出版社 2013 年版，第 7 页。

面加速的特征，而同时又克服了空间上的各种障碍，以至世界有时显得是内在地朝着我们崩溃了。"①

改革开放以来，作为后发赶超型国家，在全球化外力推动与国家内部转型双重驱动下，我国处在一个时空高度压缩的发展过程中，以史无前例的速度快速步入现代社会。改革开放以来，我们用30年的时间走过了西方发达国家在近300年时间里经历的蒸汽技术革命、电力技术革命、电子技术革命、信息技术革命四次技术革命的历程，实现了人均GDP从不足200美元到2500美元的跨越。

"时空压缩"的现代化过程，同时具有正效应和负效应，给我国带来两个"前所未有"——正效应，表现为"发展成就巨大，机遇前所未有"；负效应，表现为"发展问题严峻，挑战前所未有"。在快速发展的同时，西方发达国家在近300年时间里不同阶段先后产生、不断解决的问题（如农民失地、工人失业、社会失稳、结构失衡、生态失序），在我国以复合型、压缩型的形式集中在三四十年的时空中。

同时，在全球化进程不断加快、各国相互依存日益加深的过程中，随着我国综合国力和国际影响力不断提升，日益走近世界舞台中央，国际因素对我国的影响日益加深。习近平总书记指出："当前，我国处于近代以来最好的发展时期，世界处于百年未有之大变局，两者同步交织、相互激荡。"②在全球化的时代环境下，国际形势跌宕起伏、复杂多变，各种不稳定不确定因素明显增加，外部输入性风险上升，对我国的国际环境和国内发展产生了广泛而深刻的影响。

总的来看，我国在未来很长一段时间内，将处在经济快速发展期与突发事件多发易发期"双期"叠加的阶段，可谓"盛世不太平"。所谓"盛世"，我国仍处在大有可为的"重要战略机遇期""黄金发展时期"，拥

---

① 〔美〕戴维·哈维：《后现代的状况——对文化变迁之缘起的探究》，阎嘉译，商务印书馆2003年版，第240页。

② 《习近平系统阐述新时代中国特色社会主义外交思想》，《人民日报海外版》2018年6月25日。

有足够的韧性、巨大的潜力和不断迸发的创新活力，经济长期向好的趋势没有也不会改变。所谓"不太平"，在经济快速发展的背后，我国处在"矛盾凸显期""风险高发期"，发展面临的环境更复杂更严峻，各种深层次的矛盾问题更集中更突出，各种可以预料和难以预料的风险挑战更多更大。对此，习近平总书记深刻指出：

> 我国现在正处于工业化、城镇化、信息化的转型、转轨、转变时期，快速发展期和矛盾凸显期，我国又是自然灾害多发的国家，过去的哪一年没有一些突发事件？自然的、社会的、政治的、经济的，所以公共安全建设对于构建和谐社会，推动全面小康建设，乃至于中华民族的伟大复兴都具有非常现实和深远的意义。[1]

"纷繁世事多元应，击鼓催征稳驭舟。"面对各种可以预测和难以预测的风险挑战，如何及早防范、主动谋划、沉着应对，战胜前进道路上的各种艰难险阻，做到"蹄疾而步稳"，保障"中国号"巨轮行稳致远，是我国经济社会发展中面临的一项重大任务。

2016年1月18日，习近平总书记在省部级主要领导干部学习贯彻党的十八届五中全会精神专题研讨班开班式上讲话强调，"我们今天开放发展的大环境总体上比以往任何时候都更为有利，同时面临的矛盾、风险、博弈也前所未有"。"当前和今后一个时期，我们在国际国内面临的矛盾风险挑战都不少，决不能掉以轻心。"[2]党的十九大报告强调，"当前，国内外形势正在发生深刻复杂变化，我国发展仍处于重要战略机遇期，前景十分光明，挑战也十分严峻。全党同志一定要登高望远、居安思危"[3]。

---

[1] 转引自闪淳昌：《总体国家安全观引领下的应急体系建设》，《行政管理改革》2018年第3期。

[2] 习近平：《在省部级主要领导干部学习贯彻党的十八届五中全会精神专题研讨班上的讲话》，人民出版社2016年版，第24、39页。

[3] 习近平：《决胜全面建成小康社会 夺取新时代中国特色社会主义伟大胜利——在中国共产党第十九次全国代表大会上的报告》，《求是》2017年第21期。

2018 年 1 月 5 日，习近平总书记在新进中央委员会委员、候补委员和省部级主要领导干部学习贯彻习近平新时代中国特色社会主义思想和党的十九大精神研讨班开班式上讲话指出："当前，我国正处于一个大有可为的历史机遇期，发展形势总的是好的，但前进道路不可能一帆风顺，越是取得成绩的时候，越是要有如履薄冰的谨慎，越是要有居安思危的忧患，绝不能犯战略性、颠覆性错误。"①12 月 18 日，他在庆祝改革开放 40 周年大会上的讲话中进一步发出警示："未来必定会面临这样那样的风险挑战，甚至会遇到难以想象的惊涛骇浪。"②

（三）做好应急管理意义重大

习近平总书记强调："中国是一个大国，决不能在根本性问题上出现颠覆性错误，一旦出现就无法挽回、无法弥补。"③应急管理作为各级党委、政府工作的重要组成部分，承担着应对突发事件、保护人民群众利益、保障公共安全、维护社会和谐安定的重要职责。

2015 年 5 月 29 日，十八届中央政治局就健全公共安全体系进行第二十三次集体学习。习近平总书记在主持学习时强调，公共安全是最基本的民生，要努力编织全方位、立体化的公共安全网。

> 对公共安全，我们必须增强忧患意识和责任意识，始终保持高度警觉，任何时候都不能麻痹大意。各级党委和政府要充分认识维护公共安全的重要意义，牢记公共安全是最基本的民生的道理，自觉把维护公共安全放在维护最广大人民根本利益中来认识，放在贯彻落实国家总体安全观中来思考，放在推进国家治理体系和治理能力现代化中来把握，努力为人民安居乐业、社会安定有序、国家长

---

① 中共中央党史和文献研究院编：《习近平关于总体国家安全观论述摘编》，中央文献出版社 2018 年版，第 14—15 页。
② 习近平：《在庆祝改革开放 40 周年大会上的讲话》，《求是》2018 年第 24 期。
③ 习近平：《深化改革开放　共创美好亚太》，《人民日报》2013 年 10 月 8 日。

治久安编织全方位、立体化的公共安全网。①

2019 年 11 月 29 日，十九届中央政治局就我国应急管理体系和能力建设进行第十九次集体学习。习近平总书记在主持学习时强调，应急管理是国家治理的重要组成部分，要积极推进应急管理体系和能力现代化。

> 应急管理是国家治理体系和治理能力的重要组成部分，承担防范化解重大安全风险、及时应对处置各类灾害事故的重要职责，担负保护人民群众生命财产安全和维护社会稳定的重要使命。要发挥我国应急管理体系的特色和优势，借鉴国外应急管理有益做法，积极推进我国应急管理体系和能力现代化。②

面对发展中出现的各种风险挑战，做好应急管理工作、为改革发展保驾护航，具有特殊而重要的意义。只有有效应对重大挑战、抵御重大风险、克服重大阻力、解决重大矛盾，中国这艘巨轮才能在世界发展的汪洋大海里破浪远航，行稳致远。③

1. 事关人民群众切身利益

人最宝贵的是生命，生命对于每个人只有一次。突发事件直接危及人民群众的身体健康、生命安全，保障人民群众的生命财产安全是政府最基本的职责。马斯洛需求层次理论认为，人的需求从低到高依次分为生理需求、安全需求、社交需求、尊重需求和自我实现需求。在生理需求基本得到满足之后，人类会追求安全等更高层次的需求。

改革开放以来，伴随我国经济社会不断发展和人民生活水平不断提高，全社会对安全的要求与日俱增，人民安居乐业、社会安定有序、国

---

① 中共中央文献研究室编：《习近平关于社会主义社会建设论述摘编》，中央文献出版社 2017 年版，第 154—155 页。

② 《充分发挥我国应急管理体系特色和优势 积极推进我国应急管理体系和能力现代化》，《人民日报》2019 年 12 月 1 日。

③ 钟开斌：《习近平关于公共安全的重要论述：一个总体框架》，《上海行政学院学报》2020 年第 2 期。

家长治久安成为全社会的共同愿望。党的十八大以来，随着中国特色社会主义进入新时代，我国社会主要矛盾已经转化为人民日益增长的美好生活需要和不平衡不充分的发展之间的矛盾。不断创造和谐安定的社会环境，使人民群众的获得感、幸福感、安全感更加充实、更有保障、更可持续，成为各级党委、政府的重要职责。

国泰民安是人民群众最普遍的愿望，公共安全是最基本的民生。2013 年 11 月 24 日，习近平总书记在考察山东省青岛市"11·22"中石化东黄输油管道泄漏爆炸特别重大事故（以下简称"11·22"泄漏爆炸特别重大事故）抢险工作时强调，各级党委和政府、各级领导干部要牢固树立安全发展理念，始终把人民群众生命安全放在第一位。[①]2016年1月，他在中央政治局常委会会议上强调，血的教训警示我们，公共安全绝非小事，必须确保人民生命财产安全。[②] 当年 12 月印发的《中共中央　国务院关于推进防灾减灾救灾体制机制改革的意见》强调，"牢固树立以人为本理念，把确保人民群众生命安全放在首位"。党的十九大报告强调，"弘扬生命至上、安全第一的思想"。

应急管理作为最基本民生问题的战略定位，要求我们在防灾减灾、安全生产、食品药品安全、社会治安防控等各个领域各项工作中，都要把人的生命放在首位，把保护人的生命安全作为神圣职责。在防灾减灾领域，我国是灾害多发频发的国家，必须把切实保障人民群众生命财产安全摆到重要位置。在安全生产领域，面对安全事故易发多发，要始终把人民生命安全放在首位，切实防范重特大生产安全事故的发生。在食品药品安全领域，食品安全是重大的民生问题，要用"四个最严"（最严谨的标准、最严格的监管、最严厉的处罚、最严肃的问责）的要求，确保广大人民群众"舌尖上的安全"。在社会治安防控领域，平安是老百姓解决温饱后的第一需求，是极重要的民生。

---

① 《习近平谈治国理政》，外文出版社 2014 年版，第 195 页。
② 《坚决遏制重特大事故频发势头》，《人民日报海外版》2016 年 1 月 7 日。

2. 事关经济社会发展大局

公共安全一头连着千家万户，一头连着经济社会发展。"一着不慎，满盘皆输。"安全稳定是改革发展的基本前提。如果安全稳定出现问题，改革发展得再快再好，成果再多，也可能前功尽弃，得而复失。

党的十八大以来，以习近平同志为核心的党中央把应急管理工作放到我国经济社会发展大局中谋划，进一步将安全发展作为经济社会发展的一项基本原则，强调必须坚持发展和安全并重，"促一方发展，保一方平安"，以发展保安全，以安全促发展。

在防灾减灾救灾方面，2016 年 7 月 28 日，习近平总书记在唐山调研考察时强调，防灾减灾救灾事关人民生命财产安全，事关社会和谐稳定；要更加自觉地处理好人和自然的关系，正确处理防灾减灾救灾和经济社会发展的关系，全面提高国家综合防灾减灾救灾能力。①

在安全生产方面，2015 年 8 月 15 日，习近平总书记就天津港"8·12"瑞海公司危险品仓库特别重大火灾爆炸事故（以下简称"8·12"特别重大火灾爆炸事故）作出指示，"各级党委和政府要牢固树立安全发展理念，坚持人民利益至上，始终把安全生产放在首要位置"②。在 2016 年 1 月 7 日、7 月 14 日召开的中央政治局常委会会议上，他两次强调必须坚定不移保障安全发展，坚持发展决不能以牺牲安全为代价这条红线。2016 年 12 月发布的《中共中央　国务院关于推进安全生产领域改革发展的意见》，把"坚持安全发展"列为推进安全生产领域改革发展的基本原则之一，强调"大力实施安全发展战略，为经济社会发展提供强有力的安全保障"。

在公共卫生事件方面，做好重大疫情防控工作，直接关系经济社会大局稳定。2020 年 2 月 23 日，习近平总书记指出，在确保疫情防控到

① 《落实责任完善体系整合资源统筹力量　全面提高国家综合防灾减灾救灾能力》，《人民日报》2016 年 7 月 29 日。

② 中共中央党史和文献研究院编：《习近平关于总体国家安全观论述摘编》，中央文献出版社 2018 年版，第 145 页。

位的前提下，推动非疫情防控重点地区企事业单位复工复产，恢复生产生活秩序，关系到为疫情防控提供有力物质保障，关系到民生保障和社会稳定，关系到实现全年经济社会发展目标任务，关系到全面建成小康社会和完成"十三五"规划，关系到我国对外开放和世界经济稳定。①

在社会治安防控方面，2015 年 1 月，习近平总书记指示，"各级党委要切实担负起维护一方稳定的政治责任，把政法工作摆到经济社会发展全局中来谋划"。2016 年 10 月，他批示强调："各级党委和政府要高度重视社会治理工作，落实社会治安综合治理领导责任制，切实肩负起促一方发展、保一方平安的政治责任。"2017 年 9 月 19 日，他再次强调："发展是硬道理，稳定也是硬道理，抓发展、抓稳定两手都要硬。"②

在城市管理方面，2015 年 12 月召开的中央城市工作会议强调："要把安全放在第一位，把住安全关、质量关，并把安全工作落实到城市工作和城市发展各个环节各个领域。"③2018 年 1 月，中共中央办公厅、国务院办公厅印发的《关于推进城市安全发展的意见》强调，"牢固树立安全发展理念，弘扬生命至上、安全第一的思想，强化安全红线意识，推进安全生产领域改革发展，切实把安全发展作为城市现代文明的重要标志"。

3. 事关中国梦的宏伟目标

人民安居乐业、社会安定有序、国家长治久安，是党长期执政、执好政的重要基础。早在新中国刚成立的 1949 年 12 月 19 日，中央人民政府政务院发出的《关于生产救灾的指示》就指出：

> 必须认识灾情仍是严重的，救灾工作仍是艰巨的。……据目前统计，全国无吃缺吃的尚有七八百万人。这就必须引起各级人民政府及人民团体更高度的注意，认识到生产救灾是关系到几百万人的

---

① 习近平：《在统筹推进新冠肺炎疫情防控和经济社会发展工作部署会议上的讲话》，《人民日报》2020 年 2 月 24 日。

② 中共中央党史和文献研究院编：《习近平关于总体国家安全观论述摘编》，中央文献出版社 2018 年版，第 137、150、152 页。

③ 《中央城市工作会议在北京举行》，《人民日报》2015 年 12 月 23 日。

生死问题，是新民主主义政权在灾区巩固存在的问题，是开展明年大生产运动、建设新中国的关键问题之一，决不可对这个问题采取漠不关心的官僚主义的态度。①

党的十八大以来，以习近平同志为核心的党中央提出了实现"两个一百年"奋斗目标和中华民族伟大复兴的中国梦，并将其作为新时代中国共产党的历史使命。2015年10月29日，习近平总书记在党的十八届五中全会第二次全体会议上讲话指出，如果发生重大风险或失误，"就会延误甚至中断全面建成小康社会进程"。

现在，这个时跨本世纪头20年的奋斗历程到了需要一鼓作气向终点线冲刺的历史时刻。完成这一战略任务，是我们的历史责任，也是我们的最大光荣。我们必须清醒看到，如期全面建成小康社会，既具有充分条件，也面临艰巨任务，前进道路并不平坦，诸多矛盾叠加、风险隐患增多的挑战依然严峻复杂。如果应对不好，或者发生系统性风险、犯颠覆性错误，就会延误甚至中断全面建成小康社会进程。对此，全党同志必须做好充分的思想准备和工作准备，认清形势，坚定信心，继续顽强奋斗。②

做好新时代的应急管理工作，必须站在确保党长期执政、执好政，实现"两个一百年"奋斗目标、实现中华民族伟大复兴的中国梦的战略高度，进行科学把握和准确定位。

在防灾减灾领域，《中共中央　国务院关于推进防灾减灾救灾体制机制改革的意见》指出："防灾减灾救灾工作事关人民生命财产安全，事关社会和谐稳定，是衡量执政党领导力、检验政府执行力、评判国家动员力、彰显民族凝聚力的一个重要方面。"2018年4月25日，习近平总书记在考察长江时强调，要认真研究在实现"两个一百年"奋斗目标

---

① 《中共中央文件选集（一九四九年十月—一九六六年五月）》第1册，人民出版社2013年版，第219页。

② 《习近平谈治国理政》第二卷，外文出版社2017年版，第72页。

的进程中，防灾减灾的短板是什么，要拿出战略举措。① 同年 10 月 10 日，习近平总书记在主持召开中央财经委员会第三次会议时强调，提高自然灾害防治能力，是实现"两个一百年"奋斗目标、实现中华民族伟大复兴中国梦的必然要求，是关系人民群众生命财产安全和国家安全的大事，也是对我们党执政能力的重大考验，必须抓紧抓实。②

在食品药品安全领域，食品安全既是重大的民生问题，也是重大的政治问题。"食品安全关系群众身体健康，关系中华民族未来"。"能不能在食品安全上给老百姓一个满意的交代，是对我们执政能力的重大考验。我们党在中国执政，要是连个食品安全都做不好，还长期做不好的话，有人就会提出够不够格的问题。"③

在社会治安防控领域，习近平总书记强调，我们要把平安中国建设置于中国特色社会主义事业发展全局中来谋划，紧紧围绕"两个一百年"奋斗目标，确保人民安居乐业、社会安定有序、国家长治久安。④

四、一个过程性应急管理框架

（一）从应急管理体系到应急管理能力

自 2003 年取得抗击非典斗争胜利以来，我国以"一案三制"（应急预案，应急管理体制、机制、法制）为基本框架的应急管理体系建设取得了长足进展。特别是党的十八大以来，随着各项改革持续推

---

① 《共抓大保护　不搞大开发》，《人民日报海外版》2018 年 4 月 27 日。

② 《习近平主持召开中央财经委员会第三次会议强调　大力提高我国自然灾害防治能力　全面启动川藏铁路规划建设》，《人民日报》2018 年 10 月 11 日。

③ 中共中央文献研究室编：《十八大以来重要文献选编》上，中央文献出版社 2014 年版，第 672 页。

④ 中共中央党史和文献研究院编：《习近平关于总体国家安全观论述摘编》，中央文献出版社 2018 年版，第 131 页。

进，我国应急管理事业迈入新的发展阶段。以往对应急管理的研究，主要采取基于结构视角的范式，重点从体系的角度，研究如何构建中国特色应急管理体系的基本框架。随着中国特色应急管理体系基本形成，需要采取一种基于功能视角的研究范式，重点从能力的角度，研究如何确立全过程应急管理活动的关键环节和重点任务。

应急管理是各级党委、政府的基本职责，是各级领导干部必须掌握的基本功。古人早就强调，面对各种灾祸，我们要敢于应对、善于应对。《周书·李远传》云："丈夫岂可临难苟免，当在死中求生耳。"明代文学家、思想家吕坤在《呻吟语·应务》中写道："将事而能弭，当事而能救，既事而能挽，此之谓达权，此之谓才。未事而知其来，始事而要其终，定事而知其变，此之谓长虑，此之谓识。"清代学者金缨所编《格言联璧》有"人生四看"之说："大事难事看担当，逆境顺境看襟度，临喜临怒看涵养，群行群止看识见。"

把应急管理工作做实做细做好，必须全面提高应急管理能力。2003年取得抗击非典斗争胜利以来，我国党代会报告、中央全会决定以及国务院政府工作报告，都提出了加强应急管理能力建设的要求。2003年7月28日，胡锦涛在全国防治非典工作会议上强调："加强党的执政能力建设，要在实践中特别是要在关键时刻和应对突发事件的实践中来推进。"要"提高我们应对各种突发事件和风险的能力"①。同年10月，党的十六届三中全会指出，要"提高政府应对突发事件和风险的能力"。2004年3月，国务院政府工作报告指出："提高政府应对公共危机的能力。"同年9月，党的十六届四中全会强调："提高保障公共安全和处置突发事件的能力。"2005年10月，党的十六届五中全会指出，"提高处置突发性事件能力"。2008年3月，国务院政府工作报告指出，"提高预防和处置突发事件能力"。同年10月8日，胡锦涛在全国抗震救灾总结表彰大会上强调，"我们要进一步加强应急管理能

---

① 胡锦涛：《论构建社会主义和谐社会》，中央文献出版社 2013 年版，第 8、12 页。

力建设，大力提高处置突发公共事件能力"①。

特别是党的十八大以来，面对复杂严峻的国内外安全形势，应急管理更成为各级党委、政府和领导干部必须具备的基本能力。2015年1月12日，习近平总书记同中央党校第一期县委书记研修班全体学员座谈时强调："要加强对学员进行危机处理、国家安全和公共安全的教育培训。"②党的十九大报告强调："增强驾驭风险本领，健全各方面风险防控机制，善于处理各种复杂矛盾，勇于战胜前进道路上的各种艰难险阻，牢牢把握工作主动权。"③2019年，中共中央办公厅印发的《党政领导干部考核工作条例》明确指出，"驾驭风险本领"是考核领导班子"领导能力"的重要内容，对领导干部的"能"要"全面考核领导干部履职尽责特别是应对突发事件、群体性事件过程中的政治能力、专业素养和组织领导能力等情况"。

新冠肺炎疫情发生后，习近平总书记多次指出，一些领导干部的治理能力和专业能力明显跟不上，要提高处理急难险重任务的能力。

这次疫情是对我国治理体系和能力的一次大考，我们一定要总结经验、吸取教训。要针对这次疫情应对中暴露出来的短板和不足，健全国家应急管理体系，提高处理急难险重任务能力。④

要提高工作本领。这次疫情防控工作中，一些领导干部的治理能力和专业能力明显跟不上，必须引起高度重视。我们要增强综合能力和驾驭能力，学习掌握自己分管领域的专业知识，使自己成为内行领导。⑤

---

① 胡锦涛：《论构建社会主义和谐社会》，中央文献出版社2013年版，第163页。

② 转引自何毅亭：《做习近平总书记要求的"四有"干部》，《学习时报》2015年1月22日。

③ 习近平：《决胜全面建成小康社会 夺取新时代中国特色社会主义伟大胜利——在中国共产党第十九次全国代表大会上的报告》，《求是》2017年第21期。

④ 习近平：《在中央政治局常委会会议研究应对新型冠状病毒肺炎疫情工作时的讲话》，《求是》2020年第4期。

⑤ 习近平：《在统筹推进新冠肺炎疫情防控和经济社会发展工作部署会议上的讲话》，《人民日报》2020年2月24日。

（二）全过程应急管理的 11 项重点任务

时间序列分析，是构建现代应急管理体系的重要方面。基于突发事件生命周期和应急管理链条式闭环过程，可以构建一个过程性框架，将应急管理的重点任务分为 11 项（见表 1–1）。这 11 项重点任务，共同构成了各级党委、政府和领导干部全面做好新时代应急管理工作的任务书、责任单、能力表。

表 1–1 应急管理 11 项过程性核心能力

事件阶段	重点任务	核心能力	主要目标
事前 （孕育潜伏）	无急要应 未病先防 （防发生、 防范异态）	源头防范	树立安全发展理念，统筹发展和安全两件大事，从根本上避免事件发生。
		风险管控	全面开展风险治理，把突发事件控制在基层、化解在萌芽、解决在当地。
		应急准备	针对最坏情况做好最充分准备，做到"备得有、找得到、调得快、用得好"。
		监测预警	坚持动态监测、实时预警，做到"出现即发现，发现即发布，发布即发动"。
事中 （爆发持续）	有急能应 既病防变 （防扩大、 控制事态）	事态研判	在事件发生后第一时间迅速开展分析研究，判明情况，做到"对症下药"。
		信息报告	建立多元开放信息系统，及时、客观、全面报送信息，确保信息"进得来"。
		决策部署	根据事件特点和现场情况，快速进行目标取舍，研究确定应急处置措施。
		组织指挥	做好人员分工、资源配置和机构设置，实现统一领导、统一指挥、统一行动。
		舆论引导	把握好时度效，及时主动进行沟通，营造同舟共济、众志成城的社会氛围。
事后 （衰减平息）	应后能进 愈后防复 （防反弹、 恢复常态）	恢复重建	通过科学规划和参与式重建，建设更加美好的家园，提高全社会的安全韧性。
		调查学习	利用"窗口期"发现问题、解决问题，"在历史的灾难中实现历史的进步"。

在这 11 项重点任务中，源头防范、风险管控、应急准备，主要是突发事件事前阶段的任务；监测预警介于事前阶段与事中阶段两者之间，主要是突发事件"将发未发"时段的任务；事态研判、信息报告、决策部署、组织指挥、舆论引导，主要是突发事件事中阶段的任务；恢复重建、调查学习，主要是突发事件事后阶段的任务。当然，这 11 项重点任务的划分是相对的，有的任务（如应急准备、事态研判、信息报告、舆论引导）贯穿在突发事件应对的全过程。

（1）源头防范。"水在火上，既济。君子以思患而豫防之。"源头防范是最经济、最有效、最安全、最根本的应急管理工作，是应急管理的关口再前移。"安而不忘危，治而不忘乱，存而不忘亡。"做好预防防范，要求我们牢固树立安全发展理念，坚持统筹发展和安全两件大事，从根本上避免或减少突发事件的发生。

（2）风险管控。"千丈之堤，以蝼蚁之穴溃；百尺之室，以突隙之烟焚。"做好风险管控，从以突发事件为主的被动反应模式转向以风险为主的主动管控模式，是应急管理的重要任务。"愚者谙于成事，智者见于未萌"，做好风险管控，要求我们防范化解重大风险，把突发事件控制在基层、化解在萌芽、解决在当地。

（3）应急准备。"居安思危，思则有备，有备无患。"从坏处准备，努力争取最好的结果，才能增强应急管理工作的主动性。做好应急准备，要求我们坚持底线思维，主动适应现代复杂条件下有效处置急难险重任务的需要，针对最坏的情况、做好最充分的准备，做到重要资源"备得有、找得到、调得快、用得好"。

（4）监测预警。"风起于青萍之末，止于草莽之间。"监测预警是在突发事件"将发未发"的时段，及时发出警告，迅速采取有效的防灾避险措施，从而避免或降低突发事件造成的损失。"聪者听于无声，明者见于未形。"做好监测预警，要求我们动态监测、精准分析、实时预警，"出现即发现，发现即发布，发布即发动"。

（5）事态研判。"知彼知己，百战不殆。"精准的事态研判是任何大规模抢险救援行动的前提。只有研判准确了，才能做到科学施救，研判的失误是应急处置与救援工作首要的失误。"先知者，知敌之情者也。"事态研判要求我们在突发事件发生后的第一时间迅速开展分析研究，及时判明情况，做到"对症下药"。

（6）信息报告。"上之为政，得下之情则治，不得下之情则乱。"信息是决策的前提和依据，信息报告的速度和质量直接关系到决策的效果。突发事件信息往往是碎片化的。信息报告要求建立多元开放的信息系统，实现不同渠道相互补充，在突发事件发生后及时、客观、真实进行报送报告，确保信息"进得来"。

（7）决策部署。"运筹帷幄之中，决胜千里之外。"面对错综复杂的局面，必须及时、果断作出准确的决策，从而尽快控制事态。"用兵之害，犹豫最大；三军之灾，生于狐疑。"决策部署要求我们临危不惧，沉着冷静，根据事件特点和现场情况，快速进行目标权衡、取舍，尽快研究确定应急处置与救援的措施。

（8）组织指挥。"天下之事，虑之贵详，行之贵力。"决策方案制定后，需要动员和带领相关人员执行，把战略决策和预期目标变为现实结果。"工虽多必有大匠，人虽多必有舵师。"组织指挥要求做好人员分工、资源配置和机构设置，统一领导、统一指挥、统一行动，确保应急处置与救援有力有序有效地进行。

（9）舆论引导。"好事不出门，坏事传千里。"突发事件发生后，往往会伴随大量的谣言。全媒体不断发展，导致舆论引导工作面临新的挑战。"当真理还在穿鞋，谣言已经走遍天下。"做好全媒体时代的舆论引导工作，要求我们把握好时度效，及时、主动、精准进行沟通，营造同舟共济、众志成城的社会氛围。

（10）恢复重建。"瘥后防复。"恢复重建是应急处置与救援的结束，也是新一轮预防与准备的开始。恢复重建是一项复杂的系统工程，要防止死灰复燃，留下后遗症。"将全其形，先在其神。"做好恢复重建，要求我们科学规划，精心组织实施，建设更加美好的家园，提高全社会的安全韧性，实现长远可持续发展。

（11）调查学习。"亡羊而补牢，未为迟也。"危机既是危险也是机遇，是全民最好的学习机会。突发事件发生后进行应对的过程，也是暴露问题、发现问题、解决问题的持续改进过程。调查学习要求我们抓住突发事件发生后的六个月"窗口期"，"吃一堑长一智"，真正"在历史的灾难中实现历史的进步"。

第二讲

源头防范：上医善治未病

　　各级党委和政府特别是领导干部要牢固树立安全生产的观念，正确处理安全和发展的关系，坚持发展决不能以牺牲安全为代价这条红线。经济社会发展的每一个项目、每一个环节都要以安全为前提，不能有丝毫疏漏。

　　——习近平对加强安全生产和汛期安全防范工作作出的指示（2016年7月14日）

一、"看似偶然，实属必然"

2008 年 6 月 28 日（星期六），贵州省黔南布依族苗族自治州瓮安县发生一起因女中学生非正常死亡引发的打砸抢烧事件，300 多人直接参与，2 万多人现场围观。整个事件持续 7 个多小时，导致县委办公楼被烧毁，县政府、县公安局、县财政局、县民政局大楼被点燃，160 多间办公室、46 台机动车被烧毁，直接经济损失 1600 多万元。

"6·28"瓮安事件是近年来我国群体性事件的一起"标本性事件"①，具有三个"敏感"的特点——在敏感时间、敏感地点，发生一起敏感事件。所谓敏感时间，事件发生在当年 8 月 8 日北京奥运会开幕前夕；事发当时，中央处理信访突出问题和群体性事件联席会议正在召开电视电话会议（会议一直开到县级），部署在全国开展"县（市、区）委书记大接访"活动。所谓敏感地点，事发地瓮安是革命老区县，红军长征时曾四过瓮安，并在瓮安召开了被誉为"伟大转折的前夜"的"猴场会议"。所谓敏感事件，事件由一起女中学生非正常死亡引起，最终酿成罕见的打砸抢烧县委、县政府、县公安局的恶性事件。

中央在当年的通报中指出，瓮安事件"无论从参与和围观的人数、持续的时间，还是从冲突的剧烈程度、造成的影响看，都是近年来最为严重的、非常典型的突发群体性事件之一"。该事件的发生，"不仅给贵州省的工作和形象造成了严重损害，还给全国工作大局和我国形象带

①　刘子富：《新群体事件观：贵州瓮安"6·28"事件的启示》，新华出版社 2009 年版，第 4 页。

来了负面影响"①。

瓮安事件经历了"7年——7天——7小时"的发展变化过程。其中，2001年至2008年7年为事件的酝酿期，在当地好看的经济指标下，隐藏着大量的社会矛盾和问题，各种不利因素在不断聚集。从6月22日凌晨李树芬溺水身亡停尸河边到6月28日7天为事件的发酵期，当地党委、政府和公安机关思想麻痹，措施不力，家属对当地警方的不满情绪不断加剧。从6月28日16时游行请愿开始至23时几栋大楼被烧7个小时为事件的爆发期，州、县领导班子事到临头不知所措，在请示汇报、拖延等待中错失处置良机，最终导致事态失控。

在2008年7月3日召开的事件阶段性处置情况汇报会上，时任贵州省委书记石宗源作了瓮安事件"实属必然""迟早都会发生"的定论。

冰冻三尺，非一日之寒。这次事件直接的导火索是李树芬的死因。但背后深层次原因是瓮安县在矿产资源开发、移民安置、建筑拆迁等工作中，侵犯群众利益的事情屡有发生，而在处置这些矛盾纠纷和群体事件过程中，一些干部作风粗暴、工作方法简单，甚至随意动用警力。他们工作不作为、不到位，一出事，就把公安机关推上第一线，群众意见很大，不但导致干群关系紧张，而且促使警民关系紧张。加之有的领导干部和公安民警长期以来失职渎职，对黑恶势力及严重刑事犯罪、群众反映的治安热点问题重视不够、打击不力，刑事发案率高、破案率低，导致社会治安不好，群众对此反应十分强烈。这次事件中，黑恶势力正是利用群众的这种不满情绪挑起事端，公然挑战国家法律的尊严和权威，借机扰乱社会、趁火打劫。因此，这起事件看似偶然，实属必然，是迟早都会发生的。对此，瓮安县委、县政府、县公安局和有关部门的领导干部负有不可推卸的责任。②

---

① 转引自崔亚东：《群体性事件应急管理与社会治理——从瓮安之乱到瓮安之治》，中央党校出版社2013年版，第173页。

② 《省委召开瓮安"6·28"事件阶段性处置情况汇报会》，《贵州日报》2008年7月4日。

古人云："圣人消未起之患，治未病之疾，医之于无事之前，无追于既逝之后。"源头防范是最经济、最有效、最安全、最根本的应急管理策略。突发事件从孕育到爆发再到平息，有一个逐渐发展变化的过程。在突发事件发展演化的过程中，如何强化源头防范，从最基础的层面避免或减少突发事件的发生？

二、"无急要应"是最高境界

（一）源头防范是最好的应急管理

1."不治已病治未病"

扁鹊是战国时期的著名医学家，位列我国古代五大医学家之首。在先秦道家著作《鹖冠子》中，记载了一个"扁鹊三兄弟行医"的故事。

一日，魏文王问扁鹊，曰："子昆弟三人其孰最善为医？"

扁鹊曰："长兄最善，中兄次之，扁鹊最为下。"

魏文侯曰："可得闻邪？"

扁鹊曰："长兄于病视神，未有形而除之，故名不出于家。中兄治病，其在毫毛，故名不出于闾。若扁鹊者，镵血脉，投毒药，副肌肤，闲而名出闻于诸侯。"

"扁鹊三兄弟行医"，对应了应急管理的源头防范（"防"）、风险管控（"控"）、应急处置（"救"）三个环节、三种策略——长兄治病，于病情发作之前，一般人不知道他事先能铲除病因，所以他的名气无法传出去；中兄治病，于病情初起时，一般人以为他只能治轻微的小病，所以他的名气只及本乡；而扁鹊治病，于病情严重之时，一般人都看到他下针放血、用药去疾，都以为他医术高明，因此名气响遍天下。

我国先秦时期的兵书《尉缭子》中说道："信在期前，事在未兆。"三国时期魏国玄学家王弼在《老子指略》中也说道："谋之于未兆，为之于未始。"南朝宋范晔在《后汉书·吴汉传》中强调："上智不处危以侥倖，中智能因危以为功，下愚安於危以自亡。"在"防""控""救"三个环节、三种策略中，最关键的是源头防范（"防"）。东汉时期政论家、史学家荀悦在《申鉴·杂言》中讲过一段非常精辟的话，强调突发事件应对"防为上"的道理："进忠有三术：一曰防；二曰救；三曰戒。先其未然谓之防，发而止之谓之救，行而责之谓之戒。防为上，救次之，戒为下。"

"扁鹊三兄弟行医"的故事，与我国中医"不治已病治未病"的思想一脉相承。"治未病"，即"未病先防"——在还没有患病时，积极维护健康，采取合理调养、强身健体等措施，有效防止疾病的发生。

2. 突发事件"可防"

法国大文豪雨果曾说过："大自然既是善良的慈母，同时也是冷酷的屠夫。"很多自然灾害是由人类自身引起的，是大自然向我们发出的严重警告，是大自然在向人类进行惩罚和报复。只要人类活动遵循自然规律，尊重自然、顺应自然、保护自然，学会与自然和谐相处，就能大大减少自然灾害的发生，少遭大自然的报复。这正如我国明代哲学家罗钦顺在《困知记》中写道的："天之道莫非自然，人之道皆是当然。凡其所当然者，皆其自然之不可违者也。何以见其不可违，顺之则吉，违之则凶，是之谓天人一理。"

环保、健康和安全（EHS）管理理论认为，所有的事故都是可以预防和避免的，前提是我们要科学分析生产活动中可能出现的事故风险，正确做出评价，进而制定并切实落实有效的防范措施。人的不安全行为、物的不安全状态、环境的不安全条件以及管理的缺陷，是导致安全事故发生的四个条件，人为因素则是其中的一个主要因素。理论研究和实践都发现，每一起事故的背后其实或多或少都有"人祸"的影子。对2004—2014年间我国发生的65起特别重大生产安全事故的调查报告研究发现，"违法违规行为"是诱发我国生产安全事故的首要原因；"从可控性角度来看，93%的事故原因如违法违规行为、安全管理和监督不到位、缺乏技术和设计缺陷、人为操作失误具有可控性特征"①。

2013 年发生的吉林省长春市德惠市（县级市）宝源丰禽业有限公司"6·3"特别重大火灾爆炸事故（以下简称德惠"6·3"特别重大火灾爆炸事故），共造成 121 人死亡、76 人受伤，直接经济损失 1.82 亿元。调查发现，发生事故的间接原因，是企业安全生产主体责任根本不落实，公安消防部门履行消防监督管理职责不力，建设部门在工程项目建设中监管严重缺失，安全监管部门履行安全生产综合监管职责不到位，地方政府安全生产监管职责落实不力。就"企业安全生产主体责任根本不落实"，调查报告写道：

> 企业出资人即法定代表人根本没有以人为本、安全第一的意识，严重违反党的安全生产方针和安全生产法律法规，重生产、重产值、重利益，要钱不要安全，为了企业和自己的利益而无视员工生命。
>
> 企业厂房建设过程中，为了达到少花钱的目的，未按照原设计施工，违规将保温材料由不燃的岩棉换成易燃的聚氨酯泡沫，导致起火后火势迅速蔓延，产生大量有毒气体，造成大量人员伤亡。
>
> 企业违规安装布设电气设备及线路，主厂房内电缆明敷，二车间的电线未使用桥架、槽盒，也未穿安全防护管，埋下重大事故隐患。②

公共卫生事件也是可以预防的。被西方尊为"医学之父"的古希腊著名医生、欧洲医学奠基人希波克拉底曾说过："一分的预防远胜于十分的治疗。"预防为主是实现健康的最佳途径，是公共卫生工作的核心。在传统公共卫生三级预防的基础上，有专家提出"零级预防"的概念，即政府通过制定政策，采取措施，防止或减少可能引发突发公共卫生事

---

① 高恩新：《特别重大生产安全事故的框架建构：基于 65 份事故调查报告的分析》，《上海行政学院学报》2017 年第 1 期。

② 《吉林省长春市宝源丰禽业有限公司"6·3"特别重大火灾爆炸事故调查报告（摘录）》，《化工安全与环境》2013 年第 33 期。后文有关该起事故调查报告的资料，均出自该处，不再标注。

件的因子出现。① 零级预防"比传统意义的预防疾病发生的'一级预防'更提前，可以看作是预防工作的关口前移"②。

作为各方利益冲突表现形式的社会安全事件，同样也是可以预防的。我国发生的大部分群体性事件，是在经济社会发展过程中，由于社会矛盾比较集中、利益协调机制不到位产生的各种主体之间的利益冲突，因而基本上都是可以预防的。早在 2003 年，国家信访局就调查指出，群众信访特别是集体上访反映的问题中，存在四个"80%"的现象：80% 以上反映的是改革和发展过程中的问题，80% 以上是有道理或有一定实际困难和问题应予解决的，80% 以上是可以通过各级党委、政府的努力加以解决的，80% 以上是基层应该解决也可以解决的。③

3. 既要治标更要治本

20 世纪中期，美国火灾频发，造成重大人员伤亡和经济损失。1973 年，美国全国火灾防控委员会（The National Commission on Fire Prevention and Control）发布了专题报告《美国在燃烧》（*America Burning*），主要结论是：落实火灾预防措施、开展面向公众的消防安全教育，是减少火灾损失的关键。报告认为，美国主要面临六大方面的消防安全问题，其中摆在首位的，是"必须更加重视火灾预防"。

> 改善美国消防安全形势的关键，是主动适应正在发生的重大社会变革，顺时应势，从根本上调整消防工作的重心。目前，美国消防部门 95% 的业务经费都用于火灾扑救，只有 5% 花在消防监督检查、公众消防安全教育方面——而实践证明，这些火灾预防措施可以更有效地减少火灾损失。因此，必须在火灾预防方面投入更多的资源和经费。

> 事实说明，有效的火灾预防措施，可以明显降低火灾发生率，进而减少火灾扑救开支，从而在减少火灾伤亡和财产损失方面发挥

---

① 曾光：《论零级预防》，《中华预防医学杂志》2008 年第 5 期。

② 曾光主编：《中国公共卫生与健康新思维》，人民出版社 2006 年版，第 18 页。

③ 王永前、黄海燕：《国家信访局局长：80% 上访有道理》，《半月谈》2003 年第 22 期。

事半功倍的作用，形成良性循环。①

《淮南子·说山训》云："良医者，常治无病之病，故无病；圣人者，常治无患之患，故无患。"宋代欧阳修有句类似的名言："善治病者，必医其受病之处；善救弊者，必塞其弊之源。"俗话说："基础不牢、地动山摇，基础扎实、坚如磐石。"源头防范是安全稳定的基础，是最根本的应急管理方法，是应急管理的最高境界。如果说风险管控是应急管理的"关口前移"，有利于推动应急管理从以事中应急处置与救援为主转向以事前风险防范化解为主，源头防范则是应急管理的"关口再前移"，即从以风险防范化解为主进一步转向以源头治理为主，通过"斩草除根""釜底抽薪"，从根源上避免和减少导致突发事件的发生。

源头防范具有事半功倍的效果。《荀子·大略》云："事至后虑者谓之后，后则事不举；患至而后虑者谓之困，困则祸不可御。"美国管理学家德鲁克曾说过："管理好的工厂，总是单调无味，没有任何刺激动人的事件。那是因为凡是可能发生的危机都早已预见，且已将解决办法变成例行工作了。"②突发事件往往是"突发"与"渐发"的辩证统一——表面上，事件突如其来、出乎预料、令人震惊；实际上，事件是在逐渐演化、不断升级后，最终失控并造成严重危害的。源头防范的目的，是高度关注事件的初始状态，从根源上铲除滋生事件的土壤。

《黑天鹅》的作者塔勒布指出，我们的世界是由极端、未知和以我们现有的知识而言非常不可能发生的事物主导的，"黑天鹅"事件具有稀有性、冲击性、事后（而不是事前）预测性的特点。③号称预言了2008年全球金融危机的纽约大学经济学家鲁比尼（Nouriel Roubini）反

---

① 美国全国火灾防控委员会编：《美国在燃烧》，司戈译，北京大学出版社2014年版，第16页。

② [美]彼得·德鲁克：《卓有成效的管理者》，许是祥译，机械工业出版社2019年版，第49页。

③ Nassim Nicholas Taleb, *The Black Swan: The Impact of the Highly Improbable*, New York: Random House, 2007.

对"黑天鹅"理论，主张用"白天鹅"理论，认为经济社会政治的矛盾积累起来，必定会带来"明斯基时刻"（Minsky Moment），虽然危机爆发的具体时间不能精确预言。① 美国纽约国际政策研究所所长渥克也说道，为什么我们对迫在眉睫的危机不能先知先觉，提早预防呢？ 她的结论是："当我们可能遇到的危险还处于萌芽状态时，我们会感觉手头紧迫，无暇顾及，所以致使防范措施搁浅；当危机真正来临，损失已经不可避免，此时此刻，我们虽然有应对灾难的财力物力了，但无论我们是想减少损失，还是想事后收拾残局，其费用都会是天文数字。"②

"冰冻三尺，非一日之寒。"应对突发事件，关键是在平时下功夫，在日常见真章。与其临时抱佛脚，仓促应对，不如把心思放在日常，把源头治理好，把基础夯实好。做好源头防范，要求我们把安全工作渗透经济社会发展的各个方面，渗透城乡规划、发展、建设、管理、运行、服务的各个环节，渗透经济建设、政治建设、文化建设、社会建设、生态文明建设的各个领域，真正做到"无急要应"。

特别是在各种风险挑战不断涌现的今天，加强源头防范，从最基础的层面避免或减少各种突发事件的发生，更是具有特殊而重要的意义。美国行政学家奥斯本和盖布勒提出了"有预见性的政府——预防而不是治疗"的治理范式，认为政府管理的目的是"使用少量钱预防，而不是花大量钱治疗"③。英国危机管理专家里杰斯特（Michael Regester）指出："不管对危机的警戒和准备是自发的，还是法律所要求的，危机管理的关键是危机预防。"④ 党的十八大报告明确提出："加快形成源头治理、

---

① Nouriel Roubini and Stephen Mihm, *Crisis Economics*: *A Crash Course in the Future of Finance*, New York: Penguin Press, 2010.

② ［美］米歇尔·渥克：《灰犀牛：如何应对大概率危机》，王丽云译，中信出版社 2017 年版，第 21 页。

③ ［美］戴维·奥斯本、特德·盖布勒：《改革政府——企业精神如何改革着公共部门》，周敦仁等译，上海译文出版社 1996 年版，第 205 页。

④ Michael Regester, *Crisis Management*: *How to Turn a Crisis into an Opportunity*, London: Random House, 1987.

动态管理、应急处置相结合的社会管理机制。"党的十九届四中全会通过的《中共中央关于坚持和完善中国特色社会主义制度 推进国家治理体系和治理能力现代化若干重大问题的决定》（以下简称党的十九届四中全会《决定》）指出，"加强系统治理、依法治理、综合治理、源头治理，把我国制度优势更好转化为国家治理效能"。

（二）警惕"不见棺材不掉泪"

1."曲突徙薪无恩泽"

我国有句俗语："不到黄河心不死，不见棺材不掉泪。"源头防范虽然非常重要，但往往不容易得到人们应有的重视。"重处置、轻预防"，仍是一些地方和部门的习惯性做法；"事后救灾轰轰烈烈、举国关注，事前防灾默默无闻、无人问津"，仍是全社会常见的现象。

《汉书·霍光传》记载的"曲突徙薪"故事，说的就是这种现象。

> 客有过主人者，见其灶直突，傍有积薪。客谓主人："更为曲突，远徙积薪，不者且有火患！"主人默然不应。俄而果失火，邻里共救之，幸而得息。于是杀牛置酒，谢其邻人，灼烂者在于上行，余各以功次坐，而不录言曲突者。人谓主人曰："乡使听客言，不费牛酒，终亡火患。今论功而请宾，'曲突徙薪'亡恩泽，焦头烂额为上客邪？"主人乃寤而请之。

墨菲定律指出："如果有两种以上的选择方式去做某件事，而其中一种选择方式将导致灾难，则必定有人会作出这种选择。"墨菲定律揭示了一种独特的社会现象：如果坏事有可能发生，不管这种可能性有多小，它总会发生并造成最大可能的破坏。因此，在安全问题上，我们不能有丝毫的侥幸心理，要从行为、技术、机制、环境等各个方面入手，防微杜渐，谨小慎微，从根本上有效避免灾难的发生。在现实生活中，有些领导干部缺乏忧患意识，心存侥幸，总觉得"倒霉事"不会落到自己头上；有的地方和单位没有把源头防范纳入议事日程，不愿意把钱用在预防上，"不出事都不重视，出了事都很重视"。

美国政治学者威尔逊（James Q. Wilson）根据付出和成果的透明度——前者指工作活动是否能观察得到，后者指工作结果是否能观察得到，将组织分为生产型组织、程序型组织、工艺型组织、应付型组织四类。其中，生产型组织是付出和成果二者都可以观察得到的机构；程序型组织是可以观察到付出但观察不到成果的机构；工艺型组织是可以观察得到成果但观察不到付出的机构；应付型组织是二者都观察不到的机构。根据这种分类，政府机构更多的是程序型和应付型组织，而私营机构更多的是生产型和工艺型组织，即政府机构难以看出成果（或许可以看到付出），私营机构则成果明显（有时或许难以看到付出）。①

之所以"重救轻防"，是因为人们普遍关注清晰可见的显绩，而不太关注模糊难见的"潜绩"。追求"不出事"的源头防范，需要较长时间的投入，有时是"前人栽树，后人乘凉"，难以展示领导干部的"大作为"。因此，虽然"不出事"事半功倍，但成绩不容易看出来。相反，突发事件发生后，大张旗鼓进行抢险救援，会产生"聚光灯效应"，得到上级重视、社会关注和媒体报道。其结果是，尽管"出事"后"灭火"成本高，风险大，但成绩看得见、摸得着，大家有积极性。

从近年来我国重特大生产安全事故调查报告来看，都存在地方党委、政府和领导干部安全发展理念树立得不牢，重发展、轻安全的问题。例如，调查报告指出，德惠"6·3"特别重大火灾爆炸事故发生的管理原因，是德惠市政府"没有牢固树立和落实科学发展观和安全发展理念，片面地追求 GDP 增长，片面地强调为招商引资项目'多开绿灯、特事特办'，忽视安全生产"；长春市政府"没有正确处理安全与发展的关系"；吉林省政府"科学发展观和安全发展理念树立得不牢"。特别是米沙子镇政府"重经济增速、重财政收入、重招商引资，对宝源丰公司建设片面强调'特事特办、多开绿灯'，要'政绩'而忽视安全生产"。

天津港"8·12"特别重大火灾爆炸事故，造成重大人员伤亡和经

---

① James Q. Wilson, *Political Organization*, Princeton: Princeton University Press, 1995.

济损失。事故的发生，也暴露企业和地方政府安全发展理念没有牢固树立，安全责任落实不到位，"重发展、轻安全"的问题。调查报告指出：

> 瑞海公司无视安全生产主体责任，置国家法律法规、标准于不顾，只顾经济利益、不顾生命安全，不择手段变更及扩展经营范围，长期违法违规经营危险货物，安全管理混乱，安全责任不落实，安全教育培训流于形式，企业负责人、管理人员及操作工、装卸工都不知道运抵区储存的危险货物种类、数量及理化性质，冒险蛮干问题十分突出，特别是违规大量储存硝酸铵等易爆危险品，直接造成此次特别重大火灾爆炸事故的发生。

> 天津市及滨海新区政府贯彻国家安全生产法律法规和有关决策部署不到位，对安全生产工作重视不足、摆位不够，对安全生产领导责任落实不力、抓得不实，存在着"重发展、轻安全"的问题，致使重大安全隐患以及政府部门职责失守的问题未能被及时发现、及时整改。①

事实上，发展是政绩，安全也是政绩；做"潜绩"就是做"政绩"，"潜绩"是最大的"政绩"。因此，要改变"重救轻防"的本末倒置做法，培养"发展是责任，安全也是责任，而且是更大的责任"的意识，树立"安全无小事、小事当大事、确保不出事"的工作理念，把预防摆到更加重要的位置，从前端和源头做起，从小事和细节做起，时刻绷紧安全这根弦，切实把源头防范工作做实做细做好。

2. 从"举国救灾"到"全民防灾"

俗话说："隐患胜于明火，防范胜于救灾，责任重于泰山。"源头防范既是最经济、最有效、最安全的应急管理工作方法，也是最重要、最根本、最基础的应急管理工作内容。推动应急管理关口前移，要求我们从以往的"举国救灾"模式向新的"全民防灾"模式转变，从"不惜一

---

① 《天津港"8·12"瑞海公司危险品仓库特别重大火灾爆炸事故调查报告》，2016年2月5日，见 https://www.mem.gov.cn/gk/sgcc/tbzdsgdcbg/2016/201602/P020190415543917598002.pdf。后文有关该起事故调查报告的资料，均出自该处，不再标注。其他重特大生产安全事故调查报告同。

切代价抢险救援"向"千方百计做好预防"转变，切实把源头防范作为基础性、前瞻性、战略性工作抓紧抓实抓好。

新中国成立后特别是改革开放以来，在突发事件应对实践活动中，坚持标本兼治、预防为主，注重关口前移、源头防范，日益得到各级党委、政府的重视。我国确立了"居安思危、预防为主"的方针，明确了"预防与处置并重、常态与非常态相结合"的原则，推动应急管理由被动处置向主动预防转变。2014年修订的《中华人民共和国安全生产法》（以下简称《安全生产法》）第三条规定，"安全生产工作应当以人为本，坚持安全发展，坚持安全第一、预防为主、综合治理的方针"。《国家总体应急预案》把"居安思危、预防为主"作为我国应急管理的工作原则之一，强调要"常抓不懈，防患于未然"，"坚持预防与应急相结合，常态与非常态相结合"。《突发事件应对法》第五条明确规定："突发事件应对工作实行预防为主、预防与应急相结合的原则。"

党的十八大以来，我国进一步明确了应急管理"预防为主、防抗救结合"的方针。2014年4月25日，习近平总书记在主持十八届中央政治局第十四次集体学习时指出："要增强发展的全面性、协调性、可持续性，加强保障和改善民生工作，从源头上预防和减少社会矛盾的产生。"[1]2015年5月29日，他在主持十八届中央政治局第二十三次集体学习时强调，"维护公共安全必须防患于未然。要坚持标本兼治，既着力解决较为突出的公共安全专项问题，又用更多精力研究解决深层次问题。要坚持关口前移，加强日常防范，加强源头治理、前端处理"。[2]2016年7月28日在视察唐山时，习近平总书记提出了"两个坚持""三个转变"的防灾减灾救灾理念，"坚持以防为主、防抗救相结合，坚持常态减灾和非常态救灾相统一，努力实现从注重灾后救助向注重灾前预防转变，从应对

---

[1]　中共中央文献研究室编：《习近平关于社会主义社会建设论述摘编》，中央文献出版社2017年版，第173页。

[2]　中共中央党史和文献研究院编：《习近平关于总体国家安全观论述摘编》，中央文献出版社2018年版，第143页。

单一灾种向综合减灾转变，从减少灾害损失向减轻灾害风险转变"。该理念随后被写入当年年底发布的《中共中央　国务院关于推进防灾减灾救灾体制机制改革的意见》，成为新时代推进防灾减灾救灾体制机制改革的指导思想。①《中共中央　国务院关于推进安全生产领域改革发展的意见》把"坚持源头防范"作为基本原则之一，强调"严格安全生产市场准入，经济社会发展要以安全为前提，把安全生产贯穿城乡规划布局、设计、建设、管理和企业生产经营活动全过程"。

3. 从"大乱"到"大治"

毛泽东曾说过："世上决没有无缘无故的爱，也没有无缘无故的恨。"②2008 年发生的瓮安"6·28"事件，不是一起孤立的事件，而是当地各种社会矛盾长期积累的必然结果。"群众心里有股怨气，憋久了就要出事"。在经济快速发展过程中，当地党委、政府对源头防范不够重视，重发展、轻安全，结果"经济发展上去了，民意支持下去了"。抓了经济、丢了民意，失衡发展、畸形发展的结果是，群众不信任、不支持当地党委、政府，当地社会安全稳定的基础非常薄弱。

"6·28"事件发生后，当地痛定思痛，把夯实基础、加强源头治理作为安全稳定的固本之策。瓮安县委、县政府树立了"勿忘教训，民生至上，包容发展"的理念，正确处理发展、民生、稳定的关系，坚持"发展是第一要务、民生是第一目标、稳定是第一责任"，把人民群众享受到更多发展成果、得到更好的实惠作为工作的最大目标和最高追求，走一条"以人为本、民生至上"的科学发展道路。

通过五年多的努力，瓮安实现了从"大乱"到"大治"的巨大变化：社会治安变好了，民生欠账变少了，经济实力变强了，干部作风变实了，基层基础变牢了，党和政府威信变高了，人民群众的安全感、满意度大大提升了（见表 2-1）。2007—2013 年期间，当地群众安全感由

---

① 《落实责任完善体系整合资源统筹力量　全面提高国家综合防灾减灾救灾能力》，《人民日报》2016 年 7 月 29 日。

② 《毛泽东选集》第二卷，人民出版社 1991 年版，第 871 页。

59.09%提升到98.84%，其中2009—2013年连续五年排名全省前四名；对公安机关的满意率由67.57%提升到98.02%，其中2011—2013年连续三年名列全省第一。瓮安相继摘了打黑除恶一票否决县、社会治安一票否决县、全省毒情重点整治县、全国假币问题重点整治县、全省公安机关执法质量末尾县等"帽子"，先后被评为"全国平安建设先进县""全省基层组织建设先进县"，县委被评为"全省创先争优活动先进县党委"，县公安局荣获"全国优秀公安局"称号。[1]

表2-1 瓮安县群众安全感和对公安机关满意率（2007—2013年）

年份	群众安全感			群众对公安机关满意率		
	全省（%）	瓮安（%）	全省排名	全省（%）	瓮安（%）	全省排名
2007	70.90	59.09	78	74.61	67.57	73
2008	80.44	89.43	23	80.03	89.37	8
2009	84.37	95.57	4	81.68	93.78	2
2010	86.98	96.92	3	83.73	92.71	5
2011	88.23	97.74	2	87.46	96.27	1
2012	91.74	99.62	1	90.33	98.81	1
2013	93.80	98.84	4	91.22	98.02	1

资料来源：崔亚东：《群体性事件应急管理与社会治理——从瓮安之乱到瓮安之治》，中央党校出版社2013年版，第243—244页。

"问渠哪得清如许，为有源头活水来。"瓮安从"大乱"到"大治"的过程，很好地说明了"防为上"、安全稳定关键在于做好源头防范的道理。面对各种"祸患"，防与不防不一样，防得好与防得不好不一样。2011年11月，时任贵州省委书记栗战书在瓮安县召开的全省加强和创新社会管理做好新形势下群众工作经验交流现场会上讲话指出，"瓮安经验"就是注重从源头上防范，坚持以人为本，做好群众工作，凝聚民心。

---

[1] 何平、朱国贤、徐江善、王丽：《在痛定思痛中浴火重生——从瓮安之乱到瓮安之变警示录》，《新华每日电讯》2011年10月24日。

瓮安三年之内大变样，积累的经验弥足珍贵。总结瓮安由乱到治的经验，概而言之，就是抓发展、惠民生、保稳定，最基础、最根本的还是坚持以人为本，做好群众工作，扎扎实实地帮助人民群众排难解困，化解民怨，理顺情绪，凝聚人心。瓮安从大乱到大治，从民心失落到民心凝聚，在痛定思痛中浴火重生，发生了很大的变化。这种深刻变化令人振奋，令人感慨，更令人深思。①

三、统筹发展和安全两件大事

（一）牢固树立安全发展理念

1. 坚持发展和安全"两手抓"

清代雍正皇帝为祭祀河神、封赏治河功臣，在河南武陟修建嘉应观，写过一副楹联："河涨河落维系皇冠顶戴，民心泰否关乎大清江山。"巩固政权，维护国家统一，是历代统治者共同的目标。各种灾害的发生，小则危及局部地区的安全稳定，大则可能导致国家政权的崩溃。

以色列历史学家赫拉利在《未来简史》一书开篇写道，饥荒、瘟疫和战争是几千年来困扰人类的三大问题，"它们永远都是人类的心头大患"。② 对我国灾荒史的研究发现，饥荒问题是很多朝代灭亡的主要诱因。为了巩固统治，我国历代封建王朝无不把实行"荒政"视为重要的国家职能，在灾害发生后采取一系列救济措施灾民。在人类史上，黑死病、鼠疫、天花等传染病，曾经对人类造成巨大威胁。例如，14 世纪中叶的黑死病，曾导致欧洲三分之一至二分之一的人口死亡；1918 年西班牙大流感，导致 20%—40%的世界人口受到感染，全球有 2000 万—

① 《贵州："瓮安之变"成鲜活教材》，《中国青年报》2011 年 11 月 20 日。

② ［以色列］尤瓦尔·赫拉利：《未来简史：从智人到智神》，林俊译，中信出版社 2017 年版，第 1 页。

5000 万人死亡，其破坏性大大超过"一战"。著名历史学家麦克尼尔在《瘟疫与人》一书中最后总结道："技能、知识和组织都会改变，但人类面对疫病的脆弱，则是不可改变的。先于初民就业已存在的传染病，将会与人类始终同在，并一如既往，仍将是影响人类历史的基本参数和决定因素之一。"①

1986 年 4 月 25 日，切尔诺贝利核事故发生。时任苏联最高领导人、苏共中央总书记戈尔巴乔夫在回忆录中写道："这次事故也极其严重地影响了我们业已开始的改革，直接打乱了全国的生活。"②德国《法兰克福汇报》指出，切尔诺贝利事件既是一起震撼国际社会的生态灾难，也是一起震垮苏联共产政权的政治灾难。③2006 年 4 月，切尔诺贝利核泄漏 20 周年之际，戈尔巴乔夫在纪念文章中感慨道："20 年前的这个月发生的切尔诺贝利核事故，可能成为五年之后苏联解体的真正原因，其重要程度甚至要超过我所开启的改革事业。切尔诺贝利灾难的确是一个历史转折点，其前后的两个时代迥然不同。"④

安全是发展的前提，发展是安全的保障，安全发展是各级党委、政府必须牢固树立的理念。发展是硬道理，安全是硬任务；发展是第一要务，安全是第一责任；抓发展是政绩，抓安全也是政绩。安全发展要求各级党委、政府和领导干部牢固树立"一失万无"的思想，坚持"万无一失"的标准，统筹发展和安全两件大事。

2."越发展，新情况新问题就会越多"

1993 年 9 月 16 日，邓小平与弟弟邓垦谈话时，提出了"发展起来以后的问题不比不发展时少"的重要论断。

---

① [美] 威廉·麦克尼尔：《瘟疫与人》，毕会成、余新忠译，中信出版集团 2018 年版，第 237 页。

② [俄] 米·谢·戈尔巴乔夫：《真相与自白——戈尔巴乔夫回忆录》，舒弨等译，社会科学文献出版社 2002 年版，第 135 页。

③ 转引自梁强：《切尔诺贝利的政治意义》，《南风窗》2006 年第 10 期。

④ 转引自姚望：《切尔诺贝利　谎言是最大的魔鬼》，《南方人物周刊》2011 年第 9 期。

十二亿人口怎样实现富裕，富裕起来以后财富怎样分配，这都是大问题。题目已经出来了，解决这个问题比解决发展起来的问题还困难。分配的问题大得很。我们讲要防止两极分化，实际上两极分化自然出现。要利用各种手段、各种方法、各种方案来解决这些问题。中国人能干，但是问题也会越来越多，越来越复杂，随时都会出现新问题。比如刚才讲的分配问题。少部分人获得那么多财富，大多数人没有，这样发展下去总有一天会出问题。分配不公，会导致两极分化，到一定时候问题就会出来。这个问题要解决。过去我们讲先发展起来。现在看，发展起来以后的问题不比不发展时少。①

"6·28"事件发生之前，时任瓮安县委书记在当地群众中的口碑还不错，当地干部对他的普遍评价是"勤勤恳恳""兢兢业业""清廉"。这位1965年出生的县委书记，抓经济成绩还不错：2000—2007年，全县GDP从11.4亿元增至21.9亿元，翻一番，居黔南州第三位，全省第42位；财政收入从6682万元增至2.4亿元，增加近三倍；城乡居民储蓄存款余额从4.4亿多元增至19.3亿元，增加三倍多。

经济发展了，为何还会发生如此恶性的群体性事件？这位县委书记事后在接受媒体采访时，谈到了他的"伤心之处"。

我是新中国成立后，首个在瓮安连续工作了10年的外地交流干部。1998年刚调到瓮安工作时，孩子才两岁多，青春都献给了瓮安，身体也搞坏了。老父亲常年卧病在床，主要靠哥哥照顾。家里也是靠岳母来帮忙。

我刚到瓮安时，县财政经济状况极端困难，县委常委会讨论支出项目时，细到20元的支出款项；县里开两会，连用多少张纸都要事先批准。这几年发展这么好，老百姓得的实惠这么多，想不到

---

① 中共中央文献研究室编撰：《邓小平年谱 1975—1997》下，中央文献出版社 2004 年版，第 1364 页。

他们会去砸县政府，还有人鼓掌欢呼，这是最让我伤心的。①

发展不是经济社会进步的唯一内容，也不是包治百病的"灵丹妙药"；发展不能解决所有的矛盾问题，也不一定必然使得社会更加安全稳定。法国历史学家托克维尔在《旧制度与大革命》一书中指出："革命发生并非总因为人们处境越来越坏……被革命摧毁的政权几乎总是比它前面的那个政权更好，而且经验告诉我们，对一个坏政府来说，最危险时刻通常是开始改革的时刻。"②美国社会学家戴维斯提出的"J—曲线"相对剥夺理论认为，革命的发生源于期望与现实的落差——面临经济突然萧条，民众根据以往繁荣经验期望会继续发展；当实际发展状况和民众预期之间的矛盾达到某个极限时，革命就会爆发。③美国政治学家亨廷顿在《变化社会中的政治秩序》一书中也指出："现代性孕育着稳定，而现代化过程却滋生着动乱。""如果贫穷的国家出现动乱，那并非因为它们贫穷，而是因为它们想致富。"④

从世界范围来看，在从传统社会向现代社会转型的过程中，各国都曾经历过一个不稳定的时期。随着我国改革开放不断深入，如何牢固树立安全发展理念，在发展中更加重视安全，实现"以发展促安全，以安全保发展"，是我们必须高度关注的一项任务。对此，习近平总书记多次向全党发出警示："经济总量无论是世界第二还是世界第一，未必就能够巩固住我们的政权。"⑤"当前，全党面临的一个重要课题，就是如何正确认识和妥善处理我国发展起来后不断出现的新情况新问题。"⑥"我们的事业越前进、越发展，新情况新问题就会越多，面临的

---

① 《瓮安官场"怪"状》，《瞭望》2008 年第 36 期。

② ［法］托克维尔：《旧制度与大革命》，冯棠译，商务印书馆 1997 年版，第 210 页。

③ James C. Davies, "Toward a Theory of Revolution", *American Sociological Review*, Vol. 27, No.1 (February 1962), pp. 5-19.

④ ［美］亨廷顿：《变化社会中的政治秩序》，王冠华、刘为等译，上海人民出版社 2008 年版，第 31、32 页。

⑤ 习近平：《做焦裕禄式的县委书记》，中央文献出版社 2015 年版，第 35 页。

⑥ 《习近平谈治国理政》，外文出版社 2014 年版，第 401 页。

风险和挑战就会越多，面对的不可预料的事情就会越多。"①

3. 安全发展理念的提出与发展

安全发展理念，是在新中国成立后特别是改革开放以来我国经济社会不断发展的过程中，逐渐被认识并提出的。

2005 年 8 月 19 日至 23 日，胡锦涛在考察河南、江西、湖北时，作出了"安全发展"的指示。当年 10 月，党的十六届五中全会审议通过的党中央关于"十一五"规划的建议中，写入了"安全发展"。2006 年 3 月 27 日，在主持十六届中央政治局第三十次集体学习时，胡锦涛指出，"把安全发展作为一个重要理念纳入我国社会主义现代化建设总体战略，这是我们对科学发展观认识的深化"。"人的生命是最宝贵的。我国是社会主义国家，我们的发展不能以牺牲精神文明为代价，不能以牺牲生态环境为代价，更不能以牺牲人的生命为代价。"②同年 10 月，党的十六届六中全会通过的《中共中央关于构建社会主义和谐社会若干重大问题的决定》，把"安全发展"写入其中。坚持安全发展，由此成为我国经济社会发展的一项重要指导原则。

党的十八大以来，以习近平同志为核心的党中央站在实现"两个一百年"奋斗目标、实现中华民族伟大复兴的中国梦的战略高度，进一步丰富和发展了安全发展理念，对各级党委、政府和领导干部明确提出了"统筹发展和安全两件大事"的战略要求。

2013 年 6 月 6 日，习近平总书记在就做好安全生产工作作出的指示中，首次提出了安全发展的红线意识："人命关天，发展决不能以牺牲人的生命为代价。这必须作为一条不可逾越的红线。"③同年 11 月 24 日，在青岛现场听取"11·22"泄漏爆炸特别重大事故情况汇报时，他

① 中共中央文献研究室编：《十八大以来重要文献选编》（上），中央文献出版社 2014年版，第 114—115 页。

② 胡锦涛：《论构建社会主义和谐社会》，中央文献出版社 2013 年版，第 89、90 页。

③ 《始终把人民生命安全放在首位 切实防范重特大安全生产事故的发生》，《人民日报》2013 年 6 月 8 日。

专门就安全发展提出要求：

> 各级党委和政府、各级领导干部要牢固树立安全发展理念，始终把人民群众生命安全放在第一位，牢牢树立发展不能以牺牲人的生命为代价这个观念。这个观念一定要非常明确、非常强烈、非常坚定。各地区各部门、各类企业都要坚持安全生产高标准、严要求，招商引资、上项目要严把安全生产关，加大安全生产指标考核权重，实行安全生产和重大安全生产事故风险"一票否决"。①

"发展不能以牺牲人的生命为代价"观念很快上升为"发展决不能以牺牲安全为代价"的红线意识，写入中央文件，成为全社会的共识。2014 年修订的《安全生产法》，明确将"坚持安全发展"作为我国安全生产工作的基本理念。此后，牢固树立安全发展理念、统筹发展和安全两件大事，逐步从安全生产扩展至其他公共安全领域，进一步成为指导我国经济社会发展的基本原则之一。

2015 年 5 月 29 日，习近平总书记在主持十八届中央政治局第二十三次集体学习时强调，"各级党委和政府要切实承担起'促一方发展、保一方平安'的政治责任，以完善食品安全责任制、安全生产责任制、防灾减灾救灾责任制、社会治安综合治理责任制为重点，明确并严格落实责任制"。② 当年 9 月，他指示强调，各级党委和政府要切实承担起促一方发展、保一方平安的政治责任。③ 党的十九大报告强调，"统筹发展和安全，增强忧患意识，做到居安思危，是我们党治国理政的一个重大原则"，"树立安全发展理念，弘扬生命至上、安全第一的思想，

---

① 中央文献研究室编：《习近平关于社会主义社会建设论述摘编》，中央文献出版社 2017 年版，第 143 页。

② 中共中央文献研究室编：《习近平关于社会主义社会建设论述摘编》，中央文献出版社 2017 年版，第 154—155 页。

③ 中共中央党史和文献研究院编：《习近平关于总体国家安全观论述摘编》，中央文献出版社 2018 年版，第 146 页。

健全公共安全体系"。2019 年 11 月，党的十九届四中全会《决定》强调，"坚持总体国家安全观，统筹发展和安全，坚持人民安全、政治安全、国家利益至上有机统一"。当年 11 月 29 日，习近平总书记在主持十九届中央政治局第十九次集体学习时再次强调，各级党委和政府要切实担负起"促一方发展、保一方平安"的政治责任，严格落实责任制。2020 年 7 月 17 日召开的中央政治局常委会会议指出，各级党委和政府要担负起促一方发展、保一方平安的政治责任，基层党组织和广大党员、干部要充分发挥战斗堡垒作用和先锋模范作用，把党的政治优势、组织优势、密切联系群众优势转化为防汛救灾的强大政治优势。①

（二）以总体国家安全观为统领

1. 总体国家安全观的提出

2014 年 4 月 15 日，习近平总书记在中央国家安全委员会第一次全体会议上首次正式提出"总体国家安全观"。他强调：

> 必须坚持总体国家安全观，以人民安全为宗旨，以政治安全为根本，以经济安全为基础，以军事、文化、社会安全为保障，以促进国际安全为依托，走出一条中国特色国家安全道路。贯彻落实总体国家安全观，必须既重视外部安全，又重视内部安全，对内求发展、求变革、求稳定、建设平安中国，对外求和平、求合作、求共赢、建设和谐世界；既重视国土安全，又重视国民安全，坚持以民为本、以人为本，坚持国家安全一切为了人民、一切依靠人民，真正夯实国家安全的群众基础；既重视传统安全，又重视非传统安全，构建集政治安全、国土安全、军事安全、经济安全、文化安全、社会安全、科技安全、信息安全、生态安全、资源安全、核安

---

① 《中共中央政治局常务委员会召开会议 研究部署防汛救灾工作》，《人民日报》2020 年 7 月 18 日。

全等于一体的国家安全体系；既重视发展问题，又重视安全问题，发展是安全的基础，安全是发展的条件，富国才能强兵，强兵才能卫国；既重视自身安全，又重视共同安全，打造命运共同体，推动各方朝着互利互惠、共同安全的目标相向而行。①

自 2015 年 7 月 1 日起施行的《中华人民共和国国家安全法》（以下简称《国家安全法》），明确了政治安全、人民安全、国土安全、军事安全、经济安全、金融安全、资源能源安全、粮食安全、文化安全、科技安全、网络与信息安全、社会安全、生态安全、核安全、外层空间及国际海底区域和极地安全、海外利益安全等领域的重点任务。该法第三条规定："国家安全工作应当坚持总体国家安全观，以人民安全为宗旨，以政治安全为根本，以经济安全为基础，以军事、文化、社会安全为保障，以促进国际安全为依托，维护各领域国家安全，构建国家安全体系，走中国特色国家安全道路。"

党的十九大报告，把"坚持总体国家安全观"列为新时代坚持和发展中国特色社会主义的基本方略之一，强调"必须坚持国家利益至上，以人民安全为宗旨，以政治安全为根本，统筹外部安全和内部安全、国土安全和国民安全、传统安全和非传统安全、自身安全和共同安全，完善国家安全制度体系，加强国家安全能力建设。坚决维护国家主权、安全、发展利益"。党的十九届四中全会《决定》指出："以人民安全为宗旨，以政治安全为根本，以经济安全为基础，以军事、科技、文化、社会安全为保障，健全国家安全体系，增强国家安全能力。"

2. 总体国家安全观是应急管理的统领

2018 年 4 月 17 日，习近平总书记在主持召开十九届中央国家安全委员会第一次会议时强调，全面贯彻落实总体国家安全观，必须坚持统筹发展和安全两件大事，坚持人民安全、政治安全、国家利益至上的有

①　中共中央党史和文献研究院编：《习近平关于总体国家安全观论述摘编》，中央文献出版社 2018 年版，第 5 页。

机统一。① 总体国家安全观是做好国家安全工作的指导思想，也是做好新时代我国应急管理工作的统领。

公共安全是国家安全的重要组成部分。2003 年 3 月，正值非典疫情在我国传播扩散之际，美国兰德公司发布了一份题为《新型和重现传染病的全球威胁》的研究报告。报告分析认为，日益严峻的传染病已取代来自敌对国家直接的军事威胁，成为国际社会及各国政府面临的严重挑战。②2015 年 5 月 29 日，习近平总书记在主持十八届中央政治局第二十三次集体学习时讲话指出，要自觉把维护公共安全"放在贯彻落实总体国家安全观中来思考"③。

我国相关法律法规和中央政策文件，把公共安全列为国家安全的重要内容。例如，2015 年出台的《国家安全法》，把社会安全等与公共安全直接相关的领域列为国家安全的重点任务。该法第二十九条规定："国家健全有效预防和化解社会矛盾的体制机制，健全公共安全体系，积极预防、减少和化解社会矛盾，妥善处置公共卫生、社会安全等影响国家安全和社会稳定的突发事件，促进社会和谐，维护公共安全和社会安定。"

习近平总书记在不同场合多次强调，防汛救灾、安全生产、重大传染病防控、疫苗、生物安全风险等公共安全问题，事关国家安全和发展，是国家总体安全的重要组成部分。例如，在 2017 年 2 月 17 日主持召开的国家安全工作座谈会上，他强调，当前和今后一个时期要突出抓好政治安全、经济安全、国土安全、社会安全、网络安全等各方面安全工作，要完善立体化社会治安防控体系，加强交通运输、消防、危险化

---

① 《全面贯彻落实总体国家安全观　开创新时代国家安全工作新局面》，《人民日报》2018 年 4 月 18 日。

② Jennifer Brower and Peter Chalk, *The Global Threat of New and Reemerging Infectious Diseases: Reconciling US National Security and Public Health Policy*, Santa Monica: RAND, 2003.

③ 中共中央文献研究室编：《习近平关于社会主义社会建设论述摘编》，中央文献出版社 2017 年版，第 154—155 页。

学品等重点领域安全生产治理。① 吉林长春长生公司问题疫苗案件发生后，中央政治局常委会 2018 年 8 月 16 日召开的会议强调："疫苗关系人民群众健康，关系公共卫生安全和国家安全。"②2020 年 3 月 2 日在北京考察新冠肺炎防控科研攻关工作时，习近平总书记强调，重大传染病和生物安全风险是事关国家安全和发展、事关社会大局稳定的重大风险挑战，要把生物安全作为国家总体安全的重要组成部分。③ 7 月 17 日，在主持召开中央政治局常委会会议，研究部署防汛救灾工作时，他强调，防汛救灾关系人民生命财产安全，关系粮食安全、经济安全、社会安全、国家安全。④

① 《习近平谈治国理政》第二卷，外文出版社 2017 年版，第 382 页。

② 《听取关于吉林长春长生公司问题疫苗案件调查及有关问责情况的汇报》，《人民日报》2018 年 8 月 17 日。

③ 《协同推进新冠肺炎防控科研攻关　为打赢疫情防控阻击战提供科技支撑》，《人民日报》2020 年 3 月 3 日。

④ 《中共中央政治局常务委员会召开会议　研究部署防汛救灾工作》，《人民日报》2020 年 7 月 18 日。

第三讲

风险管控：君子思患预防

　　面对波谲云诡的国际形势、复杂敏感的周边环境、艰巨繁重的改革发展稳定任务，我们必须始终保持高度警惕，既要高度警惕"黑天鹅"事件，也要防范"灰犀牛"事件；既要有防范风险的先手，也要有应对和化解风险挑战的高招；既要打好防范和抵御风险的有准备之战，也要打好化险为夷、转危为机的战略主动战。

　　　　——习近平在省部级主要领导干部坚持底线思维着力防范化解
　　　　重大风险专题研讨班开班式上的讲话（2019 年 1 月 21 日）

一、"没活动但有风险"

2014 年 12 月 31 日 23 时 35 分，上海市黄浦区外滩陈毅广场东南角通往黄浦江观景平台的人行通道阶梯处发生拥挤踩踏，造成 36 人死亡、49 人受伤。这起事件，发生在敏感时间（跨年迎新之际）、敏感地点（外滩陈毅广场地标性建筑区），涉及敏感人群（伤亡以青年人和外地人为主），引起全社会高度关注。

2015 年 1 月 20 日，上海市政府联合调查组调查认定，"12·31"外滩陈毅广场拥挤踩踏事件（以下简称"12·31"拥挤踩踏事件）是一起拥挤踩踏并造成重大伤亡和严重后果的公共安全责任事件，"后果极其严重，社会影响极其恶劣，教训极其深刻"。①

作为现代化国际大都市，上海曾成功举办过世博会等一系列大型活动，在公共场所人群聚集安全管理方面经验丰富。而且，自 2011 年起，黄浦区政府、上海市旅游局、上海广播电视台已连续三年在外滩风景区举办新年倒计时灯光秀活动，活动一年比一年精彩，参加的市民游客人数一年比一年多，但安全管理工作并没有出现大的问题。2015 年新年倒计时活动，举办地点从开放场地（外滩风景区）改到封闭空间（外滩源），现场观众由以往 30 多万人降为 3000 人左右。活动易址降级后，安全管理的难度下降了，为何还会发生如此严重的拥挤踩踏事件？

研究发现，导致拥挤踩踏悲剧发生最重要的原因，是活动变更风险

---

① 《外滩拥挤踩踏事件调查报告全文》，2015 年 1 月 21 日，见 http://www.shjjjc.gov.cn/2015jjw/n2230/n2237/u1ai51007.html。后文有关该起事件调查报告的资料，均出自该处，不再标注。

管理失误——2015年新年倒计时灯光秀活动易址降级后，外滩当晚不再举办活动，但存在很大的风险；对这些潜在风险，黄浦区政府和相关部门未能准确识别和评估，导致预防和应对准备工作严重缺失。①

具体而言，活动变更风险管理失误，表现在以下五个方面。一是对活动变更风险未作评估：黄浦区政府在新年倒计时活动变更时，未对可能的人员聚集安全风险予以高度重视，没有进行评估，缺乏应有认知，导致判断失误。二是对活动变更信息宣传严重不到位：直至12月30日，黄浦区旅游局才首次对外正式发布了新年倒计时活动信息，但对"外滩"与"外滩源"的区别没有特别提醒和广泛宣传，信息公告不及时、不到位、不充分。三是预防准备严重缺失：黄浦公安分局仅会同黄浦区市政委等有关部门在外滩风景区及南京路沿线布置了350名民警、108名城市管理和辅助人员、100名武警，安保人员配置严重不足。四是对监测人员流量变化情况未及时研判、预警：黄浦公安分局对各时段人员流量快速递增的变动情况未及时采取有效措施，未报请黄浦区政府发布预警，对上海市公安局多次提醒的形势研判要求未作响应。五是应对处置不当：针对事发当晚持续增加的人员流量，在现场现有警力配备明显不足的情况下，黄浦公安分局只对警力部署作了部分调整，没有采取其他有效措施，未向黄浦区政府和上海市公安局报告，未向上海市公安局提出增援需求，也未落实上海市公安局的相关指令。

就事件发生的主要原因，上海市政府联合调查组最终作出结论：

> 对事发当晚外滩风景区特别是陈毅广场人员聚集的情况，黄浦区政府和相关部门领导思想麻痹，严重缺乏公共安全风险防范意识，对重点公共场所可能存在的大量人员聚集风险未作评估，预防和应对准备严重缺失，事发当晚预警不力、应对措施不当，是这起拥挤踩踏事件发生的主要原因。

---

① 钟开斌主编：《公共场所人群聚集安全管理——外滩拥挤踩踏事件案例研究》，社会科学文献出版社2016年版。

　　"千里之堤，溃于蚁穴。""12·31"拥挤踩踏事件，是一起典型的因变更风险管理失误而引发的重特大突发事件。风险是潜在的突发事件，是突发事件的未形状态，风险管控是应急管理工作的关口前移。如何做好风险管控，推动应急管理从以事件为中心的被动应对模式，向以风险为中心的主动防范模式转变？

二、防小过胜于弥大祸

（一）风险是潜在的突发事件

1. 风险 = 可能性 × 不利后果

　　"风险"是一个日常用语，也是一个科学术语。所谓"风险"，是指某一特定危险情况发生的可能性和后果的组合，即风险 = 可能性 × 不利后果。其中，可能性指的是风险的概率，不利后果指的是风险变为现实后造成的影响，包括有形的客观损失（如人员伤亡、经济损失、环境影响）和无形的主观损失（如危及人群心理、国际声誉、国家形象、社会舆论）。

　　与"风险"相关的概念，主要包括"危险（源）/ 危险要素""脆弱性""抗灾能力"。其中，"危险（源）/ 危险要素"也称"致灾因子"，是指"具有潜在的引起不幸、伤害、财产损失、基础设施损坏、农业损失、环境破坏、经营中断或其他类型损害或损失的事件或客观条件"。[①]风险与危险（源）、脆弱性之间的关系可以表示为：风险 = 危险（源）×脆弱性。在此基础上，进一步将抗灾能力纳入其中，并将等式修正为：风险 = 危险（源）× 脆弱性 / 能力。

　　风险是突发事件的潜在状态，突发事件是风险的显现状态。从时间

---

① 夏保成：《西方公共安全管理》，化学工业出版社 2006 年版，第 23 页。

先后来看，风险和突发事件是一个状态连续的两个阶段。其中，风险处在突发事件的前段，是萌芽、孕育阶段的突发事件；突发事件处在风险的后段，是演化为现实事件的风险。从风险到突发事件的过程，也就是事件从潜在状态到显现状态的发展过程。

2. 风险的分类分级分期

与突发事件一样，也可以对风险进行分类、分级、分期。

根据不同的标准，风险可以分为不同的类型。例如，根据风险出现的时间先后，分为传统风险与新兴风险；根据风险的演化周期，分为短期风险与长期风险；依照承担主体，分为个人风险、家庭风险、企业风险、国家风险等；按照是否有获利机会，分为纯粹风险和投机风险。最常见的分类，是基于风险来源的不同，分为自然风险、社会风险、经济风险、技术风险、健康风险、政治风险等。

风险的可能性和不利后果两个要素经组合，形成一个 5×5 的风险矩阵（见图 3–1）。通常，风险的可能性分为五级：A ＝极少发生，B ＝不太可能发生，C ＝可能发生，D ＝很可能发生，E ＝几乎确定发生。风

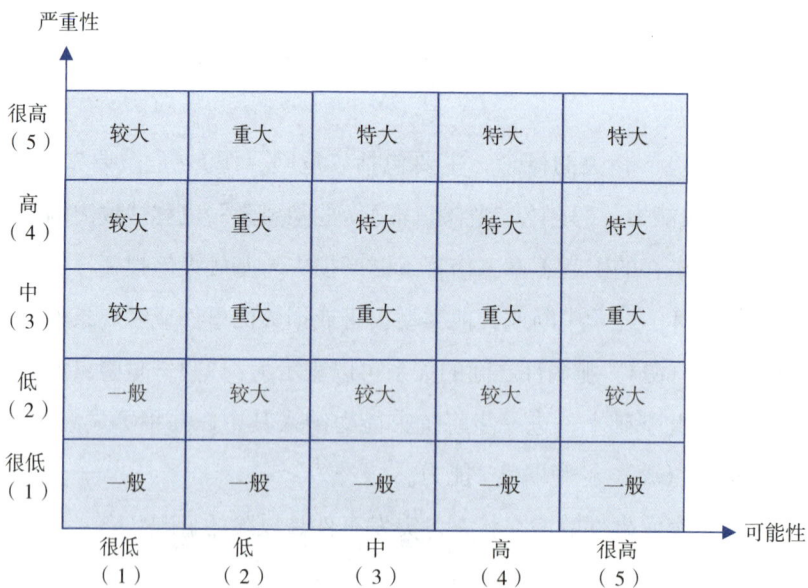

严重性	很低（1）	低（2）	中（3）	高（4）	很高（5）
很高（5）	较大	重大	特大	特大	特大
高（4）	较大	重大	特大	特大	特大
中（3）	较大	重大	重大	重大	重大
低（2）	一般	较大	较大	较大	较大
很低（1）	一般	一般	一般	一般	一般

可能性

图 3–1　风险矩阵图

险的后果也分为五级：1＝几乎无影响，2＝一般，3＝较大，4＝重大，5＝特别重大。可能性与不利后果组合形成 25 种风险情形，分为特大、重大、较大、一般四个等级。

风险分为前、中、后三个阶段。其中，风险前为不受威胁的绝对安全状态，风险的可能性为 0，危险情况肯定不会发生；风险中为潜在的突发事件状态，风险的可能性为 0—1，危险情况存在发生并造成不利后果的可能，风险可能在不断聚集、发展、演化；风险后为现实的突发事件状态，风险的可能性已经变为 1，此时，危险情况已经发展成为实际的突发事件并造成了不利后果。

（二）风险管控是应急管理的关口前移

1. 风险管控是优先事项

从辩证的角度来看，突发事件既是突发的，也是渐发的。《韩非子·喻老》云："千丈之堤，以蝼蚁之穴溃；百尺之室，以突隙之烟焚。"现实事例表明，很多突发事件的发生，都是不利因素量的积累的结果。海恩里希法则指出，每起严重事故的背后，必然有 29 次轻微事故、300 起未遂先兆及 1000 起事故隐患。例如，调查报告指出，导致德惠"6·3"特别重大火灾爆炸事故发生的重要原因之一，是事故企业"未按照有关规定对重大危险源进行监控，未对存在的重大隐患进行排查整改消除。尤其是 2010 年发生多起火灾事故后，没有认真吸取教训，加强消防安全工作和彻底整改存在的事故隐患"。

人类史是人类不断与风险抗争的历史。在《与天为敌》一书中，美国金融史学家伯恩斯坦断言："确定现代与过去之分野的革命性理念是对风险的掌握。"[①]现代社会是一个充满高度不确定性的风险社会。伴随全球化进程不断加快，人类面临着比以往任何时候数量上更多、结构上更为复杂

---

① ［美］彼得·L.伯恩斯坦：《与天为敌——风险探索传奇》，穆瑞年、吴伟、熊学梅译，机械工业出版社 2010 年版，第 10 页。

的风险，风险管控因而也比以往任何时候都显得更为重要、更加紧迫。

在各种各样的风险中，"黑天鹅"和"灰犀牛"是我们需要格外警惕的两类风险。"黑天鹅"事件是指小概率、大损失的事件，也就是没有预料到的突发事件或重大问题。"灰犀牛"事件是指大概率、大损失的事件，该类事件一般指问题很大、早有预兆，但由于没有得到足够的重视，从而发生并导致严重后果的问题或事件。"黑天鹅"事件和"灰犀牛"事件之间是相互关联的。"在每一个黑天鹅事件的背后，都潜藏着一个巨大的灰犀牛式危机。……我们很少会去注意那些可以预期的事件。有时候，灰犀牛式危机越是严重，我们越难看到它的存在，越难逃离它的进攻路线。"① 避免"黑天鹅"冲击的最好办法，是化解"灰犀牛"隐患，也就是防微杜渐，抓早、抓小、抓苗头。

"夫风生于地，起于青苹之末。侵淫溪谷，盛怒于土囊之口。"潜在的风险演化为现实的突发事件，有一个动态发展的过程。古人强调，面对风险，"必安其危，去其患，以智决之"。做好风险管控，通过降低风险的可能性和不利后果的严重性，来切断风险升级的链条，有利于实现应急管理工作关口前移，做到防患于"未然"或"初然"。对此，习近平总书记强调："要以对人民极端负责的精神抓好安全生产工作，站在人民群众的角度想问题，把重大风险隐患当成事故来对待。"② 突发事件往往在那些管理最薄弱，隐患最多又得不到治理的单位爆发。

2015 年发生的广东深圳光明新区渣土受纳场"12·20"特别重大滑坡事故（以下简称"12·20"特别重大滑坡事故），共造成 73 人死亡，4 人下落不明，33 栋建筑物被损毁、掩埋。红坳受纳场在没有正规施工设计图和未办理用地、建设、环境影响评价、水土保持等审批许可的情况下违法违规建设运营，超量、超高、超规划区域堆填余泥渣土，未按

---

① ［美］米歇尔·渥克：《灰犀牛：如何应对大概率危机》，王丽云译，中信出版社 2017年版，第 338 页。

② 中共中央文献研究室编：《习近平关于社会主义社会建设论述摘编》，中央文献出版社 2017 年版，第 160 页。

规定排出底部原有积水、修建有效的导排水系统并落实堆填碾压和密实度检测，现场作业管理混乱，事故隐患长期存在。调查报告指出："深圳市、光明新区及其有关部门对群众举报的事故隐患问题未认真核查、整改，错失消除事故隐患、避免事故发生的机会。"

2014年10月，广东省信访局分别收到深圳市光明新区红坳村部分村民致省委、省政府主要负责同志的信，举报红坳受纳场存在重大事故隐患。11月12日，广东省信访局将该信访件报送深圳市委主要负责同志阅批。11月21日至12月2日，深圳市、光明新区两级党委、政府有关负责同志分别作出了批示，要求光明新区城市管理局关注群众反映的安全问题，做好隐患整改工作。

虽然光明新区城市建设局查实并向负责牵头处理事故隐患的光明新区城市管理局函告了存在的事故隐患，但光明新区城市管理局弄虚作假答复举报人和上级机关，在仅补办水土保持和环境影响评价手续、未补办建设审批等手续的情况下，再次为红坳受纳场核发《临时受纳场地证》，使群众举报的事故隐患持续存在并继续加重，最终酿成事故。①

与应急救援相比，风险管控是一种更经济、更安全、更有效的办法。更经济，是指风险管控强调以最小的成本，最大限度地防范化解风险，达到最大的安全效果。联合国开发计划署（UNDP）曾指出："国际上的经验已经证明，灾害风险治理可以挽救生命、挽回损失。在减灾工作中投入1美元就相当于在救灾和灾后重建中节省7美元。"② 更安全，是指风险管控强调在平时就经常性地开展活动，而不是在事发后临时性地开展抢险救援活动，因而是一种常态化、确定性的管理行为，一般不

①　《广东深圳光明新区渣土受纳场"12·20"特别重大滑坡事故调查报告》，2016年7月15日，见 https://www.mem.gov.cn/gk/sgcc/tbzdsgdcbg/2016/201607/P020190415543303044296.pdf，第21、24页。

②　转引自陈容、崔鹏、苏志满等：《汶川地震极重灾区公众减灾意识调查分析》，《灾害学》2014年第2期。

会危及生命财产安全。更有效，是指风险管控强调以积极消除或控制各种存量风险、有效预防或减少各种增量风险为目标，真正把问题解决在萌芽之时、成灾之前，从而起到事半功倍的效果。

自 20 世纪 90 年代以来，不少发达国家和国际组织都在全面开展风险管控工作，推动突发事件应对的重心从事中应急抢险救援向事前风险管控转变。澳大利亚、新西兰、美国、日本、德国、英国和欧盟等制定了风险管理标准，国际标准化组织（ISO）发布了新的国际标准《风险管理——原则与实施指南》（ISO 31000）。

2002 年，英国内阁办公室发布了《风险：提升政府应对风险和不确定性的能力》，提出了政府风险管理的基本方法，成为全国开展风险管理的纲领性文件。英国内阁办公室国民紧急事务秘书处（CCS）制定了"国家风险评估"（NRA）工作规程，为各级政府提供操作指南。2002年 12 月，德国公布的《公民保护新战略》明确提出，"保护社会免受危险的先进理念，必须以风险分析为出发点"；2009 年修订的《公民保护和灾难救助法》规定，"联邦政府要与各州共同努力，开展全国范围内的风险分析"；德国还专门成立了由内政部牵头的"联邦风险分析与公民保护"指导委员会。[1]2008 年，美国国土安全部成立了风险管理与分析办公室（RMA）；2011 年，开始开展国家战略风险评估，并开发了重特大突发事件专用风险分析工具。

2004 年，联合国国际减灾战略（UNISDR）和开发计划署（UNDP）分别发布了《与风险共存：全球减灾情况回顾》和《减轻灾害风险：发展面临的挑战》报告，强调要将风险管理战略全面纳入国家可持续发展规划中。[2]世界银行《2014 年世界发展报告》把主题定为"风险与机会——管理风险以促进发展"，认为"风险管理可以成为促进发展的有力工具"，呼

---

[1]　董泽宇：《德国突发事件风险分析方法及其经验借鉴》，《行政管理改革》2013 年第 2 期。

[2]　United Nations Office for Disaster Risk Reduction, *Living with Risk: A Global Review of Disaster Reduction Initiatives*, Geneva: United Nations, 2004; Mark Pelling, et al. (eds), *Reducing Disaster Risk: A Challenge for Development*, Geneva: UNDP, 2004.

吁个人和机构成为"具有主动性和系统性的风险管理者"①。2015年3月，在日本仙台举行的第三届世界减灾大会最终通过的《2015—2030年仙台减灾框架》指出，做好减灾工作的四个优先事项之一，是"加强灾害风险治理以管理灾害风险"。

2."有组织地不负责任"

在各种冲击不断出现的现代风险社会，明确和落实各方责任，共同做好风险管控，推进应急管理工作"关口前移"，显得尤为重要。特别是对交叉点、结合部发生的跨界风险，需要建立跨地区、跨部门、跨行业的责任机制，齐抓共管，形成风险管控的整体合力。

德国社会学家贝克观察到，在风险管控实践中，往往存在"有组织地不负责任"的现象——"由公司、政策制定者和专家形成的联盟，制造了当代生活中的种种危险。然后它们又建立起一套话语来推卸这个责任，也就是制造危险的责任。这样一来，它们就把自己制造的危险转化成某种所谓的'风险'"。②"有组织地不负责任"现象揭示，人们经常会否认存在潜在的实际灾难，联合起来掩盖产生这些灾难的原因，进而不主动采取有效的控制措施。

在我国风险管控实践中，也存在"有组织地不负责任"的现象。因职责交叉、责任模糊，地区之间、部门之间、上下级之间、企业与政府之间，往往存在"我不去管、别人会去管"的依赖思想，结果是各方面敷衍塞责、互相推诿，"多方监管"变为"谁都不管"，"层层把关"成为"层层失守"。

"12·31"拥挤踩踏事件调查报告指出："这起事件表明，'条块分割、条线分割、各自为政'依然是城市运行管理亟须破解的难题。""8·12"特别重大火灾爆炸事故，同样存在职责不清、信息割裂的问题。

---

① 世界银行：《2014年世界发展报告——风险与机会　管理风险　促进发展》，胡光宇、赵冰译，清华大学出版社2015年版，第57页。

② Ulrich Beck, *Gegengifte: Die Organisierte Unverrantwortlichkeit*, Frankfurt am Main: Suhrkamp, 1988.

天津港已移交天津市管理，但是天津港公安局及消防支队仍以交通运输部公安局管理为主。同时，天津市交通运输委员会、天津市建设管理委员会、滨海新区规划和国土资源管理局违法将多项行政职能委托天津港集团公司行使，客观上造成交通运输部、天津市政府以及天津港集团公司对港区管理职责交叉、责任不明，天津港集团公司政企不分，安全监管工作同企业经营形成内在关系，难以发挥应有的监管作用。另外，港口海关监管区（运抵区）安全监管职责不明，致使瑞海公司违法违规行为长期得不到有效纠正。

危险化学品生产、储存、使用、经营、运输和进出口等环节涉及部门多，地区之间、部门之间的相关行政审批、资质管理、行政处罚等未形成完整的监管"链条"。同时，全国缺乏统一的危险化学品信息管理平台，部门之间没有做到互联互通，信息不能共享，不能实时掌握危险化学品的去向和情况，难以实现对危险化学品全时段、全流程、全覆盖的安全监管。①

3. 风险管控是政治职责

"救非当在早，已暴何由敛。"风险管控是从更基础的层面做好应急管理工作，推动应急管理从以事件为中心到以风险为中心转变、从"举国救灾"到"全民防灾"转变的重要抓手。

2006 年 6 月印发的《国务院关于全面加强应急管理工作的意见》（国发〔2006〕24 号）指出："各地区、各有关部门要组织力量认真开展风险隐患普查工作，全面掌握本行政区域、本行业和领域各类风险隐患情况，建立分级、分类管理制度，落实综合防范和处置措施，实行动态管理和监控，加强地区、部门之间的协调配合。"我国《突发事件应对法》第五条规定："国家建立重大突发事件风险评估体系，对可能发生的突发事件进行综合性评估，减少重大突发事件的发生，最大限度地减轻重大突发事件的影响。"《国家安全法》第五十六条规定："国家建立国家

---

① 《天津港"8·12"瑞海公司危险品仓库特别重大火灾爆炸事故调查报告》，第 92 页。

安全风险评估机制，定期开展各领域国家安全风险调查评估。""有关部门应当定期向中央国家安全领导机构提交国家安全风险评估报告。"

党的十八大以来，面对错综复杂的国内外形势，风险管控的重要性、紧迫性、战略性变得更为突出。防范化解重大风险被列为三大攻坚战之一，成为各级党委、政府和领导干部必须承担的政治职责。

2013年11月，党的十八届三中全会审议通过的《中共中央关于全面深化改革若干重大问题的决定》（以下简称党的十八届三中全会《决定》）指出，"健全重大决策社会稳定风险评估机制"，"建立隐患排查治理体系和安全预防控制体系"。习近平总书记在不同场合多次强调，要把防风险摆在突出位置，及时清除公共安全隐患。

> 维护公共安全必须防患于未然。要坚持标本兼治，既着力解决较为突出的公共安全专项问题，又用更多精力研究解决深层次问题。要坚持关口前移，加强日常防范，加强源头治理、前端处理，针对暴露出来的问题进行地毯式排查和立体化整治行动，什么问题突出就集中力量解决什么问题。要建立健全公共安全形势分析制度，经常评估、预判，及时发现苗头性、倾向性问题，及时清除公共安全隐患。[1]

> 今后5年，可能是我国发展面临的各方面风险不断积累甚至集中显露的时期。我们面临的重大风险，既包括国内的经济、政治、意识形态、社会风险以及来自自然界的风险，也包括国际经济、政治、军事风险等。如果发生重大风险又扛不住，国家安全就可能面临重大威胁，全面建成小康社会进程就可能被迫中断。我们必须把防风险摆在突出位置，"图之于未萌，虑之于未有"，力争不出现重大风险或在出现重大风险时扛得住、过得去。[2]

---

[1] 中共中央文献研究室编：《习近平关于社会主义社会建设论述摘编》，中央文献出版社2017年版，第154—155页。

[2] 习近平：《在党的十八届五中全会第二次全体会议上的讲话（节选）》，《求是》2016年第1期。

面对国际国内的矛盾风险挑战，不能掉以轻心，必须积极主动、未雨绸缪，见微知著、防微杜渐，下好先手棋，打好主动仗，做好应对任何形式的矛盾风险挑战的准备，确保我国发展的连续性和稳定性。各级党委和政府要增强责任感和自觉性，提高风险监测防控能力，做到守土有责、主动负责、敢于担当，积极主动防范风险、发现风险、消除风险。①

国务院安委会办公室 2016 年 4 月印发的《标本兼治遏制重特大事故工作指南》（安委办〔2016〕3 号）提出，"把安全风险管控挺在隐患前面，把隐患排查治理挺在事故前面"；"构建形成点、线、面有机结合、无缝对接的安全风险分级管控和隐患排查治理双重预防性工作体系"。当年 12 月印发的《中共中央　国务院关于推进安全生产领域改革发展的意见》指出："构建风险分级管控和隐患排查治理双重预防工作机制，严防风险演变、隐患升级导致生产安全事故发生。"

党的十九大报告，把"防范化解重大风险"摆在三大攻坚战的首位，并把"增强驾驭风险本领"作为增强执政本领八个方面之一。报告强调："健全各方面风险防控机制，善于处理各种复杂矛盾，勇于战胜前进道路上的各种艰难险阻，牢牢把握工作主动权。"2018 年 6 月 29 日，习近平总书记在主持十九届中央政治局第六次集体学习时强调："要教育引导各级领导干部增强政治敏锐性和政治鉴别力，对容易诱发政治问题特别是重大突发事件的敏感因素、苗头性倾向性问题，做到眼睛亮、见事早、行动快，及时消除各种政治隐患。"②

2019 年 1 月 21 日举办的省部级主要领导干部专题研讨班，直接以"坚持底线思维着力防范化解重大风险"为主题。习近平总书记在开班式上讲话强调，要坚持底线思维，增强忧患意识，提高防控能力，着力防范化解重大风险，保持经济持续健康发展和社会大局稳定。

---

① 《准确把握和抓好我国发展战略重点　扎实把"十三五"发展蓝图变为现实》，《人民日报》2016 年 1 月 31 日。

② 习近平：《增强推进党的政治建设的自觉性和坚定性》，《求是》2019 年第 14 期。

面对波谲云诡的国际形势、复杂敏感的周边环境、艰巨繁重的改革发展稳定任务，我们必须始终保持高度警惕，既要高度警惕"黑天鹅"事件，也要防范"灰犀牛"事件；既要有防范风险的先手，也要有应对和化解风险挑战的高招；既要打好防范和抵御风险的有准备之战，也要打好化险为夷、转危为机的战略主动战。

防范化解重大风险，是各级党委、政府和领导干部的政治职责，大家要坚持守土有责、守土尽责，把防范化解重大风险工作做实做细做好。要强化风险意识，常观大势、常思大局，科学预见形势发展走势和隐藏其中的风险挑战，做到未雨绸缪。要提高风险化解能力，透过复杂现象把握本质，抓住要害、找准原因，果断决策，善于引导群众、组织群众，善于整合各方力量、科学排兵布阵，有效予以处理。……要完善风险防控机制，建立健全风险研判机制、决策风险评估机制、风险防控协同机制、风险防控责任机制，主动加强协调配合，坚持一级抓一级、层层抓落实。①

2019 年 1 月 31 日，中共中央办公厅印发实施的《中共中央关于加强党的政治建设的意见》，把风险管控作为党员干部政治本领的重要内容。意见强调："要强化忧患意识、风险意识，增强政治敏锐性和政治鉴别力，对容易诱发政治问题特别是重大突发事件的敏感因素、苗头性倾向性问题，对意识形态领域各种错误思潮、模糊认识、不良现象，保持高度警惕，做到眼睛亮、见事早、行动快。要提高风险处置能力，及时阻断不同领域风险转换通道，防止非公共性风险扩大为公共性风险、非政治性风险演变为政治风险。"

2019 年 10 月，习近平总书记在关于党的十九届四中全会《决定》说明中指出，起草、出台决定"是应对风险挑战、赢得主动的有力保证"。"我们要打赢防范化解重大风险攻坚战，必须坚持和完善中国特色

---

① 《提高防控能力着力防范化解重大风险 保持经济持续健康发展社会大局稳定》，《人民日报》2019 年 1 月 22 日。

社会主义制度、推进国家治理体系和治理能力现代化，运用制度威力应对风险挑战的冲击。"①11 月 29 日，在主持十九届中央政治局第十九次集体学习时，他再次强调，要健全风险防范化解机制，坚持从源头上防范化解重大安全风险，真正把问题解决在萌芽之时、成灾之前。②

三、着力防范化解重大风险

风险管控遵循特定的工作流程。根据我国《突发事件应对法》等法律法规规定，参照《风险管理——原则与实施指南》（ISO 31000）、《风险管理 原则与实施指南》（GB/T 24353–2009）、《风险管理术语》（GB/T 23694–2009），澳大利亚／新西兰、英国、德国以及国际风险治理理事会（IRGC）等制定的风险管理标准，可把风险管控的重点任务分为识别、评估、处置、沟通、监测五个环节。其中，风险识别、风险评估、风险处置是按照时间先后依次进行的三项阶段性任务，风险沟通、风险监测则是贯穿风险管控工作始终的两项全程性任务（见图 2–2）。

（一）识别：存在哪些风险

风险识别是指通过认识和辨别风险源、风险的影响范围及其原因、潜在的后果等要素，生成一个全面的风险列表。风险识别的过程，也就是对各种风险进行辨识、分类的过程。

1. 形成完整的风险列表

风险识别的对象主要包括四个方面。一是风险类别，即针对某个区

---

① 习近平：《关于〈中共中央关于坚持和完善中国特色社会主义制度、推进国家治理体系和治理能力现代化若干重大问题的决定〉的说明》，《人民日报》2019 年 11 月 6 日。

② 《充分发挥我国应急管理体系特色和优势　积极推进我国应急管理体系和能力现代化》，《人民日报》2019 年 12 月 1 日。

计划准备

风险识别

风险评估
- 风险分析
- 风险评价

风险处置

风险沟通

风险监测

风险被控制

是　　　是

否

突发事件应急管理

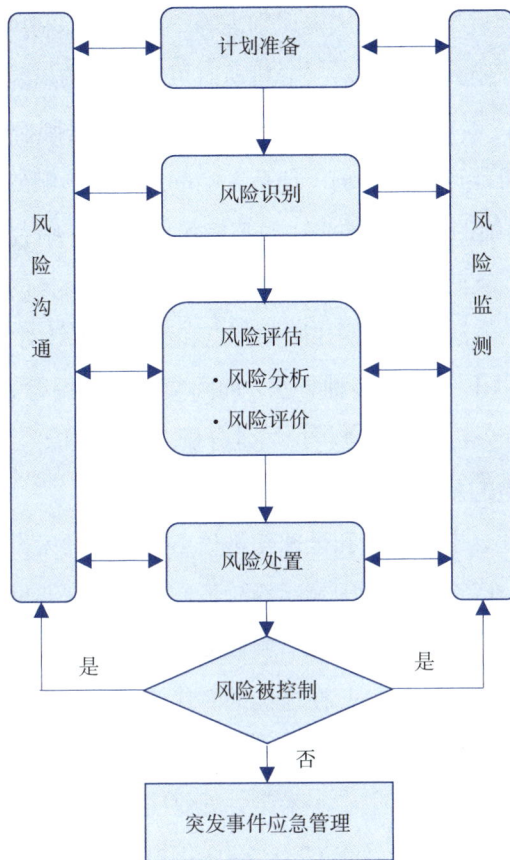

图 2-2　风险管控的基本流程

域或时段，分析、列举、细化该区域或时段可能发生的各种风险。二是风险诱因，即分析可能引致风险的各种原因，包括自然原因（如自然灾害致灾因子）、物理原因（如基础设施安全隐患）、技术原因（如系统工程问题）、管理原因（如管理不善问题）、人为外力原因（如恐怖袭击、外力破坏）等。三是风险机理，即分析不同风险源的作用机理，掌握风险源是通过何种途径、如何导致风险发生并产生影响的。四是风险后果，即分析不同风险产生影响的时间、地点，受影响的对象、可能的影响方式，以及可能导致的直接后果和次生、衍生后果。

　　风险识别的基本程序，包括形成事件清单，分析风险产生的原因、可能导致的不利后果，制定风险识别表等。第一，编制风险清单。根据事先所确定的风险列表，比对、分析所有可能发生的风险，形成一个全面的风险清单。第二，描述风险。以风险清单为基础，分析排查风险源，分析风险可能产生的影响（包括影响的形式、影响的对象、影响的后果），制定详细的风险识别表。第三，风险筛选。结合风险评估的具体目标和范围，比较已有的评估指标，筛选和确定具体的风险。

风险识别的方法，应按照风险的特点和类型，有针对性地进行选择。通常，可使用以下一种或多种方法：询问交流、现场检查、记录查验、头脑风暴、流程分析、系统分析、场景分析、历史分析、综合推理等。

2. 关注风险的系统性

伴随经济社会不断发展和全球化进程不断加快，人类社会已经成为一个复杂开放的巨系统。美国《纽约时报》专栏作家弗里德曼在《世界是平的》一书中指出，科技和通信领域如闪电般迅速进步，使全世界的人们可以空前地彼此接近。① 在这样的时代背景下，人类面临越来越多的系统性风险，各种风险在类型上、时间上、空间上连锁联动、耦合叠加，形成综合风险体，产生"多米诺骨牌效应"或"蝴蝶效应"。

经济合作与发展组织（OECD）2003 年提出了"系统性风险"的概念，认为卫生、运输、能源、食品和供水、信息和电讯产业领域的要害系统，有可能因遭受严重破坏而导致整个系统处于瘫痪状态。② 世界经济论坛（WEF）自 2006 年开始，每年研究发布《全球风险报告》，绘制经济风险、环境风险、地缘政治风险、社会风险、技术风险相互之间的关联图，以全面评估不同类型全球风险之间的关联性。

2008 年我国发生的南方低温雨雪冰冻灾害，是典型的系统性风险。1 月中旬到 2 月上旬，我国南方地区连续遭受四次低温雨雪冰冻极端天

---

① Thomas L. Friedman, *The World is Flat 3.0: A Brief History of the Twenty-First Century*, New York: St Martin's Press, 2007.

② OECD（Organization of Economic Cooperation and Development），*Emerging Risks in the 21st Century: An Agenda for Action*, Paris: OECD Publications Service, 2003.

气过程袭击，总体强度为 50 年一遇，其中贵州、湖南等地为百年一遇。低温雨雪冰冻灾害导致交通运输严重受阻，电力设施损毁严重，电煤供应告急，农业和林业遭受重创，工业企业大面积停产，居民生活受到严重影响。据统计，此次灾害共造成 129 人死亡、4 人失踪；紧急转移安置 166 万人；倒塌房屋 48.5 万间，损坏房屋 168.6 万间；因灾直接经济损失 1516.5 亿元。① 此次灾害经历了"雪景—雪多—雪灾—雪难"的链式发展过程，由一起自然风险（低温雨雪冰冻）演化为技术风险（关键基础设施受损）、经济风险（能源资源受损）、社会风险（大批乘客在广州火车站滞留）等多种类型风险在内的系统性风险。

3. 防止"认不清、想不到"

习近平总书记指出："需要注意的是，各种风险往往不是孤立出现的，很可能是相互交织并形成一个风险综合体。"②"要加强城乡安全风险辨识，全面开展城市风险点、危险源的普查，防止认不清、想不到、管不到等问题的发生。"③ 他强调，必须高度关注各类风险之间的连锁联动效应，防止风险耦合、叠加、转化。

> 要高度重视并及时阻断不同领域风险的转化通道，避免各领域风险产生交叉感染，防止非公共性风险扩大为公共性风险、非政治性风险蔓延为政治风险。④

> 各种矛盾风险挑战源、各类矛盾风险挑战点是相互交织、相互作用的。如果防范不及、应对不力，就会传导、叠加、演变、升级，使小的矛盾风险挑战发展成大的矛盾风险挑战，局部的矛盾风险挑战发展成系统的矛盾风险挑战，国际上的矛盾风险挑战演

---

① 张平：《国务院关于抗击低温雨雪冰冻灾害及灾后重建工作情况的报告——2008 年 4 月 22 日在第十一届全国人民代表大会常务委员会第二次会议上》，《中华人民共和国全国人民代表大会常务委员会公报》2008 年第 4 期。

② 习近平：《在党的十八届五中全会第二次全体会议上的讲话》，《求是》2016 年第 1 期。

③ 《习近平就安全生产和汛期安全防范作重要指示　安全生产一丝一毫不能放松》，《人民日报海外版》2016 年 7 月 21 日。

④ 习近平：《增强推进党的政治建设的自觉性和坚定性》，《求是》2019 年第 14 期。

变为国内的矛盾风险挑战，经济、社会、文化、生态领域的矛盾风险挑战转化为政治矛盾风险挑战，最终危及党的执政地位、危及国家安全。①

要时刻保持如履薄冰的谨慎、见叶知秋的敏锐，既要高度警惕和防范自己所负责领域内的重大风险，也要密切关注全局性重大风险，第一时间提出意见和建议。②

进行风险识别，必须端稳"望远镜"，架起"显微镜"，站在战略全局的高度，敢于"杞人忧天"，大胆假设、小心求证，既见人之所见，亦见人之所未见。要从不同来源、不同领域、不同出现时间、不同持续时间等，全覆盖、无死角对各种风险进行深度"扫描"和系统检视。特别是要针对当代社会风险的系统性特点，研究绘制涵盖各类风险的综合风险关联图，准确把握不同类型风险之间、不同地域风险之间、不同时段风险之间可能的连锁联动效应，科学研判风险发展的总体态势。

"12·31"拥挤踩踏事件，最大的问题是风险识别想象力不足，对事发当晚外滩可能出现的人群聚集风险"认不清、想不到"。事件发生在外滩风景区，当晚外滩不再像往年一样继续举办新年倒计时活动。面对活动变更，当地有关部门对有活动的外滩源进行了安全评估并做了充分准备，但对不再继续举办活动的外滩未进行安全评估，对当晚可能出现的人员聚集风险没有准确识别。黄浦公安分局表示，事发当晚外滩人流量超过了 2014 年国庆人流量，但是，"没有活动，所以我们没有像去年国庆节那样安排警力"③。

（二）评估：风险有多严重

风险评估是指对识别出来的各类风险的可能性和不利后果进行量化

---

① 《习近平谈治国理政》第二卷，外文出版社 2017 年版，第 222 页。
② 习近平：《在统筹推进新冠肺炎疫情防控和经济社会发展工作部署会议上的讲话》，《人民日报》2020 年 2 月 24 日。
③ 简工博：《5—8 分钟"突围" 三人一组抬伤员》，《解放日报》2015 年 1 月 2 日。

分析、评价，确定风险的等级。风险评估的过程，也就是对风险进行分级的过程。

风险评估包括风险分析和风险评价两个环节。其中，风险分析是根据风险的类型和风险评估的目的，对识别出的风险进行定性或定量分析，从而确定风险的可能性与不利后果的具体级别。风险评价是通过对从风险分析中获得的风险等级与预先设定的风险标准进行比较，对各种风险进行综合排序，确定不同风险的重要程度和可接受水平。

1. 准确界定风险级别

风险的大小是由风险的可能性和后果的严重性这两个要素共同决定的。确定风险的等级，需要将这两个要素结合起来加以综合判断。

首先，分析风险的可能性和严重性。风险的可能性和严重性受到多种因素的影响，包括风险本身的性质（如不同传染病暴发流行的概率不同，后果的严重程度也不同），对风险的承受能力（如人群抵抗力越高，风险可能性越小，后果严重程度越低），对风险的控制能力（如医疗技术水平越高、防控措施越完善，风险可能性越小、后果严重程度越低）。

分析风险的可能性和严重性，可以采取如下方法：一是系统分析法，即基于完备的基础数据，使用一套科学的指标体系和模型算法，进行综合定量分析或模拟测算（如天气预报）。二是历史数据分析，即根据当地历史同期数据和其他地区的情况进行综合判断。三是专家会商，即运用专家知识和经验，研究确定风险的可能性和严重性。

其次，确定风险等级。考虑成本、收益、利益相关者的利害关系以及其他因素，对风险的可能性和后果进行赋值。在对风险的可能性和后果进行分析的基础上，依据风险矩阵，划分并确定风险等级，为采取相应的管控措施提供基础。

最后，风险比较与排序。风险评价不能从一维的角度出发，而需要对风险的可能性、后果及其影响因素等多维尺度进行综合判断，确定不同风险的轻重缓急次序。此外，还需要根据特定的标准，对不同领域的风险因素进行量化比较。在此基础上，编制具有优先级的风险列表。

2. 关注风险的难测性

习近平总书记指出："当今世界既充满希望又充满不确定性，人们对未来既充满期待又感到困惑。"①风险社会理论指出，在急剧变动的现代风险社会中，风险的重要特性之一，是由可计算性转为不可计算性，由可预测性转为不可预测性。换言之，人类面临的风险不再是过去"小毛小病型"的简单风险，而是各种"疑难杂症型"的复杂风险。

以 2003 年非典疫情为例。当年 4 月 13 日召开的全国非典防治工作会议指出："非典型肺炎疫情的发生和蔓延，已经给我国旅游、贸易、对外交往和社会生活带来一些负面影响。如果不采取坚决有力的措施，控制住疫情蔓延，彻底消除疫病，还会给我国带来更大的危害和损失。"②难题在于，在当时认识还非常有限的情况下，很难准确预测疫情如何发展、防控措施是否有效。疫情蔓延能否被控制住，疫病能否被彻底消除？如果疫情继续蔓延，究竟会给我国带来多大的危害和损失？这些都是当时需要回答但又难以回答的问题。

3. 防止"误判错判"

习近平总书记强调："要清醒认识面临的风险和挑战，把难点和复杂性估计得更充分一些，把各种风险想得更深入一些，把各方面情况考虑得更周全一些，搞好统筹兼顾。"③进行风险评估，必须坚持底线思维，保持高度的政治敏感性，防止误估、错估。在评估风险的可能性时，既要运用常态思维进行分析，也要运用非常态思维进行研究。在评估风险的严重性时，既要评估直接影响和损失，也要评估各种次生、衍生后果；既要评估客观损失，也要评估主观影响。

---

① 《坚持合作创新法治共赢　携手开展全球安全治理——在国际刑警组织第八十六届全体大会开幕式上的主旨演讲》，《人民日报》2017 年 9 月 27 日。

② 《加强领导　落实责任　坚决打好非典型肺炎防治这场硬仗》，《人民日报》2003 年 4 月 22 日。

③ 《系统谋划"十三五"经济社会发展》，《人民日报海外版》2015 年 5 月 29 日。

2008 年瓮安"6·28"事件之所以升级失控，瓮安县老县长徐银芳事后谈道："县委、县政府如同坐在了火药桶上，自己却浑然不觉。"[1]在当地，停尸闹事事件时有发生。据不完全统计，2007 年，贵州省公安机关共处理停尸闹事事件 116 起，2008 年处理 243 起，其中大多是由自杀事件引起的。[2]当李树芬溺亡停尸河边 7 天后，尽管有很多迹象表明要出大事，但由于对事态严重误判错判，当地党委、政府依然没有采取有效的管控措施。

（三）处置：风险怎样管控

风险处置是指以风险等级为依据，明确对不同的风险如何进行控制和处理，确定管理的优先级，提出具体明确的风险处置措施和工作建议。风险处置的过程，也就是对评估出来的风险进行管控的过程。

1. 有针对性地管控风险

风险处置不仅要考虑风险的等级和风险处置的能力，而且要考虑风险处置的成本—收益问题，争取以最小的成本获得最安全的水平。

风险处置一般遵循以下原则：一是可行性，即所提出的处置措施应在资源和条件允许范围之内。二是有效性，即处置措施能有效弥补安全漏洞，从而降低风险的可能性，或减小风险不利后果的严重程度。三是针对性，即针对不同风险的特点和等级，提出有针对性的处置措施。四是综合性，即跳出地区或部门的局限，不仅应对本地区、本部门提出风险处置措施，还应对其他相关领域和部门提出工作建议。五是成本—效益，即在一定资源条件下，寻求最有效的措施，尽可能降低或控制风险，而不是不切实际地消除所有风险。

风险处置的手段，主要包括保留、规避、减缓、转移四种（见图 2–3）。所谓风险保留，是指自行承担风险。这类风险一般为相对较

---

① 转引自赵鹏、刘文国、王丽等：《解决领导方式能力的制约》，《瞭望》2008 年第 36 期。
② 崔亚东：《从贵州瓮安"6·28"事件看公安机关的执法规范化建设问题——关于贵州瓮安"6·28"事件的反思之二》，《公安研究》2009 年第 8 期。

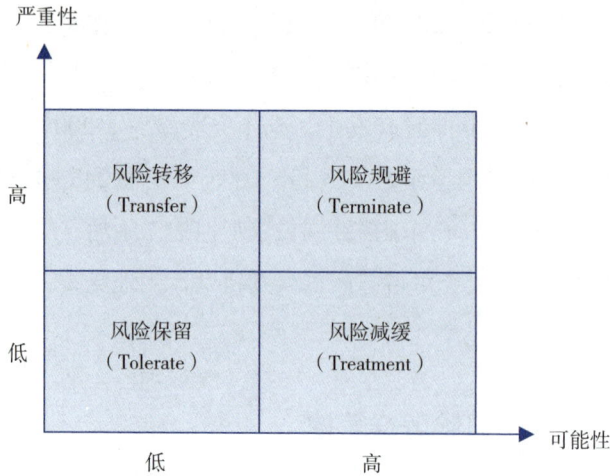

图 2-3 风险处置的"4T"策略

小的风险，可能造成的损失微不足道，受灾体能够承受。所谓风险规避，是指人们采取避免卷入某种风险状况的行动，设法回避损失发生的可能性。所谓风险减缓，是指通过采取预防措施，尽可能降低风险的可能性和 / 或后果的严重性。所谓风险转移，是指通过法律、协议、保险或其他途径，向他人转移责任或损失；购买保险是其中最常见的办法。

在现实生活中，风险处置要因地制宜，精准施策。换言之，要根据风险的不同特性并结合行为主体所处的环境，来选择具体的风险处置策略：对可能性较低、不利后果轻微的风险，宜采用保留的方式；对可能性高但不利后果严重的风险，宜采用规避的方式；对可能性较高但不利后果较低的风险，宜采用减缓的方式；对可能性较低但不利后果非常严重的风险，宜采用转移的方式。

2. 关注风险的难控性

风险社会理论指出，现代社会人类面临重大风险的重要特性之一，是由可控制性转为不可控制性，由可治理性转为不可治理性。面对"小毛小病型"的简单风险，风险处置工作相对容易，管控方案容易选择，方案的实施效果能在短时间内测定。面对"疑难杂症型"的复杂风险，风险处置变得困难，管控方案难于选择，方案的实施效果也难于测定。

俗话说："一把钥匙开一把锁。"风险的难控性，需要对各类风险采取有针对性的管控方案，这就要求我们提高本领，让开出来的"药方"实用、管用、好用。早在延安时期，毛泽东就深刻地指出："我们队伍里边有一种恐慌，不是经济恐慌，也不是政治恐慌，而是本领恐慌。过去学的本领只有一点点，今天用一些，明天用一些，渐渐告罄了。"① 习近平总书记指出："面对新情况新问题，由于不懂规律、不懂门道、缺乏知识、缺乏本领，还是习惯于用老思路老套路来应对，蛮干盲干，结果是虽然做了工作，有时做得还很辛苦，但不是不对路子，就是事与愿违，甚至搞出一些南辕北辙的事情来。这就叫新办法不会用，老办法不管用，硬办法不敢用，软办法不顶用。"②

3. 防止"责任虚置"

习近平总书记强调："对可能发生的各种风险，各级党委和政府要增强责任感和自觉性，把自己职责范围内的风险防控好，不能把防风险的责任都推给上面，也不能把防风险的责任都留给后面，更不能在工作中不负责任地制造风险。"③ 在风险处置过程中，不同部门、不同地区、不同行业要基于合理的权责分工，形成齐心协力、齐抓共管的工作格局，对重大风险进行联防联控、协同应对。

2019 年 3 月 21 日，位于江苏省盐城市响水县生态化工园区的天嘉宜化工有限公司发生特别重大爆炸事故（以下简称响水"3·21"特别重大爆炸事故），造成 78 人死亡、76 人重伤，直接经济损失 19.86 亿元。事故的发生，暴露出安全监管职责交叉重叠、责任链条脱节的问题。

党中央明确"管行业必须管安全、管业务必须管安全、管生产经营必须管安全"，但相关部门对各自的安全监管职责还存在认识不统一的问题。这起事故暴露出监管部门之间统筹协调不够、工

---

① 《毛泽东文集》第二卷，人民出版社 1993 年版，第 178 页。

② 习近平：《在中央党校建校 80 周年庆祝大会暨 2013 年春季学期开学典礼上的讲话》，人民出版社 2013 年版，第 5 页。

③ 《习近平谈治国理政》第二卷，外文出版社 2017 年版，第 82 页。

作衔接不紧等问题。虽然江苏省、市、县政府已在有关部门安全生产职责中明确了危险废物监督管理职责，但应急管理、生态环境等部门仍按自己理解各管一段，没有主动向前延伸一步，不积极主动、不认真负责，存在监管漏洞。这次事故还反映出相关部门执法信息不共享，联合打击企业违法行为机制不健全，没有形成政府监管合力。[①]

（四）沟通：风险如何交流

风险沟通是指不同利益相关者之间就风险信息进行双向互动交流。风险沟通的目标，是协助利益相关者更好地了解风险评估的结果和风险处置的基本原理。风险沟通的过程，也就是进行风险交流的过程。在突发事件应对中，风险沟通发生在不同主体之间，包括政府和公众之间、政府和企业之间、决策者与专家之间以及专家与公众之间。

1. 开展双向风险交流

风险具有主观性，涉及引致者、承受者、处置者等多个利益相关方。不同利益主体对风险的感知可能存在差异，因此，相互之间的信息沟通至关重要。

人们对不同特点风险的感知情况差异很大，风险在传播的过程中经常会出现扭曲的现象。例如，人们会高估未知的风险、低估熟悉的风险，高估不可控的风险、低估可控的风险。为此，政府必须建立与公众的双向交流机制，通过充分的信息交流，让公众成为风险的"有知者""有畏者"，能够准确理解风险、主动防控风险。特别是在一个"人人都是通讯社、个个都有麦克风"的全媒体时代，众声喧哗，公众获取信息的渠道更加多元、便捷，更是对及时准确发布风险信息、积极主动做好风险交流提出了新的挑战。为此，要积极主动做好风险沟通工作，

---

① 《江苏响水天嘉宜化工有限公司"3·21"特别重大爆炸事故调查报告》，2019 年 11 月 15 日，见 https://www.mem.gov.cn/gk/sgcc/tbzdsgdcbg/2019tbzdsgcc/，第 31 页。

引导公众形成正确的风险认知，采取合理的风险管控行为。

风险沟通贯穿在风险管理的各个环节、各个阶段。不但要在政府内部建立风险信息共享和沟通机制，还要加强政府、技术专家、社会组织、媒体、公众等不同主体之间的交流，建立一个面向社会、多方参与的共治共享型风险沟通模式。

2. 关注风险的缩放性

公众感知的风险状况与实际的风险状况之间，往往存在一定的偏差。风险社会放大框架（SARF）认为，风险是社会建构的，风险在向社会传播扩散的过程中可能会发生扭曲，从而导致风险的最终影响大大超过或降低其初始效应。"风险与心理的、社会的、制度的和文化的过程之间的相互作用，会增强或减弱公众的风险感知度、相关的风险行为模式以及继而产生的次级社会后果或经济后果，也可能增加或减少物理风险本身。"[1] 英国人类学家道格拉斯和威尔德韦斯甚至认为："在当代社会，风险实际上并没有增多，也没有加剧，而是被察觉、被意识的风险增多和加剧了。"[2]

风险扭曲具体表现为两种情形：一是风险放大，即风险在被社会建构后其程度被夸大。高频度、大容量的信息夸大，往往会激起人们对特定风险的潜在恐惧心理，唤起对以往类似重大风险事件的记忆和想象，从而诱发人们对当下风险事件极度敏感和过度反应。例如，2011 年日本"3·11"大地震导致福岛核电站发生爆炸，造成核物质泄漏，引发了人们对核辐射的恐慌。由于担心日本核泄漏污染海水、影响身体健康，我国多地发生食盐恐慌性抢购，导致盐价暴涨，食盐脱销。二是风险缩小（或称"风险过滤"），即低估风险的程度或只感知到部分风

---

[1]　Ortwin Renn, William J. Burns, Jeanne X. Kasperson, "The Social Amplification of Risk: Theoretical Foundations and Empirical Applications", *Journal of Social Issues*, Vol. 48, No.4（December 1992）, pp.137-160.

[2]　Mary Douglas, Aaron Wildavsky, *Risk and Culture: An Essay on the Selection of Technological and Environmental Dangers*, Berkeley: University of California Press, 1982.

险。例如，由于大大低估交通安全事故风险，"中国式过马路"成为城市里常见的现象，由此引发不少的意外交通事故。

3. 防止"无知者无畏"

风险沟通的要素包括：与谁沟通，沟通什么，如何沟通，何时沟通，何地沟通。风险的缩放性要求风险沟通必须做到及时、多样、准确，减少因沟通偏差而导致公众"无知者无畏"，出现各种非理性行为。所谓及时，是指在可能的最早时机，及时传递信息，赶早不赶晚；所谓多样，是指采取传统办法和现代科技手段相结合的渠道，多样化地传递信息，多管齐下；所谓准确，是指把真实的风险信息内容全面传递给受众，避免信息残缺不全或走形变样。

2015年外滩新年倒计时活动发生变更后，直到12月30日（活动举办前一天）9时30分，黄浦区政府新闻办才就活动变更首次召开新闻发布会，由黄浦区旅游局对外发布信息。跨年夜当晚，不知活动已经发生变更、慕名而来的外地大学生和游客，仍然依照原先记忆中的"存量"信息进行判断，误以为外滩仍有活动，按照惯性思维涌向外滩陈毅广场。运用基于大数据的智能分析技术对人群搜索行为的分析结果显示，当晚22时之后，"灯光秀取消了吗""灯光秀门票"的搜索量剧增，说明政府对活动变更信息的沟通宣传存在重大失误。[1]

（五）监测：风险怎么变化

风险监测是指对风险管理的过程和结果进行追踪，对风险的状态进行观测。风险监测的过程，就是对风险进行更新的过程。

1. 掌握风险变化态势

风险监测包括对风险状态的监测以及对风险管理情况的监测两个方面。其中，对风险状态的监测，是对已识别和评估的风险进行监视和控

---

[1] 樊博、于洁：《公共突发事件治理的信息协同机制研究》，《上海行政学院学报》2015年第5期。

制；对风险管理的监测，是对风险管理的过程、内容、技术措施与效果等进行监测。

风险不是一成不变的，而是具有动态发展的特点，会随着时间的推移或者环境的变化而变化。风险的类型和等级发生变化了，风险管控的措施和沟通策略也要相应地进行调整。

风险监测与更新是新一轮计划与准备工作的开始。风险管理是一个动态持续的过程和一个循环闭合的系统，要对管理的过程和结果及时进行跟踪、观测与反馈，动态、持续地更新风险管控的内容。

2. 风险的动态性

风险具有特定的生命周期，往往会经历一个从孕育生成，到发展演变，再到升级失控最终引发成为现实事件的过程，构成风险的发展曲线。在此过程中，如果管控不力，小风险可能升级为大风险，单一风险可能升级为综合风险，局部性风险可能升级为全局性风险，地方性风险可能升级为区域性、全国性乃至全球性风险。

以"9·11"事件为例。美国独立调查委员会的最终调查报告指出，美国政府原本有 10 次机会阻止事件的发生（4 次出现在克林顿执政期间，另 6 次出现在小布什执政期间），但所有机会都被一一错过。[①] 比如，劫机者提供的护照有明显的伪造和改动之处，但并未引起美国移民和入境部门的重视；恐怖分子在申请签证时提供的一些声明和证明文件是假的，但由于美国相关部门的电脑系统之间缺乏共享，致使一些被列入嫌疑犯的恐怖分子轻松进入美国。调查报告指出，2001 年 9 月之前，美国的行政部门、国会、媒体以及公众都已经收到了伊斯兰恐怖分子阴谋大规模杀害美国人的明确警告。调查委员会联合主席基恩表示，"9·11"恐怖袭击"令人震惊，但不应该

---

① National Commission on Terrorist Attacks Upon the United States, *The 9/11 Commission Report: Final Report of the National Commission on Terrorist Attacks Upon the United States*, New York: W.W. Norton & Company, 2003, pp.355-356.

对此吃惊"①。

3. 防止"目光呆板"

习近平总书记指出,"要加强对各种风险源的调查研判,提高动态监测、实时预警能力,推进风险防控工作科学化、精细化"。"力争把风险化解在源头,不让小风险演化为大风险,不让个别风险演化为综合风险,不让局部风险演化为区域性或系统性风险,不让经济风险演化为社会政治风险,不让国际风险演化为国内风险。"②风险的动态性特点,要求我们在风险发展变化的过程中,提高敏感性和察觉力,实时感知、准确监测态势变化,进而有针对性地调整防控措施,做到控制在基层、化解在萌芽、解决在当地,防止风险升级恶化。

在"12·31"拥挤踩踏事件中,如果有关部门提前做好风险监测,及时增加安保力量,果断实施交通管制和人群警戒隔离,并通过现代信息手段及时发布预警,整个事件链是有机会被切断的。遗憾的是,对当晚各时段人员流量快速递增的变动情况,黄浦公安分局未及时察觉,在当时现场警力配备明显不足的情况下,"只对警力部署作了部分调整,没有采取其他有效措施"。黄浦公安分局事后表示:"直至23时30分左右,我们通过街面监控发现,陈毅广场江堤通道口出现人流异常情况,人群已经滞留不动。"③

---

① 《谁该为"9·11"事件负责》,2004年7月23日,见 http://tj.eastday.com/eastday/mil/node3043/node26632/userobject1ai387316.html。

② 《习近平谈治国理政》第二卷,外文出版社2017年版,第82页。

③ 简工博:《5—8分钟"突围" 三人一组抬伤员》,《解放日报》2015年1月2日。

第四讲

应急准备：宜未雨而绸缪

当领导干部就是要有担当意识，我为什么经常讲底线思维？就是要有充分准备，要有戒惧之心，要有忧患意识，有的事万一发生了会怎么样，然后对万一要有所防范。

——习近平在十八届中央政治局第二十八次常委会上的讲话（2013 年 7 月 18 日）

一、"机遇总是留给那些有准备的人"

2009 年 1 月 15 日，57 岁的机长萨伦伯格（Chesley Sullenberger，昵称"萨利"）如同往常一样，执飞从纽约经停北卡罗来纳州夏洛特到西雅图的 1549 次航班（空客 A320–214）。此次航班共搭载 150 名乘客。

15 时 25 分，萨伦伯格操纵客机，从拉瓜迪亚机场起飞。大约两分钟后，飞机在距离地面 2818 英尺（合 859 米）的上空遭遇鸟群，发生剧烈碰撞。强大的撞击力直接导致飞机的发动机失效，飞机在惯性作用下继续爬升到 3060 英尺，之后开始下降。萨伦伯格检查读数后发现，两个发动机双双受损、失去了动力。飞机的速度继续下降，发动机彻底损坏了，既没有动力维持飞机返回拉瓜迪亚机场，在短时间内也无法飞到最近的机场。萨伦伯格决定在哈德逊河河面进行紧急迫降。

随着襟翼伸出，飞机正式进入了紧急迫降程序，这时的高度只有250 英尺（合 76.2 米），空速 170 节（129 千米 / 小时）。乘客们看着窗外的哈德逊河，开始做好逃生的准备。萨伦伯格对乘客喊道："我是机长。抱紧，防撞！"此时，距离飞机撞击水面还有不到 90 秒。乘务组紧急做好迫降前的各项工作，大声喊着："应急出口处的乘客做好准备。"很快，飞机猛烈撞击哈德逊河的水面，在水道上惊起一路的水浪。终于，飞机减速，然后慢慢停了下来，平浮在水面上。

飞机成功迫降在哈德逊河上，机上 155 名乘客和机组人员全部生还。从遭遇鸟击到成功迫降，整个过程只有 208 秒。这一史无前例、看似根本无法完成的完美迫降，被誉为"哈德逊河奇迹"。

在后来出版的题为《最高职责》的自传中，萨伦伯格道出了奇迹背后的真谛：时刻保持情景意识，提前做好充分准备。

　　飞行员飞行时必须时时明了自己所处的情景，做好各方面的准备。……在过去的 42 年中，我飞过成千上万个航班，但我其中一次的表现决定了人们如何对我整个飞行生涯做出评价。这一点告诉我：我们必须每时、每次、每件事都要做对，还要努力做到最好，因为我们不知道生命中的哪一个瞬间会决定对我们一生的评价。机遇总是留给那些有准备的人。

通过研究航空史学、分析空难事故、参与空难事故调查，萨伦伯格从发生空难的飞行员身上汲取经验教训，时刻保持情景意识，从而在 1549 次航班飞机遭遇鸟击的那一刻，沉着应对，化险为夷。他写道：

　　商用航空是一个涉及多种知识、技术的专业，勤奋、正确决断和经验也都至关重要。我们手中掌握着上百名旅客的生命。飞行员们知道责任重于泰山。这也是为什么早在执飞 1549 次航班之前，我就孜孜不倦地学习研究别人的经验，职责所在。

　　尽管调查空难事故不是一件让人心悦的工作，但我自己对有机会来做这件事还是很珍惜，也感到幸运。当我与幸存者谈话时，我认真地倾听，力争明白他们所说的一切，清晰地记录下每个细节，之后我再把相关细节整理成文字，说不定哪天自己还需要参考这些记录。

　　在整个服役期间，我估计总共认识了 500 位飞行员和武器系统管制员，其中有 12 人在训练事故中不幸遇难。在为失去战友而悲伤的同时，我也尽量从他们的事故中汲取经验教训。我知道，那些现在仍在继续着飞行生涯的战友们的安全，完全取决于情景意识尤其是要想在前面的情景意识，而牺牲的战友们的宝贵经验则化作一笔内在的遗产留给我们——这些仍然活着的飞行员。①

---

① ［美］切斯利·萨伦伯格、［美］杰夫·扎斯洛：《最高职责》，杨元元译，北京联合出版公司 2016 年版，第 37、41、99 页。

"忧先于事故能无忧，事至而忧无救于事。"备灾的水平在很大程度上决定了救灾的水平。为将来可能发生的突发事件提前做好准备，避免事件发生时惊慌失措、束手无策，是应急管理工作的重要内容。应急准备主要包括哪些要求？如何经常性地做好应对突发事件的思想准备、预案准备、机制准备和工作准备？

二、风险社会无备必有大患

（一）善于"储存食物过冬"

1."水在火上，既济"

选入小学课文的"寒号鸟"，是我国一则广为流传的民间故事。通过讲述寒号鸟对做窝过冬的态度、表现和结果，故事生动有趣地揭示了在困难来临之前就应做好准备，否则后果不堪设想的哲理。打哆嗦的寒号鸟，没有预见可能到来的危险，寒冷的冬季快要到了不垒窝，冻死在"明日复明日，明日就垒窝"的叫喊中。

《诗经·豳风·鸱鸮》云："迨天之未阴雨，彻彼桑土，绸缪牖户。"意思是，小鸟在天未下雨之前，迅速地衔取桑树根，缠绕巢穴，使巢更加坚固。这就是成语"未雨绸缪"的由来。

灾难往往使那些最无准备、最不知情的人群，遭受最严重的伤害。正如松鼠具有储存食物过冬的习惯一样，只有提前做好准备，才能从容面对各种突发事件。"寒冬"就好比可能发生的突发事件，"储存食物"就是提前做好准备，"储存食物过冬"就是为不可预知的未来做好充分准备。居安思危，思则有备，有备未必没有大患，但无备肯定有大患。

《周易》云："水在火上，既济。君子以思患而豫防之。"意思是，无论何时都要保持忧患意识，有备于无患之时，牢牢把握工作主动权。

故宫用大缸储水防火的故事，就是提前做好应急准备的范例。

北京故宫博物院占地72万多平方米，屋宇9000余间，是我国最大最完整的古建筑群。"自紫禁城1420年建成以来，防火就是其面临的首要难题。"①游客在游览时会发现，故宫里的一些大殿前、庭院中都摆放着一个个大金属缸，这些大缸腹宽口收、容量极大，而且装饰精美，两耳处挂着兽面铜环。据《大清会典》记载，当时宫中有大小铜、铁、鎏金铜缸共308口。这些大缸其实是故宫的一种防火设施：平时贮满清水，宫中一旦失火，即可就近取水灭火。这些大缸被形象地称为"门海"，即"门前之大海"的意思——祈望门前的"大海"以水克火，宫里不再发生火灾。因此，它们又被称作"吉祥缸""太平缸"。

在清代，宫中的铜缸由内务府统一管理。每天一早，内务府官员便命苏拉（杂役）从井内汲水，一担一担地把所有大缸灌满，以备防火之用。每年到了小雪季节，宫内的太监就在铜缸外套上一层特制的棉套，上面再加上厚厚的缸盖；同时，在铜缸下的汉白玉石基座里放置一盆炭火，并保证其昼夜不息地燃烧着。这样，通过双重保暖，防止缸内的存水结冰。保暖工作一直要持续到第二年的惊蛰时节才结束，那时大地回春，天气已逐渐转暖，太监们就会解去棉套，撤去炭火。②

2. 越高端，"备胎"越充分

《孙子兵法》云："无恃其不来，恃吾有以待之。"意思是，不要侥幸指望敌人不会来袭，而要依靠自己做好随时应对敌来的准备。汽车配有备胎以防不测，一个地方、一个部门也需要"备胎"，以防万一。

2019年5月16日，美国商务部将华为及其70家关联企业列入"实体清单"，禁止华为在未经美国政府批准的情况下从美国企业获得相关技术和产品。这意味着，包括高通、英特尔、ARM、安森美、泰瑞达甚至联邦快递在内的众多美国企业，将停止向华为出货或提供服务。

---

① 《北京故宫博物院全面禁烟》，《人民日报》2013年5月20日。

② 本部分有关故宫铜缸的介绍，资料主要引自蒋晨明：《故宫里的铜缸》，《山东消防》1996年第2期；俞俊年：《北京故宫里的消防铜缸》，《上海消防》1999年第5期。

　　所幸的是，华为提前做好了应对最坏情况的准备——硬件方面，华为在 2004 年就有海思芯片的"备胎"计划；软件方面，华为在 2012 年就有鸿蒙系统的"备胎"计划。5 月 17 日凌晨，华为旗下的芯片公司海思半导体总裁何庭波宣布，为华为生存而打造的"备胎"——海思芯片，全部转正。这意味着，即使华为今后无法获得高通芯片，仍能保证大部分产品的连续供应。何庭波写道："多年前，还是云淡风轻的季节，公司做出了极限生存的假设，预计有一天，所有美国的先进芯片和技术将不可获得，而华为仍将持续为客户服务。为了这个以为永远不会发生的假设，数千海思儿女，走上了科技史上最为悲壮的长征，为公司的生存打造'备胎'。""这些努力，已经连成一片，挽狂澜于既倒，确保了公司大部分产品的战略安全，大部分产品的连续供应！"

　　5 月 21 日，华为创始人任正非在深圳总部回答媒体提问时说道，"备胎"很重要；而且，越高端，"备胎"越充分。

　　　"备胎"现在变成一个新名词，在我们公司是很正常的行为。我们是边缘的翅膀有可能有洞，但核心部分我们完全是以自己为中心，而且是真领先世界。越高端，"备胎"越充分。

　　　对于我们公司，不会出现极端断供的情况，我们已经做好准备了。我年初判断这个事情的出现可能是两年以后，因为总要等美国和我们的官司法庭判决以后，美国才会对我们实施打击，无论结论怎样，（美国）都会对我们打击。这样我们还有两年时间，足够准备。由于孟晚舟被捕，就把"导火索"时间推前了。

　　　（华为实施备胎计划投入的资金）实在是太多了。"正胎"和"备胎"的预算和人力编制是一起拨给他们的，以前预算分配以"正胎"为主，现在以"备胎"为主。①

---

① 《两万字！任正非接受媒体群访全文实录》，2019 年 5 月 21 日，见 https://www.guancha.cn/economy/2019_05_21_502541.shtml。

（二）为不确定未来做好准备

1. 以全民准备应对风险社会

美国历史学家巴里在《大流感》一书中，描述了1918—1919年西班牙大流感从发生、发展到肆虐全球的过程。在"后记"中，巴里充满担忧地发问："是否会发生下一轮疫情？如果会，它会有多危险？我们该作何准备，要做些什么才能令我们准备得更加充分？"[1]

2006年4月27日，美国参议院公布了关于政府应对卡特里娜飓风灾难的联合调查报告。这份700多页的报告，题目就叫《卡特里娜飓风：国家仍未准备好》。报告再次批评小布什政府救灾不力，联邦、州、地方应急准备严重缺失。报告称，遭受飓风重创的新奥尔良市，几年来一直对大规模灾难疏于防备。[2]

"常将有日思无日，莫待无时思有时。"应急准备是为了有效应对突发事件而事先采取的各种措施的总称，包括思想准备、预案准备、机制准备、工作准备等。古人云："备不豫具，难以应卒。"俗话说："不打无准备之仗，方能立于不败之地。"应急准备的目的，是建立和维持各类组织与个人的安全意识、应急技能以及各种各样的应急力量和资源，未雨绸缪，以便在突发事件来临时能积极主动地采取行动。

2015年"8·12"特别重大火灾爆炸事故发生后，应急处置与救援过程中暴露的一个突出问题是，"天津市政府应对如此严重复杂的危险化学品火灾爆炸事故，思想准备、工作准备、能力准备明显不足"[3]。例如，事发后第一时间，天津市公安消防总队1000余名官兵赶赴现场，反应速度很快，但缺乏必要的应急救援专业装备，"有劲使不上"。事故

---

① ［美］约翰·M.巴里：《大流感——最致命瘟疫的史诗》，钟扬、赵佳媛、刘念译，上海科技教育出版社2008年版，第473页。

② U.S. Senate Committee on Homeland Security and Governmental Affairs, *Hurricane Katrina: A Nation Still Unprepared*, Washington D.C., 2006.

③ 《天津港"8·12"瑞海公司危险品仓库特别重大火灾爆炸事故调查报告》，第23页。

发生两天后，现场指挥部仍难于掌握辖区内防护服、双氧水、次氯酸钠等重要应急物资储备的基本情况。

"备豫不虞，为国常道。"进入 21 世纪，针对各种风险日益增多的趋势，美国、日本、德国、英国、法国等发达国家都在致力于构建准备型的应急管理模式，强调通过情景构建、安全教育、应急演练、资源储备等手段，提前做好准备，掌握工作主动权。

"9·11"事件发生后，美国提出"有效的应急响应首先取决于事前准备"的理念，全面开展情景构建和应急准备工作。2005 年，美国组织实施了"国家应急规划情景"重大研究课题，总结提出了美国面临的最为严重的 15 种重特大突发事件情景，作为制定国家应急准备战略最优先考虑的应对目标。在这 15 种情景中，只有 4 种在美国历史上曾经真实发生过，另外 11 种不但在美国本土从未发生，即使在全世界都极为罕见。美国认为，这些情景构成美国公共安全面临的主要威胁，正因为从未发生，才更有必要提前做好准备。①

2005 年 3 月，美国联邦政府发布了《临时全国准备目标》，开始设立应急准备目标。2007 年 9 月，美国联邦政府制定了由全国准备愿景、全国规划场景、通用任务清单、目标能力清单组成的《全国准备指南》，确定了正式的应急准备目标。②2011 年 3 月 30 日，"3·11"大地震发生 19 天后，奥巴马签发第 8 号总统令，强调采取系统性的应急准备措施来加强国家安全，以有效应对恐怖主义、网络安全、流行病和大规模自然灾害等重大威胁，应急准备由此正式成为美国应急管理的一项基本战略。美国还提出了"全社会参与"的理念，强调"应急准备是各级政府、私营部门、非营利部门以及公民个人共同的责任"。③

---

① 刘铁民：《应急预案重大突发事件情景构建——基于"情景—任务—能力"应急预案编制技术研究之一》，《中国安全生产科学技术》2012 年第 4 期。

② 吴晓涛：《美国突发事件应急准备目标的演化特征研究》，《灾害学》2014 年第 1 期。

③ 游志斌、薛澜：《美国应急管理体系重构新趋向：全国准备与核心能力》，《国家行政学院学报》2015 年第 3 期。

日本是一个非常强调应急准备的国家。1995 年阪神大地震后，日本提倡"自救—共救—公救"的原则，强调"自己的安全要靠自己来保护"，即灾害发生后首先是个人"自救"，然后是邻里和社区"共救"，最后是政府"公救"。日本内阁将每年的 1 月 17 日定为"防灾和志愿者日"，1 月 15—21 日定为"防灾和志愿者周"，全国各地开展大规模的安全知识宣传教育、培训演练等活动。《东京都创建安全安心城市条例》开篇提到，要让市民广泛认同这样的观点，"自己所在城市需要自己来守护"。日本很多社区建立了灾害联防联控互助组织，很多家庭和个人都预备了防灾应急箱，购买了灾害保险。日本还积极推动企业制定业务连续性计划（BCP）。2005 年，日本政府制定了"业务连续指导方针"，将制定业务连续性计划比率的目标定为"大企业基本上全部制定、中型企业为 50%"，大大促进了企业制定和运用业务连续性计划。

2. 底线思维是一项重大战略

《墨子·七患》云："仓无备粟，不可以待凶饥；库无备兵，虽有义不能征无义；城郭不备全，不可以自守；心无备虑，不可以应卒。"坚持底线思维，是做好领导工作的一项基本战略，也是做好应急准备工作必须坚持的一项基本原则。所谓"底线"，是指事物发生质变的临界点，是各项工作不可逾越的界限，一旦突破就会产生不可估量、难以承受的后果。所谓"底线思维"，就是以底线为基本导向，估算可能出现的最坏情况，调控事物朝着预定目标发展的一种思维方法。落实到具体工作中，我们必须把困难估计得更严重一些，把解决问题的措施想得更充分一些，把应对最坏局面的各项准备工作做得更扎实一些。

"善医者不以无病而废药石之储，善国者不以无事而忽先具之备。"忧患意识是中华民族的优秀传统，也是贯穿中国共产党奋斗历程的优良品质。底线思维是中国共产党带领中国人民进行革命、建设与改革过程中，始终坚持的一种基本思维方式。

毛泽东多次强调，要放在最坏的基础上来部署工作。1945 年 5 月31 日，在党的七大上的结论中，面对抗战即将胜利的大好形势，毛泽东却一口气列举了可能遭遇的"十七条困难"。他指出："我们要在最坏的可能性上建立我们的政策。""如果我们不准备不设想到这样的困难，那困难一来就不能对付，而有了这种准备就好办事。""尤其是我们的高级负责干部要有这种精神准备，准备对付非常的困难，对付非常的不利情况。"①7月22日，毛泽东在写给王震和王首道的信中指出，"凡事要设想一切可能的困难"，"只有对这一切预先想透，有了充分精神准备，并使干部有此种准备，然后才能想出克服困难的办法，走向光明的前途"②。10月17日，他在延安干部会上谈道："在革命的道路上还有许多障碍物，还有许多困难。""我们要承认困难，分析困难，向困难作斗争。世界上没有直路，要准备走曲折的路，不要贪便宜。"③1955年3月，他在全国党的代表会议上强调："从最坏的可能性着想，总不吃亏。不论任何工作，我们都要从最坏的可能性来想，来部署。"④

邓小平多次指出，要善于应对各种各样的复杂情况，提前准备好对策。1978年12月13日，他在中共中央工作会议闭幕会上讲话指出："在实现四个现代化的进程中，必然会出现许多我们不熟悉的、预想不到的新情况和新问题。""一定会出现各种各样的复杂情况和问题，一定会遇到重重障碍。"⑤1987年11月16日，他谈道："要看到我们的路是漫长的，还会遇到许多困难，错误也是难免的。"⑥1988年6月3日，他再次强调，"我们要把工作的基点放在出现较大的风险上，准备好对策。这样，即使出现了大的风险，天也不会塌下来。"⑦

党的十八大以来，习近平总书记多次强调，在各项工作中要善于运用底线思维的方法，做好应对各种风险挑战的思想准备和工作准备。

---

① 《毛泽东文集》第三卷，人民出版社1996年版，第388、392页。
② 《毛泽东文集》第三卷，人民出版社1996年版，第445页。
③ 《毛泽东选集》第四卷，人民出版社1991年版，第1163页。
④ 《毛泽东文集》第六卷，人民出版社1999年版，第404页。
⑤ 《邓小平文选》第二卷，人民出版社1994年版，第152页。
⑥ 《邓小平文选》第三卷，人民出版社1993年版，第259页。
⑦ 《邓小平文选》第三卷，人民出版社1993年版，第267页。

2013 年初，习近平总书记强调："要善于运用底线思维的方法，凡事从坏处准备，努力争取最好的结果，做到有备无患、遇事不慌，牢牢把握主动权。"① 这是党的十八大以来，习近平总书记在讲话中首次提及底线思维。当年 7 月 18 日，他在中央政治局第二十八次常委会上讲话强调，当领导干部一定要有充分准备，要有戒惧之心，要有忧患意识。

> 当领导干部就是要有担当意识，我为什么经常讲底线思维？就是要有充分准备，要有戒惧之心，要有忧患意识，有的事万一发生了会怎么样，然后对万一要有所防范。当干部不要当的那么潇洒，要经常临事而惧，这是一种负责任的态度。要经常有睡不着、半夜惊醒的情况。当官当得太潇洒准要出事。要对干部们讲清楚：当干部要有责，责任重于泰山；当干部有风险，不要幻想当太平官。②

2015 年 5 月 27 日，习近平总书记在华东七省市党委主要负责同志座谈会上强调："要清醒认识面临的风险和挑战，把难点和复杂性估计得更充分一些，把各种风险想得更深入一些，把各方面情况考虑得更周全一些，搞好统筹兼顾。"③ 他特别指出，"各种风险我们都要防控，但重点要防控那些可能迟滞或中断中华民族伟大复兴的全局性风险，这是我一直强调底线思维的根本含义"④。

习近平总书记关于坚持底线思维的重要论述，涉及治国理政的各个领域、各个方面。例如，在 2013 年 12 月召开的中央经济工作会议上，他强调要统筹国内国际两个大局，坚持底线思维，按照宏观政策要稳、微观政策要活、社会政策要托底的思路，扎实做好各方面工作。2014 年 4

---

① 转引自杨永加：《习近平强调的思维方法》，《学习时报》2014 年 9 月 1 日。
② 《习近平：党政同责　一岗双责　齐抓共管　失职追责》，2015 年 8 月 17 日，见 http://www.xinhuanet.com/politics/2015-08/17/c_1116281206.htm。
③ 《习近平在华东七省市党委主要负责同志座谈会上强调　系统谋划"十三五"经济社会发展》，《人民日报海外版》2015 年 5 月 29 日。
④ 中共中央宣传部：《习近平新时代中国特色社会主义思想三十讲》，学习出版社 2018 年版，第 334 页。

月25日，在主持十八届中央政治局第十四次集体学习时，他强调必须保持清醒头脑、强化底线思维，有效防范、管理、处理国家安全风险，有力应对、处置、化解社会安定挑战。2017年2月17日，在主持召开国家安全工作座谈会时，他强调要坚持底线思维，把维护国家安全的战略主动权牢牢掌握在自己手中。4月25日，在主持十八届中央政治局第四十次集体学习时，他强调维护金融安全，要坚持底线思维，坚持问题导向。8月1日，在庆祝中国人民解放军建军90周年大会上，他强调必须强化忧患意识，坚持底线思维，全部心思向打仗聚焦，各项工作向打仗用劲。在2018年6月召开的中央外事工作会议上，他强调对外工作要坚持底线思维和风险意识。

2019年1月21日召开的省部级主要领导干部专题研讨班，主题就是"坚持底线思维着力防范化解重大风险"。习近平总书记在开班式上指出，要深刻认识和准确把握外部环境的深刻变化和我国改革发展稳定面临的新情况新问题新挑战，坚持底线思维，增强忧患意识，提高防控能力，着力防范化解重大风险。①

3. 做好思想准备和工作准备

"备者，国之重也。""有备则制人，无备则制于人。"我国是世界上自然灾害最为严重的国家之一，备灾备荒自古至今都是政府的重要职责。古代先贤哲人很早就提出了"流有余而调不足"等应急准备理念并付诸实践。宋代苏轼在《乞免五谷力胜税钱札子》中云："丰凶相济，农末皆利。纵有水旱，无大饥荒。"《明史·潘荣传》写道："积奇羡数万石以备荒。"清代黄六鸿在《福惠全书·荒政·总论》中写道："故备荒于未荒之前，虽有荒而不知其为荒。此古圣王以人事之有馀补天时之不足也。"

新中国成立后，我国的备灾工作得到大大加强。例如，中央财政与地方财政都设有预备费，用于救灾等应急性支出。1995年1月

---

① 《提高防控能力着力防范化解重大风险　保持经济持续健康发展社会大局稳定》，《人民日报》2019年1月22日。

1日起施行的《中华人民共和国预算法》（以下简称《预算法》）第三十二条规定，各级政府预算应当按照本级政府预算支出的1%—3%设置预备费，用于当年预算执行中的自然灾害救灾开支及其他难以预见的特殊开支。同时，中央财政在"抚恤和社会福利救济费"项目下特设"特大自然灾害救济补助费"，用于特大自然灾害救济、春荒冬令灾民生活救济、采购和管理中央救灾储备物资资金。

随着各类突发事件频发，应急资源保障必须适应现代复杂条件下有效应对各种突发事件的需要，"宁可备而无用，不可用时无备"。要完善应急资源紧急征用和跨区域调度程序，做到"备得有、找得到、调得快、用得好"。要善于运用大概率思维应对小概率事件，构建各种"假想敌"，通过实物储备、合同储备、生产能力储备等方式，做好应对极端情况下峰值需求的资源准备，牢牢把握应急管理工作的主动权。

2003年突如其来的非典疫情，暴露了当时我们对重特大突发事件应急准备不够充分的问题。当年5月15日，温家宝在贯彻实施《突发公共卫生事件应急条例》座谈会上指出，非典疫情"暴露出我国在处置重大突发公共卫生事件方面机制的不健全，特别是在疫情初发阶段，组织指挥不统一，信息渠道不畅通，应急准备不充分"[1]。7月28日，胡锦涛在全国防治非典工作会议上强调："要大力增强应对风险和突发事件能力，经常性做好应对风险和突发事件的思想准备、预案准备、机制准备、工作准备，坚持防患于未然。这些工作做好了，一旦发生了什么事情，我们就可以沉着应对，及时处理，尽量避免或减少损失。"[2]9月3日，他在省部级主要领导干部学习贯彻"三个代表"重要思想专题研讨班开班式上再次强调："各级党委、政府和领导干部要不断提高应对突发事件和复杂局面的能力，经常做好思想准备、机制准备、预案准备

---

[1]《温家宝在贯彻实施〈突发公共卫生事件应急条例〉座谈会上强调　运用法律武器坚决打胜非典型肺炎防治攻坚战》，《人民日报》2003年5月16日。

[2]《胡锦涛文选》第二卷，人民出版社2016年版，第75页。

和工作准备，一旦出现问题，就迅速反应、果断处理。"①

在取得抗击非典胜利后，我国制定出台的相关法律法规和应急预案，对应急准备工作作了具体明确的规定。例如，《国家总体应急预案》从人力资源、财力保障、物资保障、基本生活保障、医疗卫生保障、交通运输保障、治安维护、人员防护、通信保障、公共设施、科技支撑等方面，对应急准备做出安排。《突发事件应对法》从提高全社会安全意识和应急能力、建立应急救援队伍、应急保障、城乡规划满足应急需要等方面，对应急准备制度作出具体规定。1998年张北地震后，民政部与财政部开始建立我国的救灾物资储备制度。2009年，全国中央级救灾物资储备库由10个增加到24个。

党的十八大以来，面对更加复杂多样的安全形势，习近平总书记在不同场合多次强调，各级党委、政府和领导干部必须坚持底线思维，做好应对各种困难挑战的思想准备和工作准备。

2013年3月6日，习近平总书记在参加十二届全国人大一次会议辽宁代表团审议时讲话指出，要进一步做好攻坚克难、艰苦创业的思想准备和工作准备，大力实施振兴东北地区等老工业基地战略。②2015年10月29日，他在党的十八届五中全会第二次全体会议上讲话指出："我们必须清醒看到，如期全面建成小康社会，既具有充分条件，也面临艰巨任务，前进道路并不平坦，诸多矛盾叠加、风险隐患增多的挑战依然严峻复杂。如果应对不好，或者发生系统性风险、犯颠覆性错误，就会延误甚至中断全面建成小康社会进程。对此，全党同志必须做好充分的思想准备和工作准备，认清形势，坚定信心，继续顽强奋斗。"③2020年4月8日，他在主持召开的中央政治局常委会会议上强调，面对严峻复

① 胡锦涛：《用"三个代表"重要思想武装头脑指导实践推动工作》，《求是》2004年第1期。

② 《习近平李克强俞正声分别参加 全国两会一些团组审议讨论》，《人民日报》2013年3月7日。

③ 习近平：《在党的十八届五中全会第二次全体会议上的讲话》，《求是》2016年第1期。

杂的国际疫情和世界经济形势，我们要坚持底线思维，做好较长时间应对外部环境变化的思想准备和工作准备①。4月27日，他在主持中央全面深化改革委员会第十三次会议时再次强调："当前，我国疫情防控向好态势进一步巩固，我们仍要坚持底线思维，做好较长时间应对外部环境变化的思想准备和工作准备。"②7月17日，他在主持召开中央政治局常委会会议、研究部署防汛救灾工作时指出，各有关地区都要做好预案准备、队伍准备、物资准备、蓄滞洪区运用准备，宁可备而不用，不可用时无备。③

三、从最坏处着眼做最充分准备

（一）硬准备：应急资源保障

1. 人力资源：人才是第一资源

应急人力资源是指从事突发事应对相关工作的各种人员，包括应急管理人员、应急救援队伍、应急管理专家组等。在突发事件应对中，应急管理人员主要负责决策指挥、统筹协调、组织调度等，应急救援队伍主要负责应急处置与抢险救援，应急管理专家组主要负责提供决策建议并在必要时参加应急处置工作。

人才是第一资源，是应急管理中最活跃、最积极的因素。"政治路线确定之后，干部就是决定的因素。"④要有效应对突发事件，必须做好管理人员、救援队伍、专家组等各方面人力资源的充分储备。特别是

---

① 《分析国内外新冠肺炎疫情防控和经济运行形势 研究部署落实常态化疫情防控举措全面推进复工复产工作》，《人民日报》2020年4月9日。

② 《深化改革健全制度完善治理体系 善于运用制度优势应对风险挑战冲击》，《人民日报》2020年4月28日。

③ 《中共中央政治局常务委员会召开会议 研究部署防汛救灾工作》，《人民日报》2020年7月18日。

④ 《毛泽东选集》第二卷，人民出版社1991年版，第526页。

"养兵千日，用兵一时"，要建设一支规模适度、结构合理、管理科学、协同有序、运作高效的应急救援队伍，不断完善队伍的学习、培训、演练、管理制度，加强专业技能训练和装备配备，确保一旦发生突发事件能够"拉得出、上得去、打得赢"。

我国应急救援力量主要包括国家综合性消防救援队伍、各类专业应急救援队伍、社会应急力量以及解放军、武警应急救援队伍。其中，国家综合性消防救援队伍主要由消防救援队伍和森林消防队伍组成，编制共 19 万人，是我国应急救援的主力军和国家队。各类专业应急救援队伍主要由相关部门和地方专职消防、森林（草原）防灭火、地震和地质灾害救援、生产安全事故救援、医疗防疫、水上搜救、航空救援等专业救援队伍构成，是国家综合性消防救援队伍的重要协同力量。社会力量主要包括基层政府、企事业单位和群众自治组织组建的基层应急救援队伍，由共青团、红十字会、志愿者协会及其他社会组织建立的志愿者应急救援队伍。同时，解放军和武警部队是我国应急处置与救援的突击力量，担负着重特大突发事件的抢险救援任务。①

2. 财力资源：存钱以备不时之需

应急财力资源是指在突发事件应对中投入的各种经费，是各类应急资源货币化的体现。从资金来源看，主要包括财政资金、灾害保险、社会捐赠。财政资金是指在日常财政管理中预留财政准备金，以便为应对可能发生的突发事件提供必要的财力保障；灾害保险是指以财产本身以及与之有关的经济利益为保险标的的保险；社会捐赠是指自然人、法人或其他社会团体出于爱心，自愿无偿地向公益性社会团体、公益性非营利单位、特定群体或个人捐赠财产进行救助的活动。

有效应对突发事件，要求建立健全应急财政资金的经费来源、快速拨付和规范管理制度。预备费是各国最常规的应急财政资金来源。例

---

① 杜燕飞：《应急管理部：国家综合性消防救援队伍共编制 19 万人》，人民网北京 2019 年 9 月 18 日电。

如，日本《灾害救援法》规定，地方政府须按照本年度前三年地方普通税收额平均值的5%提取灾害救助基金。我国《预算法》规定，各级政府预算应按本级预算支出额度1%—3%的比例设置预备费，用于当年预算执行过程中的救灾开支及其他难以预见的特殊开支。

应急财力资源保障，还要积极发挥市场机制特别是巨灾保险的作用。自2007年开始，我国在农业生产领域推行政策性保险试点，在抗灾救灾、灾后重建、生产恢复等工作中发挥了重要的经济补偿作用。2008年汶川特大地震发生后，国家高度重视巨灾保险制度建设。2013年11月，党的十八届三中全会明确提出，"完善保险补偿机制，建立巨灾保险制度"。随后，广东深圳、云南、上海、浙江宁波、四川、山东潍坊等地都在探索建立区域性巨灾保险制度。

3. 物力资源："手中有粮，心就不慌"

物力资源是指从事突发事件应对所需的一切生产资料，包括应急物资、应急装备、应急场所等。应急物资是指在突发事件应对中所必需的各种保障性物资，包括生活物资、工作物资、特殊物资等；应急装备是指为突发事件应对提供支持的各种装备、器材和器具；应急场所是指在突发事件应对中供受危害人员紧急疏散、临时或较长时间避难与生活，并可供政府组织开展应急处置与救援工作的场所。

根据国家发展改革委编制的《应急保障重点物资分类目录（2015年)》，应急物资主要包括现场管理与保障、生命救援与生活救助、工程抢险与专业处置三大类。其中，现场管理与保障类，主要涵盖突发事件发生后为维持应急处置现场正常运行所需的物资；生命救援与生活救助类，以"人"为核心，主要涵盖应急处置中各类人员安全、搜救、救助、医疗等有关的物资；工程抢险与专业处置类，紧紧围绕"物"，主要涵盖应急处置中交通、电力、通信等基础设施恢复，以及污染清理、防汛抗旱和其他专业处置等所需的各类物资。

2008年汶川特大地震发生后，帐篷成为紧缺物资。截至5月24日12时，547.52万四川受灾群众无处安身，全国范围紧急转移安置人数达 143.8564 万人。安置如此庞大数量的受灾群众，急需大批帐篷。当时，四川省内仅有位于成都武侯区机投镇的省物资储备中心，不仅库容量严重不足，而且离机场、高速公路、铁路都较远。绵阳市有上百万人受灾、400 余万人需要转移，至少需要帐篷 60 万顶，但绵阳市民政局的库存只有棉被 200 多床、帐篷不到 200 顶。

官方统计，当时全国各地灾前库存救灾帐篷约 18 万顶，缺口巨大。当日 16 时，民政部从西安中央救灾物资储备库紧急调拨 5000 顶帐篷支援四川灾区；21 时，民政部从合肥、郑州、武汉、南宁 4 个中央救灾物资储备库紧急向四川灾区调拨帐篷 45650 顶。5 月 13 日凌晨，民政部又从沈阳、西安、天津 3 个中央救灾物资储备库调运帐篷 10600 顶，棉被 5 万床。当日，民政部再次发出指令，要求迅速调运中央直属库的所有帐篷。48 小时内，中央救灾物资储备库中的 15 万顶帐篷已被调空。①5 月 19 日，时任民政部部长李学举在四川民政厅工作汇报会上说："我们已经把全国各地库存的帐篷基本搜刮完了，但数量远远不够！""在这样的自然灾害面前，应该说，从民政部自身来讲，我们缺乏必要的思想准备，也缺乏必要的物质准备。"②

中央决定千方百计组织生产并加紧调运帐篷，要求在一个月内向灾区提供 90 万顶帐篷。5 月 22 日上午，胡锦涛在主持召开中央政治局常委会会议，专门研究继续全力做好抗震救灾工作后，立即赶赴浙江省湖州市，实地考察救灾帐篷生产情况。他强调，提供足够的救灾帐篷已成为当前抗震救灾工作的一项紧迫任务，要确保中央下达的帐篷生产和调运任务如期完成。他提出四点要求：

> 一是要加紧生产。克服一切困难，充分挖掘潜力，发挥广大职工的主人翁作用，全力以赴，千方百计增加帐篷产量。二是要确保质量。越是时间紧迫，越是要坚持质量标准。在加紧生产的同时，

---

① 刘卫琰：《民政部：紧急采购救灾物资》，《政府采购信息报》2008 年 5 月 21 日。
② 丁尘馨、周丽娜：《中国民政：1438 万灾民的"帐篷"》，《中国新闻周刊》2008 年第 20 期。

一定要坚持质量第一，切实把好原材料关、生产工艺关、出厂检验关，严格杜绝质量问题，保证为受灾群众提供优质帐篷。三是要积极抢运。采取超常规抢运措施，科学调度，加大运力，搞好产运衔接，用最快速度把救灾帐篷运到灾区。四是要加强协调。各有关地区和部门务必加强对救灾帐篷生产的组织领导，积极协调、主动服务，采取一切必要措施，全力支持承担帐篷生产任务的企业开足马力生产，首先要保障生产用电、原材料供应和流动资金需要。①

在新冠肺炎疫情暴发初期，口罩、消毒水等大众防疫物资以及防护服、护目镜等专用防疫物资处于紧缺状态，对这些物资的需求在一段时间内处于持续高位。为了解决这一问题，工信部紧急开发了国家重点医疗物资保障调度平台，集合了 400 多家专门生产防疫物资的企业及时开工复产。就完善国家战略物资储备体系，习近平总书记指出：

> 这次疫情暴露出重点卫生防疫物资（如防护服等）储备严重不足，在其他储备方面还可能存在类似问题，要系统梳理国家储备体系短板，科学调整储备的品类、规模、结构，提升储备效能。要优化关键物资生产能力布局，在关键物资保障方面要注重优化产能的区域布局，做到关键时刻拿得出、调得快、用得上。②

（二）软准备：安全文化培养

1. 思想意识："没有危机意识是最大的危机"

思想是行动的先导，认识是行动的指南。有效应对突发事件首先得有安全意识，没有安全意识是最大的不安全。《司马法·仁本》云："故国虽大，好战必亡；天下虽安，忘战必危。"宋代苏舜卿在《乞纳谏书》中云："危亡祸乱之言不离于耳，则天下庶可久安也。"《菜根谭》中也说道："无事常如有事时提防，才可以弥意外之变；有事常如无事时镇

---

① 《胡锦涛总书记在浙江湖州 考察救灾帐篷生产情况》，《人民日报》2008 年 5 月 23 日。

② 习近平：《在中央政治局常委会会议研究应对新型冠状病毒肺炎疫情工作时的讲话》，《求是》2020 年第 4 期。

定，方可以消局中之危。"

美国全国火灾防控委员会 1973 年发布的《美国在燃烧》专题报告，开篇第一句话便尖锐地指出："当前，美国最严重的消防安全问题，恰恰就是公众对消防安全问题漠不关心、置若罔闻的冷漠态度。每年，火灾都会造成惨痛的人员伤亡和巨大的财产损失，但这绝不能成为我们听之任之、逆来顺受的理由。"报告写道："经过深思熟虑，本委员会发现了诸多被忽视的消防安全问题——长期以来，美国社会对这些问题或者熟视无睹，或者认为根本'无力解决'。"①

德惠"6·3"特别重大火灾爆炸事故造成重大伤亡的一个重要原因，是事故企业未对员工进行安全培训，未组织应急疏散演练，员工缺乏逃生自救互救知识和能力。对此，调查报告指出："企业从未组织开展过安全宣传教育，从未对员工进行安全知识培训，企业管理人员、从业人员缺乏消防安全常识和扑救初期火灾的能力；虽然制定了事故应急预案，但从未组织开展过应急演练；违规将南部主通道西侧的安全出口和二车间西侧外墙设置的直通室外的安全出口锁闭，使火灾发生后大量人员无法逃生。"

俗话说："众人拾柴火焰高。"全社会安全意识和应急能力的形成，有赖于每个个体的共同努力。"事因于民者必成。"社会公众既是我们保护的对象，也是我们应对突发事件赖以依靠的重要力量。习近平总书记强调，要坚持群众观点和群众路线，坚持社会共治，完善公民安全教育体系，推动安全宣传进企业、进农村、进社区、进学校、进家庭，加强公益宣传，普及安全知识，培育安全文化，筑牢防灾减灾救灾的人民防线。②安全取决于每一个个人，应急准备重在平时；只有宣传教育群众、组织发动群众，大力增强全社会的安全意识和应急技能，营造"人人关

① 美国全国火灾防控委员会编：《美国在燃烧》，司戈译，北京大学出版社 2014 年版，第 2 页。
② 《充分发挥我国应急管理体系特色和优势　积极推进我国应急管理体系和能力现代化》，《人民日报》2019 年 12 月 1 日。

心安全、人人重视安全、人人参与安全"的安全文化，才能夯实应急管理的群众基础、社会基础。

在 2008 年汶川特大地震中，四川省绵阳市安县桑枣中学创造灾难之中抗震奇迹的故事，充分说明了人人动手、全民防备的重大意义。

20 世纪 80 年代，桑枣中学实验教学楼开始建设。因为种种原因，施工单位并非"正规军"，断断续续盖了两年才完工，但一直没通过验收。师生都知道这个情况，谁也不敢住进去。1995 年，叶志平就任校长后，决定对这栋楼进行全面整修；当时仅加固费用就花了 40 多万元，而其建筑成本不过 17 万元。为了增强紧急状况下避险逃生的能力，从 2005 年开始，叶志平每学期在全校组织一次紧急疏散演练。刚开始，有人认为多此一举，但叶志平坚持了下来。后来，学生和老师都习惯了，每次疏散都井然有序，大家逐渐形成了"保持安静、遵守秩序、注意队列、寻求支柱、观察楼下、逐层撤离"的原则。

2008 年 5 月 12 日 14 时 28 分，汶川特大地震发生。灾害突如其来，桑枣中学所在的安县紧邻灾情最惨烈的北川，校外的房屋几乎全部受损，校内的八栋教学楼也全部成了危楼。面对突发地震，学生们按照日常疏散演练时的安排冲出教室，整齐地站在操场上，老师们则站在队伍的最外圈——2200 多师生从不同的教学楼有序疏散到操场，用时 1 分 36 秒，无一伤亡，创造了一大奇迹。①

2. 法律制度：制度具有稳定性长期性

应急管理法律制度是指规定突发事应对中各方必须共同遵守或维护的各种规则、程序，包括法律、法规、规章、标准、规范性文件和应急预案等。2003 年 7 月 28 日，胡锦涛在全国防治非典工作会议上讲话强调："做好应对各种困难和风险准备，不仅要落实到思想和工作上，而且要落实到制度和机制建设上。"②"经国序民，正其制度。"制度问题是

---

① 胡晓：《执著叶志平 十年辛勤付出成就 1 分 36 秒奇迹》，《华西都市报》2011 年 9 月 5 日。
② 《胡锦涛文选》第二卷，人民出版社 2016 年版，第 70 页。

带有根本性、全局性、稳定性、长期性的问题。邓小平在反思"文化大革命"的错误时深刻地指出："组织制度、工作制度方面的问题更重要。这些方面的制度好可以使坏人无法任意横行，制度不好可以使好人无法充分做好事，甚至会走向反面。"①

一个社会的正常运转，离不开各种制度，离不开全社会对制度的理解、敬畏和遵守。应急管理既是一门科学，又是一门艺术；做好应急管理工作，既要靠经验和智慧，更要靠制度，做到用制度管人，用制度管事，让制度切实成为各级领导干部的行为准则和内在自觉。

在法治轨道上统筹推进各项防控工作，是我国抗击新冠肺炎疫情的重要经验。2020 年 6 月 2 日，习近平总书记在主持召开专家学者座谈会时讲话强调，要加强法律修改和制定工作，为应急管理提供更加有力的法治保障。

> 要有针对性地推进传染病防治法、突发公共卫生事件应对法等法律修改和制定工作，健全权责明确、程序规范、执行有力的疫情防控执法机制，进一步从法律上完善重大新发突发传染病防控措施，明确中央和地方、政府和部门、行政机关和专业机构的职责。要普及公共卫生安全和疫情防控法律法规，推动全社会依法行动、依法行事。②

一方面，要科学设计制度，提高制度的科学性和合理性。依法治国是党领导人民治理国家的基本方略。针对应急管理实际中制度缺失或相互冲突，一些"模糊地带"没人管或"多头管、都不管"的问题，要贯彻全面依法治国的要求，在法治轨道上做好突发事件应对工作，提高应急管理的法治化、规范化水平。要系统梳理和修订应急管理相关法律制度，从法律法规、技术标准、应急预案等不同层级以及综合法、单行法等不同性质，搭建一套系统完备、科学合理、务实管用的制度体系，为

---

① 《邓小平文选》第二卷，人民出版社 1994 年版，第 333 页。

② 《习近平主持专家学者座谈会强调　构建起强大的公共卫生体系　为维护人民健康提供有力保障》，《人民日报》2020 年 6 月 3 日。

应急管理提供坚实的制度框架。

另一方面，要严格落实制度，提高制度的执行力和约束力。"天下之事，不难于立法，而更难于法之必行。"制度的生命力取决于制度的执行力。建章立制仅仅是制度建设的一半，更为重要的是保证制度得到严格执行。这就要求我们强化制度意识，切实增强对制度的认同感、执行意识和维护力，让尊崇制度、敬畏制度、执行制度、维护制度成为一种自觉。针对应急管理实践活动中做选择、搞变通、打折扣，制度规范成为"稻草人""纸老虎"的现象，要健全权威高效的制度执行机制，加强对制度执行的评估和监督，让制度真正成为硬约束、硬杠杠。

2013年德惠"6·3"特别重大火灾爆炸事故发生的一个重要原因，是企业没有落实安全生产责任制，没有明确安全管理责任，安全管理制度形同虚设，"严格不起来，落实不下去"。调查报告写道：

> 企业没有建立健全、更没有落实安全生产责任制，虽然制定了一些内部管理制度、安全操作规程，主要是为了应付检查和档案建设需要，没有公布、执行和落实；总经理、厂长、车间班组长不知道有规章制度，更谈不上执行；管理人员招聘后仅在会议上宣布，没有文件任命，日常管理属于随机安排；投产以来没有组织开展过全厂性的安全检查。
>
> 未逐级明确安全管理责任，没有逐级签订包括消防在内的安全责任书，企业法定代表人、总经理、综合办公室主任及车间、班组负责人都不知道自己的安全职责和责任。

3. 科技支撑：科技是第一生产力

科技是第一生产力。实施科教兴国战略是我国应急管理工作的必由之路，是实现应急保障的重要支撑。2014年12月发布的《国务院办公厅关于加快应急产业发展的意见》（国办发〔2014〕63号），首次对应急产业发展进行全面部署，强调要显著扩大应急产业规模，基本形成应急产业体系，为防范和处置突发事件提供有力支撑。2015年，联合国减灾署科学技术顾问小组报告中提出，要运用科学减低灾害风险。

继蒸汽技术革命、电力技术革命、计算机与信息技术革命后，人类迎来了以智能化和信息化为核心的第四次科技革命。新一轮科技革命的兴起，特别是信息科技向数据科技的发展，为应急管理提供了新途径、新手段。为此，要主动适应科技发展形势和任务的变化，加强监管执法、风险评估、监测预警、指挥决策、救援实战、装备保障、灾害评估等关键技术研发和成套装备研制，加快遥感、地理信息系统、全球定位系统、网络通信技术、云计算、物联网等技术应用和成果集成转化，利用科技手段提高应急管理的专业化、智能化、精细化水平。

在抗击新冠肺炎疫情过程中，我国充分发挥科技支撑作用，实施科研应急攻关，坚持科研攻关和临床救治、防控实践相结合，运用大数据、人工智能等新技术开展防控，为疫情防控阻击战取得重大战略成果提供了重要保障。对此，《抗击新冠肺炎疫情的中国行动》白皮书指出：

> 科学技术是人类同疾病较量的锐利武器，人类战胜大灾大疫离不开科学发展和技术创新。面对人类未知的新冠病毒，中国坚持以科学为先导，充分运用近年来科技创新成果，组织协调全国优势科研力量，以武汉市为主战场，统筹全国和疫情重灾区，根据疫情发展不同阶段确定科研攻关重点，坚持科研、临床、防控一线相互协同和产学研各方紧密配合，为疫情防控提供了有力科技支撑。[①]

（三）应急预案：应急准备的载体

1. 预案定位：用确定性对冲不确定性

应急预案是应急准备的集合体。预案即预先制定的应对方案。1974年6月1日，英国弗利克斯伯勒（Flixborough）一家化工厂发生环己烷氧化装置泄漏爆炸。事故发生后，英国卫生与安全委员会设立了重大危险咨询委员，负责研究重大危险源的辨识、评价技术和控制措施，首次

---

① 国务院新闻办公室：《抗击新冠肺炎疫情的中国行动》，《人民日报》2020年6月8日。

提出应该制订应急预案——这是应急预案的起源。①

在 2003 年取得抗击非典胜利后，我国全面推进以"一案三制"为基本框架的应急管理体系建设。其中，应急预案"是应急管理体系建设的龙头，是'一案三制'的起点"②。经过多年努力，我国逐渐形成了由国家总体预案、专项预案、部门预案以及地方预案、企事业单位预案和大型活动预案组成，"纵向到底、横向到边"的全国应急预案体系。据统计，截至 2019 年 9 月，全国共制定了 550 余万件应急预案。③

不确定性是突发事件最基本的特征。"事未至而预图，则处之常有余；事既至而后计，则应之常不足。"应急预案的主要作用，是以事先行动方案的确定性应对突发事件的不确定性，转应急管理为常规管理。因此，应急预案必须要有很强的针对性和操作性，要明确回答在突发事件全过程，谁来做，怎样做，做什么，何时做，用什么资源做。

预案不是万能的，但没有预案是万万不能的。在很大程度上，突发事件考验的是应急预案有没有、好不好、关键时刻能不能用。如果事先没有制定好的应急预案，突发事件发生后"临时抱佛脚"，匆忙上阵，必定会慌乱无序，被动挨打。2008 年瓮安"6·28"事件，在事件由部分群众游行请愿升级为不法分子打砸抢烧的过程中，当地领导之所以惊慌失措，没有及时采取有效措施，一个重要原因是应急预案缺失。时任县委书记在事后说道，面对突发打砸抢烧事件，当地党委、政府思想准备不足，没有应急预案，以至于事件发生时束手无策。④

2. 预案编制：以风险评估为基础

要真正发挥作用，应急预案必须要有用、管用、实用。在实践中，应急预案被诟病最多的问题，是"上下一般粗、左右一样平"，实用性、操作性不强。究其原因，在于不同地区、不同部门都是按照固定的框架

① 童星、张海波：《基于中国问题的灾害管理分析框架》，《中国社会科学》2010 年第 1 期。
② 高小平：《中国特色应急管理体系建设的成就和发展》，《中国行政管理》2008 年第 1 期。
③ 蔡岩红：《我国基本形成中国特色应急管理体系》，《法制日报》2019 年 9 月 19 日。
④ 赵鹏、周芙蓉、刘文国：《瓮安事件背后》，《瞭望》2008 年第 28 期。

来编写，"照猫画虎""依葫芦画瓢"，不贴近当地实际。

预案编制的前提是风险评估。国务院办公厅2013年10月印发的《突发事件应急预案管理办法》（国办发〔2013〕101号）第十五条规定："编制应急预案应当在开展风险评估和应急资源调查的基础上进行。"作为应急预案的源头环节，风险评估是改进应急预案工作的"最重要的基础性工作"①。俗话说："知己知彼，方能百战不殆。"我们要战胜敌人，首先要找出敌人是谁、在哪里、有多少。应急管理中的"敌人"就是各种各样的突发事件。只有对当地的突发事件态势有了准确把握，才能有的放矢，制定出针对性强的预案。

因此，要运用基于"情景—任务—能力"的应急预案编制技术，学习借鉴美国重特大突发事件情景构建的经验，实现预案编制从基于模版的模式向基于风险情景的模式转变——"制定预案时应当针对具体的风险场景，在评价与潜在危险相适应的应急资源和能力的基础上，选择最现实、最有效的应对策略"②。

3. 预案演练：常态化的压力测试

应急预案编制完成后，不能束之高阁，也不能长期不修订；它必须经过实践的反复检验，不断更新完善。应急预案的制订、管理和修订的过程，是一个总结经验教训、查找薄弱环节、不断改进学习的过程。

演练是检验预案的实用性和有效性，测验应急管理人员突发事件应对能力，发现预案中可能存在的问题并持续改进最重要的手段。突发事件不是常态，不会天天发生，但模拟演练可以持续进行。"平时是练兵打仗，战时是打仗练兵。"应急预案既要在突发事件应对实践中接受检验，更要通过平时的模拟演练进行"压力测试"。演练要注重实效，不流于形式，不搞花架子，不要怕在演练过程中发现问题，而是要根据演练中暴露的问题不断修正完善预案，以练促改，以练促进。

---

① 李湖生：《应急预案体系建设的理论基础研究探讨及其启示》，《中国应急管理》2012年第5期。

② 钟开斌：《中国应急预案体系建设的四个基本问题》，《政治学研究》2012年第6期。

纽约市长朱利安尼在自述中称，面对突发事件，要提前制定好预案，并且经常性地开展演练；而且，演练要逼真，才能起到应有的效果。

我在市长任内，经常针对各种假设的紧急情况进行操演，拟出应对危机的对策方案。我们列出市政府各机构，哪些人必须在哪些状况下——如生化武器攻击时——采取哪些行动。设想的状况包括民航机在市区坠毁，或恐怖分子对政治集会场合发动攻击等。这不光是纸上作业，我们还举行街头演习，演习的内容包括一架民航机坠毁在皇后区，以及曼哈顿区遭受沙林毒气攻击，地点就在世贸双塔高耸的阴影之下，想起来似乎有点诡异。

我们在演习现场拍照，由于情况过于逼真，看过照片的人都问我们是不是真有其事。例如，我们演练皇后区发生班机坠毁的现场，烈火和泡沫让旁边围观的人群都信以为真。……我们设想各种灾难的筹备工作，大大提升了面临危机时的处理能力。①

演练结束后，要及时开展评估。我国《突发事件应急演练指南》（应急办函〔2009〕62号）指出："演练评估是在全面分析演练记录及相关资料的基础上，对比参演人员表现与演练目标要求，对演练活动及其组织过程作出客观评价，并编写演练评估报告的过程。""所有应急演练活动都应进行演练评估。"应急演练遵循 ARD 循环圈原理——演练时开展行动（Action），行动后进行反思（Reflection），反思后进行改进（Development）。应急演练的目的主要不是为了展示成效，而是发现问题。因此，要多开展以发现问题为导向，场景更具逼真性，任务更具挑战性的"双盲"演练（事前不通知参演单位演练时间、地点和演练内容）。演练要与提高实战能力有机结合，与普及应急知识、提高忧患意识和应急管理能力有机结合，多"练"少"演"，多在演练中暴露问题、发现问题、解决问题。

---

① ［美］鲁迪·朱利安尼：《领导：纽约市长朱利安尼自述》，韩文正译，译林出版社 2005 年版，第 55—56 页。

第五讲

监测预警：明者见于未形

要加强风险评估和监测预警，加强对危化品、矿山、道路交通、消防等重点行业领域的安全风险排查，提升多灾种和灾害链综合监测、风险早期识别和预报预警能力。

——习近平在主持十九届中央政治局第十九次集体学习时的讲话
（2019 年 11 月 29 日）

一、"得到通知时水都淹到腰了"

2016 年 7 月 20 日凌晨 2 时许，一场突如其来的洪水，给河北省邢台市东郊七里河两岸的村民带来灭顶之灾：来自上游东川口水库溢流和西部山区汇入南水北调西侧排水沟的两路洪水，汇入七里河河道，自西向东流至龙王庙桥（又称大贤桥）附近时，河道迅速变窄，洪水漫过河堤决口，造成邢台市经济开发区辖区的王快镇和东汪镇 12 个村进水，3 万余群众受灾。截至 7 月 24 日 16 时，根据官方统计，邢台市因灾死亡 34 人、失踪 13 人。其中，邢台县东汪镇大贤村全村被大水淹没，8 人死亡、1 人失踪，成为此次洪灾受损最严重的区域。

灾害发生后，有不少网友和自媒体质疑，洪灾是因为上游水库泄洪，未提前通知到下游的大贤村，导致该村被洪水淹没。实际上，这种说法并不属实，大贤村距水库至少有 30 千米，中间有多处乡镇。7 月 24 日下午，河北省省委省政府工作组宣布，经调查初步认定，7 月 19 日晚七里河决堤是因局地强降雨形成的洪峰所致，非人为原因造成。[①]

调查发现，除了河道变窄、河堤被铲、河道堵塞，大贤村受灾最为严重的另一个重要原因，是监测预警不到位，避灾疏散通知的时间过晚，"预警电话几乎与洪水同时到达"，洪水突至，村民们猝不及防。

当地村民称，他们或者没有得到村干部的通知，或者得到通知时已是凌晨 2 时左右，"水都淹到腰了"。一位村民回忆道："20 日凌晨大约两点左右，我被外面轰轰的声音吵醒了，醒来发现屋子里进了水，水迅

---

① 《河北工作组公布邢台洪灾核查结果》，《人民日报》2016 年 7 月 25 日。

速地往上涨，不到一分钟就涨到差不多两米。我赶紧通过梯子上了屋顶，等待救援，当时水很急，把屋外的车都冲走了。"

负责东汪镇防汛抢险的一位干部，回忆了当时的过程。

> 7月19日晚上，我和镇里负责防汛的几位领导下到村里值班。8点左右因为雨太大，就出去察看雨情了。9点左右我们通过村支书通知各村雨势太大，注意汛情，但一直没有接到区里转移通知。10点后我们巡视大堤，河道里的水快盖过桥洞了，桥大概十米高，那当时的水大概八米。11点左右，我接到开发区的电话，说雨太大要我们随时待命，市里的防汛预警我没有收到。我们12点左右巡堤之后回来，开发区的领导当时已经来了。转移通知是20日凌晨两点左右，在场的区领导中的一位现场下达的，通过各村的村支书和主任下达群众转移，每个村都有大喇叭，通过大喇叭通知的，挨家挨户已经来不及了。①

实际上，在本次洪灾前，当地官方曾发布过暴雨预警和防汛预警。7月18日，在预测到19日至20日邢台将出现入汛以来最强降水后，邢台市气象台每两小时发布一次雨情信息。7月19日，邢台市的暴雨预警从黄色信号升级至橙色信号，直到14时发布红色预警信号。当日22时至次日8时，邢台市将雨情通报调整为每小时一次，并通过市电视台、微信、微博等向公众进行播报。当地防汛等部门也通过短信、广播、报纸等渠道，向群众发布了预警信息。遗憾的是，在此次洪灾到达村庄前，东汪镇和王快镇都只收到气象预警和防汛预警，而没有收到上级的撤离命令。官方通报称："由于突发短时间强降雨，7月20日凌晨1点40分通知开发区，开发区立即进入大贤村组织转移群众，当时，水已开始漫坝进村。"大贤村村支书事后回忆道，自己凌晨1时50分接到电话通知，说马上洪水就要到来，让他赶紧转移村民。

---

① 孔晓琦等：《邢台洪灾真相调查：天灾下的一连串延误》，2016年7月30日，见 http://app.myzaker.com/news/article.php?v=1.0&pk=579b6a539490cb6562000094。

“聪者听于无声，明者见于未形。”监测预警是在突发事件“将发未发、一触即发”的窗口期，做好动态监测、准确研判、实时发布警示信息，提醒相关人员做好防范，从而最大限度地避免或减少危害的过程。如何提高监测的广度与精度？如何提高预警的速度与效度？如何打通预警信息服务“最后一公里”，实现零距离、全覆盖？

二、同时间赛跑、与死神抗争

（一）不做被温水煮的青蛙

1.“水煮青蛙实验”

19世纪末，美国康奈尔大学的科学家做过一个著名的“水煮青蛙实验”。科学家将青蛙投入40℃的水中时，青蛙因受不了突如其来的高温刺激，立即奋力从水中跳出，成功逃生。当科学家把青蛙先放入装着冷水的容器中，然后缓慢加热（每分钟上升0.2℃），结果就不一样了：开始时因为水温舒适，青蛙在水中悠然自得；当发现无法忍受高温时，青蛙已经心有余而力不足，不知不觉被煮死在热水中。

与“水煮青蛙实验”类似，1966年，美国斯坦福大学的社会心理学家做了一个“无压力的屈从”的现场实验，提出了“登门槛效应”（也称“得寸进尺效应”）[1]。实验说的是，派人随机访问一组家庭主妇，要求她们将一个小招牌挂在她们家的窗户上，这些家庭主妇愉快地同意了。过了一段时间，再次访问这组家庭主妇，要求将一个不仅大而且不太美观的招牌放在庭院里，结果有超过半数的家庭主妇同意了。与此同时，派人又随机访问另一组家庭主妇，直接提出将不仅大而且不太美观的

---

[1] Jonathan L. Freedman and Scott C. Fraser, "Compliance without Pressure: The Foot-in-the-Door Technique", *Journal of Personality and Social Psychology*, Vol. 4, No. 2 (August 1966), pp.195–202.

招牌放在庭院里，结果只有不足 20% 的家庭主妇同意。

"登门槛效应"认为，人们拒绝难以做到的或违反意愿的请求是很自然的；但是，一旦对于某种小请求找不到拒绝的理由，人们就会增加同意这种要求的倾向；而当卷入了这项活动的一小部分之后，人们便会产生自己是关心社会福利者的知觉或态度。这时，如果拒绝后来的更大要求，人们就会出现认知上的不协调；于是，恢复协调的内部压力会促使人们继续做下去，并使态度改变成为持久的习惯。

"水煮青蛙实验"与"登门槛效应"告诉我们，长期生活在和谐安逸的环境下，人们容易放松警惕，自我麻痹，大难当前、大祸临头了还不知不觉，最终失去戒备而招致灾祸。

2. 长城的烽火台

长城上每隔几千米就会有一个大的烽火台。这些烽火台是我国古代军情报警的一种措施：敌人从远处来犯时，通过点燃烟火传递信息，长城内的居民和军队能提前知晓，从而做好准备①。烽火台通常选择在易于相互瞭望的高岗、丘阜之上建立，台子上有守望房屋和燃烟放火的设备，台子下有士卒居住守卫的房屋和羊马圈、仓库等建筑。

早在秦汉时期，烽火台即与长城密切结为一体，与敌台、墙台等长城建筑相互配合，构成长城防御系统的基层组织。汉朝的烽火台在台子上竖立一个高架子，上面挂着一个笼子，笼子内装着干柴枯草，如果发现敌人来犯，则夜间放火，白天燃烟，台台相连，传递消息。在汉简记录中，烽燧人数有五六人和十多人，其中燧长一人。戍卒平日必须有一人守望，其余进行修建、收集柴草等工作，还有一人做炊事工作。

明代的烽火台燃烟放火制度，在前代基础上做了改进。除了放烽、燃烟之外，还制定了鸣炮制度，与此同时，在点火放烟时还加硫磺、硝

---

① 以下有关长城烽火台的资料，主要引自鲁杰、李子春：《长城防卫的哨所——烽火台》，《文物春秋》1998 年第 2 期。

石助燃。为便于防守和执行勤务，烽火台配备旗帜、鼓、弩、软梯、炮石、火药、狼粪、牛粪、柴草等；并且，根据入侵敌人的人数和军情的紧急程度，有不同的传递方式。如明成化二年（1466 年）的法令规定：令边土堠举放烽炮，若见敌一二人至百余人举放一烽一炮，五百人二烽二炮，千人以上三烽三炮，五千人以上四烽四炮，万人以上五烽五炮。这样迭次增加炮声和助燃，使传递的军情更加快速、准确。

（二）有"灾"未必有"害"

1."灾"与"害"的辩证关系

所谓监测预警，是指动态监测和准确判断事态，及时发出警示，使相关机构和人员在突发事件来临之前采取应急避险措施。监测预警包括监测和预警两部分：监测是指在突发事件发生前，对事态进行监视、测量、预测；预警是指根据事态可能造成的危害程度、紧急程度和发展趋势，发布预警信息，提醒相关人员采取防范措施。

《管子·九守》云："一曰长目，二曰飞耳，三曰树明。明知千里之外，隐微之中。"《汉书·伍被传》云："聪者听于无声，明者见于未形。"监测预警，对应的是突发事件"未发将发、一触即发"的状态，这是一种介于风险和突发事件之间的状态。说"未发"，是因为突发事件还未真正发生，实际的影响和损失尚未造成；说"将发"，是因为已经预测到突发事件的发生将难于避免，风险将很快从潜在状态转为现实状态。

从词语构成来看，"灾害"包括了"灾"和"害"。"灾"指突发事件本身（即"致灾因子"），"害"指事件造成的后果（即"致灾"）；"灾"转化为"害"有一个过程，有"灾"不一定有"害"，小"灾"也未必一定产生大"害"。"灾"是否转化为"害"、会造成多大的"害"，关键在于能否做好监测预警。监测预警到位了，就能大"灾"变小"害"，小"灾"零危害；反之，如果监测预警不到位，就可能小"灾"变大"害"，大"灾"变巨"害"，最终造成非常严重的后果。

公共安全"三角形"模型认为，公共安全包括突发事件、承载载体、应急管理三个方面，既涉及突发事件，也涉及承载载体，还涉及应急能力本身。[①] 灾害管理三维综合模型认为，灾害管理涉及致灾体、受灾体、救灾体三大要素。其中，致灾体是指灾害动力活动及其参与灾害活动的物质或现象，受灾体是指遭受灾害破坏或威胁的人类和社会经济系统，救灾体是指在进行防灾、减灾、备灾、救灾、赈灾的力量。[②] 监测预警的主要目的，是"听于无声、见于未形"，在突发事件发生之前，救灾体开展以事态监测和风险预警为主要内容的应急管理活动，警示承灾体提前采取风险防控措施，从而减轻事件造成的影响和损失。

监测预警利用的是突发事件"未发将发、一触即发"的时间窗。这个时间窗通常很短，长则几个月、几天，短则几分钟、几秒。时间就是生命，灾情就是命令，突发事件监测预警是在同时间赛跑、与死神抗争。为此，我们必须在最短的时间内，以最快的速度，发布准确的预警信息，及时开展预警响应，从而最大限度地避免或降低突发事件造成的损害。理论研究表明，随着地震震级升高，利用地震预警系统实现的减少人员伤亡率也在升高，发生 8 级左右地震时，减少人员伤亡率可达76%[③]。东京大学的地震专家模拟的东海大地震研究显示，若地震预警100%普及，死亡人数能减少80%[④]。

2. 印度洋大海啸的教训

2004 年 12 月 26 日，印度尼西亚苏门答腊岛附近海域发生 9 级地震，并引发大海啸，给印度洋沿岸国家造成近 30 万人死亡，50 多万人无家可归。这次灾难造成的后果之所以如此严重，除了灾害本身破坏性强以外，灾害预警滞后、预防不足、公众意识不强，也是非常重要的原因。

---

① 范维澄、刘奕、翁文国、申世飞：《公共安全科学导论》，科学出版社 2013 年版，第17—18 页。

② 钟开斌、钟发英：《跨界危机的治理困境——以天津港"8·12"事故为例》，《行政法学研究》2016 年第 4 期。

③ 夏玉胜、杨丽萍：《地震预警（报）系统及减灾效益研究》，《西北地震学报》2000年第 4 期。

④ 《地震预警系统：让活的机会多了三五秒》，《南方日报》2012 年 5 月 21 日。

地震震中在海底，震波传到海岸一般需要 20 分钟到 2 个小时。这次海啸从苏门答腊到斯里兰卡用了半小时，到印度 1.5 小时，到泰国 1 小时，到马尔代夫 2 小时；在大多数地方，人们就近安全避险只需要几分钟。由于历史上几乎没有遭受过大规模海啸袭击，而且印度洋的地震活动也不如太平洋剧烈，印度洋沿岸各国都没有设立海啸预警机构，也缺乏与国际海啸预警系统的联系渠道。在监测到地震后，设在夏威夷的太平洋海啸预警中心试图通知印度洋沿岸各国做好防备，却无法及时联系上；接到预警信息后，印度洋沿岸各国又不知如何处理，错失宝贵的"窗口期"。① 这次大海啸之后，联合国教科文组织政府间海洋学委员会（IOC）着手建立覆盖全球的海啸预警系统，由原来仅有的太平洋海啸预警系统区域，扩展到印度洋、地中海和大西洋以及加勒比海地区。

近年来，突发事件监测预警体系建设得到各国前所未有的重视，监测预警的范围从以往以单一类型灾害为主拓展到各类突发事件，监测预警的时效性和覆盖面在不断提高。

以日本的自然灾害监测预警为例。针对各种常见的自然灾害，日本建立了综合灾情监测预警网络，实现在地震、海啸、火山爆发以及暴雨等恶劣天气灾害发生后向公众及时提供准确的预警信息。气象厅是日本主管地震和海啸监测预警的专门机构。根据日本《气象业务法》规定，地震发生后，气象厅应通过地震预警广播系统和数据广播的地震与海啸信息业务，把有关信息传递到警察部门、地方政府、通信企业、社会媒体、海上保安厅、消防机构等，并由此再迅速传递到学校、社区、医院和船舶等单位。用于发布地震早期警报的紧急预警广播系统，由日本广播协会（NHK）与气象部门合作，能通过 NHK 的 12 个无线电广播和电视频道向全国发送警报。②

---

① 黄顺康：《印度洋"12·26"地震海啸灾难及其启示》，《甘肃社会科学》2005 年第 3 期。
② 杨程、解全才、刘泉、王丽艳：《日本地震预警系统发展历程》，《地震地磁观测与研究》2018 年第 4 期。

2011 年 3 月 11 日大地震发生后，日本的灾害监测预警系统发挥了重要作用。此次地震，震中位于日本宫城县以东太平洋海域，距仙台约 130 千米，震源深度 20 千米，是日本有观测记录以来最大的地震。地震引发的巨大海啸，对日本东北部岩手县、宫城县、福岛县等地造成毁灭性破坏，并引发福岛第一核电站核泄漏。

地震发生后，日本地震预警系统在 1 分钟之内向 37 个城市发出了预警。得知地震消息后，正在直播日本国会会议的 NHK 立即在屏幕下方发布紧急地震警报，之后中断国会直播，动用所有电视频道进行 24 小时地震直播，并用滚动字幕实时播报地震信息；演播室的主播重复播报最新震情，并反复提醒公众相关的安全注意事项。距离震中宫城县较近的岩手县，获得了 12 秒的预警时间。地震发生时，有 27 辆新干线在载客运行，得到预警后刹车减速；刹车后的 9 秒至 12 秒，地震波引发的第一轮摇晃才开始；1 分 10 秒之后，才出现最强烈的摇晃；所以，当时没有发生列车脱轨事故。①

在海啸预警方面，大地震发生后，日本气象厅在震后 3 分钟（海啸发生前 12 分钟），向沿海的 37 个市村町发布了预警信息，提醒在海边的居民尽快离开海岸到高处躲避，并用五种语言（日语、英语、中文、汉语、韩语）不间断发布。同时，各大电视台自动切换电视画面，滚动播发海啸警报。福岛第一核电站泄漏事故发生后，NHK利用 L 型框（日本电视的一种突发新闻报道形式），实时播报各地的停电信息。

3. 抗击非典的推动

监测预警是控制传染病疫情的基础性工作。2003 年的非典疫情，暴露了我国当时传染病疫情报告和疾病监测时效性差，尤其是难以对不明原因传染病作出精准预警的问题。2003 年 4 月 14 日召开的国务院常

---

① 刘平、邱志刚、罗奇峰：《最快的反应——日本地震预警系统介绍》，《生命与灾害》2011 年第 6 期。

务会议强调，要"完善信息网络，及时、准确地对突发公共卫生事件作出预测、预报和预警"①。5月20日，吴仪在第56届世界卫生大会上谈及中国抗击非典的经验教训时指出，要"建立健全传染病监测、预防、治疗和信息通报网络"②。当时紧急制定的《突发公共卫生事件应急条例》，规定了我国突发公共卫生事件监测与预警制度："县级以上地方人民政府应当建立和完善突发事件监测与预警系统。县级以上各级人民政府卫生行政主管部门，应当指定机构负责开展突发事件的日常监测，并确保监测与预警系统的正常运行。""监测与预警工作应当根据突发事件的类别，制定监测计划，科学分析、综合评价监测数据。"

在取得抗击非典胜利后，监测预警成为我国应急管理体系建设的重要任务。2003年10月，党的十六届三中全会提出："建立健全各种预警和应急机制。"2004年9月，党的十六届四中全会提出："建立健全社会预警体系，形成统一指挥、功能齐全、反应灵敏、运转高效的应急机制。"2005年10月，党的十六届五中全会提出："建立健全社会预警体系和应急救援、社会动员机制，提高处置突发性事件能力。"《国家总体应急预案》规定："各地区、各部门要针对各种可能发生的突发事件，完善预测预警机制，建立预测预警系统，开展风险分析，做到早发现、早报告、早处置。"《突发事件应对法》第三章专门就突发事件监测与预警作出规定，明确了监测网络、预警级别、预警警报发布、预警响应措施等具体制度。

经过多年努力，我国各类突发事件的监测预警工作取得了重大进展，监测预警的覆盖面、及时性、准确率大大提高。在自然灾害方面，气象、地震、水文、海洋环境、地质灾害、森林草原防火、生物灾害等综合监测预警网络更加完善。在事故灾难方面，易发重特大事故行业领域的风险分级管控、隐患排查治理双重预防性工作机制在积极推进，

---

① 《温家宝主持召开国务院常务会议　讨论建立国家应对突发公共卫生事件应急处理机制》，《人民日报》2003年4月15日。

② 《为应对全球疾病灾害　吴仪说中国愿发挥建设性作用》，《人民日报》2003年5月21日。

矿井瓦斯监测监控系统普遍建立。在公共卫生事件方面，覆盖省、市、县、乡四级的全国传染病与突发公共卫生事件网络直报系统不断健全，全国食品安全风险监测网络初步建立。在社会安全事件方面，公安系统建立了统一指挥的网上舆情监测工作体系和研判预警工作机制，大型活动公共安全风险评估，以及经济社会发展重大决策、重大建设项目社会稳定风险评估普遍开展。在重要设施方面，我国大型水利设施、重要通信枢纽、铁路交通、油气管道，以及核设施的监测监控和预警信息系统建设不断加强。在境外安全方面，海外安全风险评估、境外安保信息交流和境外安全巡查机制初步建立。

为更好地做好监测预警工作，我国启动了突发事件预警信息发布系统建设项目。2006 年，国务院办公厅在《"十一五"国家突发公共事件应急体系建设规划》中明确提出，"依托中国气象局业务系统和气象预报信息发布系统，扩建信息收集、传输渠道及与之配套的业务系统，增加信息发布内容，形成我国突发公共事件预警信息综合发布系统"。2015 年 5 月，国家突发事件预警信息发布系统正式试运行，国家预警信息发布中心正式挂牌成立。党的十八届五中全会指出："建立了国家预警信息发布中心，加强预警信息发布工作。"①

经过多年努力，国家突发事件预警信息发布系统形成了"一纵四横"的业务网络："一纵"，即搭建纵向贯穿国家、省、市、县四级预警平台的发布终端；"四横"，即在国家、省、市、县各层级，建起连接预警信息发布机构与政府应急管理相关机构之间的桥梁。国家突发事件预警信息发布系统可通过移动互联网、短信、网站甚至农村大喇叭等多渠道一键式发布，实现预警信息公众覆盖率达到 82% 以上，公众在系统发出预警信息后 10 分钟之内接收到。据统计，全国预警发布工作机构 2019 年共发布 27 万条突发事件预警，覆盖关系国计民生的 18 个领域。②

---

① 孙健、曹之玉、白静玉、刘丽媛：《国家突发事件预警信息发布系统建设及应用成效》，《中国科技成果》2018 年第 23 期。

② 《预警信息年度报告发布　气象领域信息占比 96%》，《人民日报》2020 年 1 月 20 日。

党的十八大以来，监测预警进一步成为我国应急管理工作的重要内容。2015年10月29日，习近平总书记在党的十八届五中全会第二次全体会议上指出，"要加强对各种风险源的调查研判，提高动态监测、实时预警能力"①。2017年9月26日，他在国际刑警组织第八十六届全体大会开幕式上的主旨演讲中指出："提高预测预警预防各类安全风险能力，增加安全治理的预见性、精准性、高效性。"②2018年7月，习近平总书记在对防汛抢险救灾工作作出指示时强调："要加强气象、洪涝、地质灾害监测预警，紧盯各类重点隐患区域，开展拉网式排查，严防各类灾害和次生灾害发生。"③2019年11月29日，他在主持十九届中央政治局第十九次集体学习时指出："要加强风险评估和监测预警，加强对危化品、矿山、道路交通、消防等重点行业领域的安全风险排查，提升多灾种和灾害链综合监测、风险早期识别和预报预警能力。"④2020年7月17日，中央政治局常委会召开会议，研究部署防汛救灾工作。会议强调，要精准预警严密防范，及时准确对雨情、水情等气象数据进行滚动预报，加强对次生灾害预报，特别要提高局部强降雨、台风、山洪、泥石流等预测预报水平，预警信息发布要到村到户到人；要强化重要堤防、重要设施防护，科学调度水利工程，加强巡堤查险，发现险情及时抢护，确保重要基础设施安全。⑤

我国相关法律法规也对监测预警工作作了明确规定。例如，《传染病防治法》第六十条规定："国务院卫生行政部门会同国务院有关部门，

---

① 习近平：《在党的十八届五中全会第二次全体会议上的讲话》，《求是》2016年第1期。
② 习近平：《坚持合作创新法治共赢 携手开展全球安全治理——在国际刑警组织第八十六届全体大会开幕式上的主旨演讲》，《人民日报》2017年9月27日。
③ 《要求牢固树立以人民为中心的思想 落实工作责任 严防灾害发生 全力保障人民群众生命财产安全》，《人民日报》2018年7月20日。
④ 《充分发挥我国应急管理体系特色和优势 积极推进我国应急管理体系和能力现代化》，《人民日报》2019年12月1日。
⑤ 《中共中央政治局常务委员会召开会议 研究部署防汛救灾工作》，《人民日报》2020年7月18日。

根据传染病流行趋势，确定全国传染病预防、控制、救治、监测、预测、预警、监督检查等项目。"《中华人民共和国环境保护法》（2014年修订，以下简称《环境保护法》）第四十七条规定："县级以上人民政府应当建立环境污染公共监测预警机制，组织制定预警方案；环境受到污染，可能影响公众健康和环境安全时，依法及时公布预警信息，启动应急措施。"《国家安全法》第五十七条规定："国家健全国家安全风险监测预警制度，根据国家安全风险程度，及时发布相应风险预警。"

加强监测预警，及时做好疫情处置，是我国抗击新冠肺炎疫情的宝贵经验。2020年6月2日，习近平总书记在主持召开专家学者座谈会时讲话强调，要健全多渠道监测预警机制，增强早期监测预警能力。

> 要把增强早期监测预警能力作为健全公共卫生体系当务之急，完善传染病疫情和突发公共卫生事件监测系统，改进不明原因疾病和异常健康事件监测机制，提高评估监测敏感性和准确性，建立智慧化预警多点触发机制，健全多渠道监测预警机制，提高实时分析、集中研判的能力。要加强实验室检测网络建设，提升传染病检测能力。要建立公共卫生机构和医疗机构协同监测机制，发挥基层哨点作用，做到早发现、早报告、早处置。①

三、提高动态监测和实时预警能力

（一）精准监测：出现即发现

1. 监测网络要专兼结合

《管子·九守》云："目贵明，耳贵聪，心贵智。以天下之目视，则

---

① 《习近平主持专家学者座谈会强调　构建起强大的公共卫生体系　为维护人民健康提供有力保障》，《人民日报》2020年6月3日。

无不见也。以天下之耳听，则无不闻也。以天下之心虑者，则无不知。辐辏并进，则明不可塞。"做好目明、耳聪、心智，及时掌握情况，是当领导最基本的要求。我国《突发事件应对法》第四十一条规定："县级以上人民政府及其有关部门应当根据自然灾害、事故灾难和公共卫生事件的种类和特点，建立健全基础信息数据库，完善监测网络，划分监测区域，确定监测点，明确监测项目，提供必要的设备、设施，配备专职或者兼职人员，对可能发生的突发事件进行监测。"

突发事件监测网络由专业监测体系和社会监测体系组成。专业监测体系由相关职能部门的监测系统构成，包括气象、水文、地震、地质、海洋和环境等自然灾害监测网，危险源、危险区域实时监控系统和危险品跨区域流动动态监控系统，传染病和不明原因疾病、动植物疫情、植物病虫害和食品药品安全等公共卫生事件监测系统，网上舆情监测和社会安全稳定监测系统以及重要设施监测系统、境外安全监测系统等。

我国相关法律法规规定，专业监测要加大监测设施、设备建设，配备专职或兼职监测人员，提高监测密度，做到精准监测。例如，《突发公共卫生事件应急条例》第十四条规定："县级以上地方人民政府应当建立和完善突发事件监测与预警系统。""县级以上各级人民政府卫生行政主管部门，应当指定机构负责开展突发事件的日常监测，并确保监测与预警系统的正常运行。"

社会监测体系由各基层组织、企事业单位、信息员、公民个人等社会力量和市场力量构成。群众的眼睛是雪亮的，群众的力量是无穷的，群众的智慧是无限的。社会监测是专业监测的重要补充，是监测网络的重要组成部分。风险隐患发生在基层一线，处在基层一线的人员通常是首先发现和报告危险的人员。做好突发事件监测，必须坚持群防群控。

2014年底印度洋海啸来临之前，一个10岁的英国女孩蒂莉·史密斯（Tilly Smith），利用课堂上所学的知识，及时发现海啸征兆，成功拯救100多名游客生命。蒂莉被称为"沙滩天使"，并被法国杂志《我的生活》的读者评为"年度儿童"。

2004 年 12 月 26 日，10 岁的英国女孩蒂莉·史密斯（Tilly Smith）跟爸爸妈妈在泰国度假胜地——普吉岛的麦拷（Maikhao）海滩游玩时，发现远处海水开始出现泡沫，水流的速度在加快，且急速退后。蒂莉联想到老师在地理课上讲述的海啸知识，感觉可能会有海啸发生，就告诉了妈妈。在听完孩子的叙述之后，她的妈妈立即同所在饭店的工作人员一起，将海滩边的 100 多名游客及时疏散到了安全地区。就在大家离开海滩几分钟后，巨大的海浪突然朝岸边袭来，造成了不小的破坏。拜蒂莉所赐，麦拷海滩最终成为普吉岛少数几个在海啸中没有出现人员伤亡的海滩。①

2. 监测手段要"土洋结合"

很多突发事件具有复杂性。《尚书·舜典》云："明四目，达四聪。"精准监测必须根据突发事件的特点，采用"土洋结合"的手段，多管齐下，才能做到耳聪目明，确保在第一时间准确察觉各种险情。

所谓"土办法"，就是通过眼看、耳听、鼻嗅、手摸等最原始的办法，及时发现险情。尤其是在偏远山区，当地留守村民大部分是老年人。教会他们对灾害进行观测预警，简单的方法往往最实用、最有效。例如，发现地面出现裂口，判断裂口是否在扩大最实用的方法，是用湿泥巴糊在裂口处，泥巴干了以后，裂口的形变清晰可见；判断是否有滑坡地质灾害最实用的办法，是看沟里的水涨了没有，看坡上的树歪了没有——如果水涨了、树歪了，就可能会有滑坡。

所谓"洋办法"，就是要向现代科技借智借力，通过"天上看""地下探""模型算"等方法，让"电子眼"上天入地，成为最得力的"情报员"。唐代诗人刘禹锡在《天论中》云："以目而视，得形之粗者也；以智而视，得形之微者也。"科技让生活更美好，也让突发事件事态监测更精准。"天上看"，就是运用遥感监测评估方法，通过卫星、无人机等多载荷、多

---

① 《海啸一周年　海滩小天使重返普吉岛》，2005 年 12 月 26 日，见 http://world.peo-ple.com.cn/GB/1029/3973994.html。

尺度、多角度对地观测数据；"地下探"，就是运用 CIM 三维空间模型等技术手段，对隐藏的情况实时感知；"模型算"，就是用好历史灾害灾情大数据，精确算出可能的险情范围和程度。①

特别是大数据时代的来临，为数据收集带来深刻的变革；大数据、云计算、物联网、人工智能等技术，使得"人在看"变成了"云在算"，为突发事件监测预测提供了新的手段。"谷歌流感趋势"（GFT）未卜先知的故事，就是利用大数据做好突发事件监测预测的一个例证。"谷歌流感趋势"是由谷歌公司和美国疾控中心（CDC）共同开发的线上服务，依据用户网络搜索关键词来预测流感，并且每天更新。2007—2008 年，"谷歌流感趋势"比美国疾控中心提前两周预报了发病率。

2015 年 6 月 1 日发生的"东方之星"号客轮翻沉事件，造成 442 人死亡（事发时船上共有 454 人，12 人生还）。经调查认定，这是一起由突发罕见的强对流天气（飑线伴有下击暴流）带来的强风暴雨袭击导致的特别重大灾难性事件。调查报告还原了事发经过：

> "东方之星"轮航行至长江中游大马洲水道时突遇飑线天气系统，该系统伴有下击暴流、短时强降雨等局地性、突发性强对流天气。受下击暴流袭击，风雨强度陡增，瞬时极大风力达 12—13 级，1 小时降雨量达 94.4 毫米。船长虽采取了稳船抗风措施，但在强风暴雨作用下，船舶持续后退。船舶处于失控状态，船艏向右下风偏转，风舷角和风压倾侧力矩逐步增大（船舶最大风压倾侧力矩达到船舶极限抗风能力的 2 倍以上），船舶倾斜进水并在一分多钟内倾覆。

灾难的发生，促使我们思考对突发罕见的"飑线伴有下击暴流"如何更好地进行监测预警。从 2004 年开始，美国利用 WSR—88D 雷达进行下击暴流识别和预警后发现：下击暴流的预警时间与其离雷达的距离有关：距离在 20 千米至 45 千米，提前预警时间为 5.5 分钟；在 45 千米

---

① 刘志杰：《防灾预警要坚持"土洋结合"》，《四川日报》2019 年 5 月 21 日。

至 80 千米，提前预警时间基本为 0；小于 20 千米和大于 80 千米，则无法进行预警。当时，距离"东方之星"号客轮翻沉地点最近的岳阳天气雷达，其距离有 50 千米。[①] 在雷达覆盖区域有限的技术条件下，气象部门很难对客轮所遭遇的下击暴流进行准确预报预警。对此，调查报告提出，要"进一步加强长江航运恶劣天气风险预警能力建设"。

> 气象部门要针对中小尺度强对流天气强度大、突发性强、致灾重等特点，进一步加大科研投入，加强监测预警方法研究，提高监测预警能力。适应长江航运安全保障需求，进一步加强长江沿岸天气雷达、自动气象观测站网建设，并加强船舶自动气象探测系统建设，提高恶劣天气预测预警能力。完善气象部门与海事部门信息快速共享机制，强化短时临近预警信息的快速发布，健全长江水上交通安全广播电台甚高频气象广播、手机短信等多种接收方式，确保海事监管机构和航行船舶及时准确获取灾害性天气预报预警信息。制定《气象灾害防御法》，进一步提高全社会防御气象灾害的能力。[②]

3. 信息研判要多维动态

监测信息收集后，必须从不同维度进行综合研判，才能确定事态发展的态势和应该采取的防控措施。我国《突发公共卫生事件应急条例》第十五条规定："监测与预警工作应当根据突发事件的类别，制定监测计划，科学分析、综合评价监测数据。"为此，要加强对各类突发事件发生、发展和衍生规律的研究，及时形成准确的监测结论，为后续的预警信息发布提供科学的根据。

对突发事件监测信息的研判，要立足灾害链和系统性风险的视角，实现不同部门之间、不同地区之间、不同层级政府之间甚至不同国家之

---

① 刘志强：《"东方之星"号客轮翻沉事件调查组专家答记者问》，《人民日报》2015 年 12 月 31 日。

② 《"东方之星"号客轮翻沉事件调查报告》，2015 年 12 月 30 日，见 http://www.chinanews.com/gn/2015/12-30/7695319.shtml. 后文有关该起事故调查报告的资料，均出自该处，不再标注。

间信息共享、联合研判，从而形成完整的而不是碎片化的灾情图。我国《突发公共卫生事件应急条例》第七条则规定："国家鼓励、支持开展突发事件监测、预警、反应处理有关技术的国际交流与合作。"

我国《突发事件应对法》第四十条，对突发事件隐患和预警信息会商评估作出规定；《传染病防治法》第三十四条、第三十五条，专门就不同部门之间、不同地区之间、不同层级政府之间传染病监测预警信息共享作出规定。

县级以上地方各级人民政府应当及时汇总分析突发事件隐患和预警信息，必要时组织相关部门、专业技术人员、专家学者进行会商，对发生突发事件的可能性及其可能造成的影响进行评估；认为可能发生重大或者特别重大突发事件的，应当立即向上级人民政府报告，并向上级人民政府有关部门、当地驻军和可能受到危害的毗邻或者相关地区的人民政府通报。（《突发事件应对法》第四十条）

县级以上地方人民政府卫生行政部门应当及时向本行政区域内的疾病预防控制机构和医疗机构通报传染病疫情以及监测、预警的相关信息。接到通报的疾病预防控制机构和医疗机构应当及时告知本单位的有关人员。（《传染病防治法》第三十四条）

国务院卫生行政部门应当及时向国务院其他有关部门和各省、自治区、直辖市人民政府卫生行政部门通报全国传染病疫情以及监测、预警的相关信息。毗邻的以及相关的地方人民政府卫生行政部门，应当及时互相通报本行政区域的传染病疫情以及监测、预警的相关信息。（《传染病防治法》第三十五条）

以暴雨洪灾为例。从雨情到汛情再到灾情，从暴雨预警到防汛预警再到疏散撤离预警，涉及气象、水利、民政等不同部门，上下游等不同流域，上下级等不同层级。为此，要提升多灾种和灾害链综合监测能力，推动相关部门和地区从整体上统筹研判原生灾害和可能产生的次生、衍生灾害，防范多灾种连锁效应。对此，习近平总书记强调："各有关地区、部门和单位要树立全国一盘棋思想，强化责任，形成合力，统筹好上下游、左右岸、干支流防汛，加强薄弱环节防范。"①

2019年"8·10"浙江永嘉县山早村特大自然灾害，就是一个警示我们需要多维度监测研判灾害、更主动防范灾害链风险的典型事例。

8月10日凌晨1时45分前后，第9号台风"利奇马"登陆浙江温岭城南镇，登陆时强度为超强台风级，中心气压930百帕，中心附近最大风力16级（52米/秒）。这不仅是当年登陆我国的最强台风，也是新中国成立以来登陆浙江第三强的台风。台风登陆后，在短短3小时内降雨量达160毫米。温州市永嘉县岩坦镇山早村一山体因特大暴雨影响，引发山体滑坡。山体滑坡后堵塞了河流，在10分钟内，山洪最高水位涨到10米，该村约120人被洪水围困。因溪水上涨太快，部分村民来不及撤离到安全位置，堰塞湖又突发决堤，导致房屋倒塌，车辆被毁，31人死亡、1人失踪。② 这起特大自然灾害，经历了一个"超强台风登陆引发特大暴雨——特大暴雨引发山体滑坡——山体滑坡导致山洪暴发后水位陡涨"的灾害链过程，最终造成重大人员伤亡和经济损失。

（二）及时预警：发现即发布

1. 时机尽早：避免浪费时间

监测到突发事件即将发生时，必须对可能受到威胁的机构和公众发布预警信息。时间就是生命，预警信息发布贵在及时；只有下好先手棋，才能在同时间赛跑、与死神抗争的比赛中赢得主动。邢台"7·19"洪灾发生前，虽然发布了暴雨预警和防汛预警，但发出避灾疏散信息过晚，"预警电话几乎与洪水同时到达"，村民们猝不及防。

我国《突发事件应对法》第四十二条规定了我国突发事件四级预警级别制度，第四十三条规定了突发事件预警信息的发布、报告和通报制

---

① 《把确保人民群众生命安全放在首位　继续全力做好防汛抗洪抢险救灾工作》，《人民日报》2016年7月21日。

② 刘刚、李阳阳、李知政、项锐：《有一线希望，就尽百倍努力》，《浙江日报》2019年8月12日。

度，《传染病防治法》第十九条则对国家传染病预警制度作出规定。

> 国家建立健全突发事件预警制度。可以预警的自然灾害、事故灾难和公共卫生事件的预警级别，按照突发事件发生的紧急程度、发展势态和可能造成的危害程度分为一级、二级、三级和四级，分别用红色、橙色、黄色和蓝色标示，一级为最高级别。预警级别的划分标准由国务院或者国务院确定的部门制定。(《突发事件应对法》第四十二条)

> 可以预警的自然灾害、事故灾难或者公共卫生事件即将发生或者发生的可能性增大时，县级以上地方各级人民政府应当根据有关法律、行政法规和国务院规定的权限和程序，发布相应级别的警报，决定并宣布有关地区进入预警期，同时向上一级人民政府报告，必要时可以越级上报，并向当地驻军和可能受到危害的毗邻或者相关地区的人民政府通报。(《突发事件应对法》第四十三条)

> 国务院卫生行政部门和省、自治区、直辖市人民政府根据传染病发生、流行趋势的预测，及时发出传染病预警，根据情况予以公布。(《传染病防治法》第十九条)

在预警警报发布权方面，根据规定，原则上，预警的突发事件发生地的县级政府享有警报的发布权，但影响超过本行政区域范围的，应当由上级政府发布预警警报。确定预警警报的发布权，应当遵守属地为主、权责一致、受上级领导三项原则。

特别是发生突然、发展迅猛的突发事件，留给我们提前防范的空窗期很短，更需要尽快抓住时机，在最短时间内、以最快的速度发布预警信息。2015年"12·20"特别重大滑坡事故伤亡惨重的原因之一，是预警发布不及时。调查报告指出，"事发当日险情处置错误，未及时发出事故警示，未向当地政府和有关部门报告，贻误了下游工业园区和社区人员紧急疏散撤离时机"。当日6时许，现场作业人员发现受纳场渣土堆填体多处出现裂缝、鼓胀开裂变形后，错误采用顶部填土方式进行处理，使已经开始失稳的堆填体后缘增加了下滑推力；9时许，裂缝越来越大，遂停止填土；11 时 20 分许，渣土堆填体第 4 级台阶发生鼓包且鼓包不断移动，现场作业人员撤离受纳场作业平台。"在此过程中，事故企业人员始终没有发出事故警示、未向当地政府和有关部门报告，贻误了下游工业园区和社区人员紧急疏散撤离的时机。"①

2. 手段多样：打通"最后一公里"

预警发布的手段是多种多样的。我国《国家总体应急预案》规定："预警信息的发布、调整和解除可通过广播、电视、报刊、通信、信息网络、警报器、宣传车或组织人员逐户通知等方式进行，对老、幼、病、残、孕等特殊人群以及学校等特殊场所和警报盲区应当采取有针对性的公告方式。"

日本采用地震行业部门发报警信息，广播电视部门、电信运营商增值服务，以及地震安全服务厂商市场运作和公益服务相结合的方式，向公众和行业用户（包括交通、铁路、供电、通信、厂矿、学校等相关机构）提供地震预警服务。NHK 开发的"紧急地震速报"发布系统，通过专线和日本气象厅相连，在接收到气象厅的地震预警信号后，立即把警报转发给 NHK 在日本各地的电视台。这个系统自动生成能在电视插播地震预警的图像和警报声音，电台也可以中断正常播音，播发语音警报。2001 年"3·11"大地震发生后，日本的 NHK 和民营电视网都中断了正常的节目播放，迅速插播地震预警信息，并搭配警报声。约 1 分钟后，地震首波抵达首都东京地区，高耸的建筑物摇晃不已；此时，提前接到预警信息的大批民众已经逃到户外避难。②

突发事件预警发布，可以根据突发事件本身的特点以及当地的实际情况，采取"新旧结合"的办法，多管齐下，确保将预警信息及时传递给相关机构和人员。既可以利用广播、电视、网络、报刊等新闻媒体，电子显示装置以及电话、传真、微信、手机短信等现代方式，也可以利

---

① 《广东深圳光明新区渣土受纳场"12·20"特别重大滑坡事故调查报告》，第 12 页。
② 陈会忠、侯燕燕、何加勇、王东彬：《日本地震预警系统日趋完善》，《国际地震动态》2011 年第 4 期。

用高音喇叭、鸣锣吹哨、逐户通知等传统方式。特别是社会媒体具有速度快、覆盖面大的特点，要及时、准确、无偿播发或刊载气象灾害等预警信息，紧急情况下要采用滚动字幕、加开视频窗口甚至中断正常播出等方式，迅速播报预警信息和有关的安全防范知识。

针对特殊人群、特殊场所和警报盲区，预警信息发布要采取有针对性的手段，解决"最后一公里"问题。例如，对老人、精神疾病患者、残疾人和儿童等，应当采取"一对一""人盯人"等预警方式；基层单位、学校、医院、社区、工矿企业、建筑工地等，要指定专人负责气象灾害等预警信息接收传递工作；学校、医院、机场、车站、商场、电影院等人员密集公共场所，应设置或利用电子显示装置及其他设施传播预警信号；在少数民族聚居区，发布预警信号时除使用汉语言文字外，还应当使用当地通用的少数民族语言文字；向外籍人士发布预警信息，必要时还得使用外籍人士使用的语言文字。

3. 内容精确：减少"沟通漏斗"

沟通漏斗原理指出，人与人沟通时，信息会出现逐渐减少的趋势：一个人通常只能说出预想的 80%，对方听到的最多只有 60%，听懂的只有 40%，执行时只有 20%。俗话说，"重要的事情说三遍"，重要敏感信息必须重复预警，以引起相关机构和人员的足够重视。例如，"Mayday"是国际通用的无线电通话遇难求救信号，也是飞行员最高级别的求救信号。当出现十万火急、严重威胁人员性命、飞行员已经无法自救的状况，飞行员会连续呼叫三次。之所以连续呼叫三次，主要是为了防止噪音干扰、误听或混淆等情况。

根据沟通漏斗原理，突发事件预警发布的内容必须清晰无误，既要说清楚潜在威胁的具体情况，也要提供明确的行动建议；同时，要使用清晰易懂的预警用语，便于公众理解和接受。

例如，美国全国恐怖主义警报系统（NTAS）在发布警报类恐怖袭击预警时，特别强调预警信息要清晰准确。其具体做法包括：一是预警内容具体。NTAS 在发布预警信息时，会简要地描述潜在恐怖袭击威胁的状况，通过可视化方式或描述性语言，解释威胁的具体情况以及哪些地区或部门可能受到恐怖袭击的影响，说明有关部门将采取哪些应对措施，从而减少因预警信息内容模糊给公众带来恐慌。二是预警期限明确。NTAS 在发布预警时，会明确规定预警的起止期限；如果需要延期，则会说明具体原因，避免因预警长期运行造成各方持续处于紧张状态。三是提供有针对性的行动建议。在尽可能详细描述恐怖威胁预警的基础上，NTAS 会提供有针对性的应对措施建议（如相关政府部门、社区、企业和个人应当采取的风险防范和应急准备措施）。①

（三）有效响应：发布即发动

1. 预警发布 ≠ 预警响应

《荀子·儒效》云："闻之而不见，虽博必谬；见之而不知，虽识必妄；知之而不行，虽敦必困。"荀子强调学习既要"闻"还要"见"，既要"知"还要"行"，贵在运用。突发事件监测预警，同样既要"知"还要"行"，重在运用，贵在行动。

突发事件预警信息发布后，并不意味着整个监测预警过程就结束了。信息发布后，必须进行预警响应，也就是采取相关的防范性、保护性措施，才有可能避免或降低突发事件造成的损害。如果仅发布预警信息而没有采取后续预警响应措施，就是"为山九仞，功亏一篑"，依然不能降低突发事件造成的危害。因此，监测预警既要"言"，也要"行"，做到"言行一致"——所谓"言"，就是要发布预警信息，"说到"；所谓"行"，就是要采取预警响应措施，"做到"。

我国《突发事件应对法》《传染病防治法》等法律法规，对预警信息发布后应当采取的防控措施作了具体明确的规定。例如，《传染病防治法》第二十条规定："地方人民政府和疾病预防控制机构接到国务院卫生行政部门或者省、自治区、直辖市人民政府发出的传染病预警

---

① 董泽宇：《美国反恐预警体系建设的经验与教训》，《情报杂志》2016 年第 3 期。

后，应当按照传染病预防、控制预案，采取相应的预防、控制措施。"第三十四条规定："县级以上地方人民政府卫生行政部门应当及时向本行政区域内的疾病预防控制机构和医疗机构通报传染病疫情以及监测、预警的相关信息。接到通报的疾病预防控制机构和医疗机构应当及时告知本单位的有关人员。"

不跟进响应措施的预警发布，是无效的预警发布。提高预警效果，有赖于相关机构和公众增强对预警信息的敏感性以及对预警措施的熟悉程度，避免麻痹大意，无所行动。在以往的实践中，常常发生突发事件即将或已经来临时，因个别人对预警事态的严重性不了解、不重视或者不听从劝告、不肯撤离现场而导致重大伤亡的情况。

2012年6月28日6时许，四川省凉山州宁南县白鹤滩镇矮子沟发生特大泥石流灾害。此前十多个小时，有关方面已经发出了预警，矮子沟沿岸村民全部撤离，无一人死亡。遗憾的是，住在沟内一处职工宿舍（晏子酒家）的三峡公司白鹤滩水电站前期工程施工人员及家属却未能幸免，共有40人遇难或失踪。

6月27日17时05分，宁南县国土资源局给各乡镇发出预警短信："据县气象局预报，我县未来24小时有中雨天气，局部地区有暴雨、强雷暴、冰雹，地质灾害为'可能性大的'4级。"白鹤滩镇干部随即转发短信、打电话，向各村干部、监测员发出预警，由村通知到组，由组通知村民。18时30分，白鹤滩镇长江浓华以镇政府名义，将预警短信转发给了负责与镇政府接洽的白鹤滩工程建设筹备组人员，并加注："请贵公司加强高线路和电站建设影响区的监控。"

白鹤滩水电站是规划装机规模仅次于三峡的巨型水电站，当时工程区施工人员共2870人。遗憾的是，接到预警短信的这位工程建设筹备组接洽人却把短信删掉了。他提出两点理由：第一，那只是一条一般的公用气象短信，太笼统，没多大实际意义；第二，他与镇政府的工作联系仅限于征地，防汛不是他的职责，他没有义务去转发。

6月27日晚至28日，三峡公司下属的金沙江水文气象中心曾8次发出预警短信（其中，在泥石流发生之前发出的有 4 次，最早一条在凌晨 3 时许），称"未来有大雨"；发送范围是 69 个各方面的工程负责人，包括水电四局白鹤滩施工局的三位副局长。不过，"收到预警的不在家，在家的都没收到预警"——第一负责人、水电四局白鹤滩施工局常务副局长当时正在云南昆明出差，看到短信是在惨剧发生之后，在白鹤滩值班的另外两个副局长称"根本没有收到短信"[①]。

与四川宁南"6·28"泥石流灾害一样，2013 年辽宁抚顺洪灾和 2016 年河北邢台洪灾，都存在预警有发布但没响应或响应不到位的问题。在抚顺南口前镇，每年八九月汛期发水是常有的事，村民们早已习以为常。1995 年和 2005 年，南口前镇便曾遭遇过"7·23"与"8·19"两次洪水。2013 年 8 月 16 日下午，看起来一切都很正常，所以村民们也都没有防范。2016 年 7 月 19 日开始，邢台遭遇当年以来最强的降雨过程，虽然官方曾持续发布过暴雨预警和防汛预警，但没有引起村民的足够重视。洪水来袭时，重灾区大贤村的 2000 多人尚沉浸于睡梦中。事后有村民说道，虽然一直在下大雨，但村里并没有什么积水；以前发大水都是下午三四点钟，谁都没想到这次是晚上，人都跑不出来。

2. 分级响应：避免"狼来了"效应

不同的预警级别，要求采取不同的响应措施。我国《突发事件应对法》第四十四条、第四十五条，分别规定了三级、四级和一级、二级预警的响应措施。其中，发布三级、四级警报后，主要采取预防、警示、劝导性措施，主要包括：做好事件发展态势预测，进行风险评估；向公众发布警告，宣传避免、减轻危害的常识，公布咨询电话；对相关信息报道工作进行管理。发布一级、二级警报后，应当采取更全面、更有力的防范性、保护性措施，主要包括：转移、疏散或者撤离易受危害的人员并予以妥善安置，转移重要财产；关闭或者限制使用易受危害的场

---

① 李柯勇、周相吉：《逝者无言——宁南特大泥石流灾害预警问题调查》，新华社四川宁南 2012 年 7 月 8 日电。

所，控制或者限制容易导致危害扩大的公共场所活动等。

我国《突发事件应对法》第四十七条，还专门就预警级别调整和解除作出规定："发布突发事件警报的人民政府应当根据事态的发展，按照有关规定适时调整预警级别并重新发布。有事实证明不可能发生突发事件或者危险已经解除的，发布警报的人民政府应当立即宣布解除警报，终止预警期，并解除已经采取的有关措施。"

预警响应重在平时，用在急时，贵在坚持，要内化为相关机构和人员的思想自觉和行动自觉。伊索寓言"狼来了"，是我们都很熟悉的故事：一个孩子经常用"狼来了"糊弄人，让大家放下手中的工作去救他，到后来大家都不信任他了；当有一天狼真来了时，没人相信他，最后他的许多羊都被狼咬死了！"烽火戏诸侯"是我国的著名历史典故：西周末年，周幽王为博褒妃一笑，不顾众臣反对，数次无故点燃边关告急用的烽火台，各路诸侯长途跋涉赶去救驾，结果被戏而回。周幽王从此便失信于诸侯。最后，当边关真的告急时，他点燃烽火，却再也没人赶来救他了。

在"狼来了"和"烽火戏诸侯"故事中，由于日常预警响应出了问题，导致在真实灾难来临前，虽然发布了准确的预警信息（孩子喊叫狼真的来了、周幽王点燃烽火），但相关机构和人员并未采取有效的响应行动，最终酿成惨剧。这警示我们，必须落实好预警分级响应制度，提高相关机构和人员的理解程度、接受程度和熟悉程度；只有这样，才能切实把准确的预警信息转化为有效的预警行动，从而避免事件的发生或把事件的损害减至最小。

第六讲

事态研判：对症方能下药

调查研究是从实际出发的中心一环，是谋事之基、成事之道。没有调查就没有发言权，没有调查也没有决策权。

——习近平在中共中央党校 2012 年春季学期第二批进修班开学典礼上的讲话（2012 年 5 月 16 日）

一、"我们遇到的敌人是看不见的"

2002 年 11 月 16 日，紧邻省会广州的广东省佛山市，出现了一名重症肺炎病人。11 月 28 日，原广州军区总医院呼吸内科收治了一位同样症状的高热男性患者。2003 年 1 月 2 日，广州医学院第一附属医院接收了一名来自河源市的肺炎病人；在河源当地参加救治的八名医务人员均被感染，与病人症状相似，轻重不一。专家们临床诊断为"非典型肺炎"（简称"非典"）。1 月 16 日，中山市有 28 名患者出现同样病症，其中 13 名为医护人员，还有一个年仅 1 岁零 3 个月的幼儿。

进入 2 月，疫情在广东省内开始暴发性流行。2 月 5 日至 10 日，全省每天新增病例 50 例以上。截至 2 月 9 日，佛山、河源、中山、江门、深圳和广州 6 市累计报告发病 305 例，死亡 5 例；其中，医务人员发病 105 例，无人死亡。截至 2 月 28 日，广东全省报告发病 792 例，死亡 31 例，大约 30% 的病例为医务人员。

疫情在广东省内流行扩散的同时，很快传到了全国其他地方。2 月，疫情从广东传至香港以及广西、湖南、四川、山西；3 月，疫情开始在北京流行，并蔓延到内蒙古、宁夏、天津、河北、吉林、辽宁、陕西、甘肃、江苏、浙江、安徽以及福建、上海等省份。

自 3 月开始，越南、新加坡、我国台湾地区等陆续出现非典病例。3 月 15 日后，世界上越来越多的地方出现了非典病例报告，疫情从东南亚传播到澳大利亚、欧洲和北美，印尼、菲律宾、新加坡、泰国、越南、美国、加拿大等国家陆续出现了多起非典病例。

"突如其来的非典灾害，严重威胁人民健康和生命安全，危害中国社会经济发展和对外交往。"①4 月 20 日，我国开始抗击疫情"大反攻"，紧急制定实施了一系列强有力的措施，全面、积极、主动地防控疫情，在短时间内取得了抗击非典的重大胜利。

6 月 11 日以后，全国没有新发病例出现。6 月 13 日，WHO 宣布从即日起解除到我国河北、内蒙古、山西和天津的旅游警告，并将广东从"近期有当地传播"名单上除名。6 月 24 日，WHO 宣布从即日起解除对北京的旅行警告，并将北京从"近期有当地传播"名单中排除。宣布对北京"双解除"，"标志着中国内地已经全部被解除了旅行限制并从疫区名单中除名，中国将恢复正常的社会和经济生活秩序。这标志着中国防治非典工作取得了阶段性的重大胜利"②。

在非典疫情暴发早期，面临的最大难题是情况不明、研判困难。2003 年 4 月 29 日，在曼谷举行的中国—东盟领导人关于非典特别会议上，温家宝称非典是"一种尚未被人类完全认识的新型传染病"③。5 月 4 日，温家宝在清华大学与同学们座谈时，称非典是"看不见的敌人"。

> 这次我们遇到的敌人是看不见的，我心里开始感觉没底，心情更为沉重，尤其是北京这个地区，我们这么好的首都，因为疫情，弄得大家不能正常地工作和生活，心里感到非常难受。大家也知道我是一个非常坚强的人，但是当我一个人夜不能寐的时候，常常泪流满面，止不住啊，为什么呢？心里着急啊！我不能让我们的国家因为这场灾难而受到很大的影响。值得欣慰的是，经过这段时间以后，虽然还处在困难时期，但是我们已经逐步地有了信心，这个病是可防、可治、可控的，依靠科学、依靠群众可以克服这个困难。北京大概还得经过一段时间才能一切恢复正常。④

---

① 侯岩、陈贤义主编：《中国卫生年鉴（2013）》，人民卫生出版社 2014 年版，第 5 页。

② 《我国防治非典工作取得阶段性重大胜利》，《人民日报》2003 年 6 月 25 日。

③ 《温家宝总理在中国—东盟领导人关于非典特别会议上的讲话》，《人民日报》2003 年 4 月 30 日。

④ 《温家宝谈教育》，人民出版社、人民教育出版社 2013 年版，第 306 页。

俗话说，"对症方能下药。"信息准确是决策正确的前提，事态研判是应急处置的起点。事件刚发生时，情况不明，瞬息万变，决策者往往面临着信息不对称的困境。突发事件事态研判，应当遵循哪些基本原则，可能出现哪些重大失误？如何提高研判的及时性、准确性、全面性，从而为后续的应急处置与救援提供科学的依据？

二、应急处置与救援的起点

（一）"对症"方能"下药"

1. 华佗"对症下药"的故事

华佗（约公元 145 年—公元 208 年），东汉末医学家，与董奉、张仲景并称为"建安三神医"，医术高明。《三国志·华佗传》曾记载华佗"对症下药"的故事："府吏倪寻、李延共止，俱头痛身热，所苦正同。佗曰：寻当下之，延当发汗。或难其异，佗曰：寻外实，延内实，故治之宜殊。即各与药，明旦并起。"

中医强调辨证论治。病证虽然一样，但引起疾病的原因各不相同，故治疗方法也不一样，所谓"证同治亦同，证异治亦异"。府吏倪寻和李延两人表面病症一样，都是头痛发热，但华佗给倪寻开的是泻药，而给李延开的是解表发散药——因为倪寻的病，是由于饮食过多引起的，病在内部，应当服泻药，将积滞泻去；李延的病，是受凉感冒引起的，病在外部，应当吃解表药，风寒之邪随汗而去。辨证论治强调精准施策，提高治疗用药的针对性，从而增强临床疗效。后来，人们常用"对症下药"这个成语，比喻针对不同的情况，采取不同的处理方法。

2003 年非典疫情暴发初期，发生过"冠状病毒"和"衣原体"的"病原之争"，给政治决断带来难题。2 月 18 日，中国疾病预防控制中心（以下简称"中国疾控中心"）宣布，非典的病原基本可以确定为衣原体。"衣原体"之说成为"非典不可怕""已经得到控制"的一份"医学证明"——如果病原体确是衣原体，患者只需服用红霉素等已有的普通药物即有特效；同时，衣原体肺炎一般呈散发性，流行的可能性不大，死亡率也不高。不过，在同日广东省卫生厅召开的紧急会议上，广州各大医院的专家则认为，不能简单地认定衣原体就是唯一病原。

3 月初，香港中文大学的跨学科研究小组确定，引发非典的部分病毒属于副黏液病毒科的一种。3 月 25 日，美国疾控中心和香港大学微生物系宣布，非典的病原体是来自猪的"冠状病毒"。随后，全球多个实验室纷纷宣布找到了冠状病毒。4 月 14 日，胡锦涛到广东考察时，对广东省非典防治工作提出的要求之一，就是"尽快查出确切病因"①。4 月 16 日，WHO 正式确认冠状病毒的一个变种是引起非典的病原体，这才把这场"病原之争"基本画上一个句号。

2015 年发生的天津港"8·12"特别重大火灾爆炸事故，造成 24 名公安现役消防人员、75 名天津港消防人员牺牲，5 名天津港消防人员失踪。"这是新中国成立以来消防官兵伤亡最为惨重的事件。"② 火灾发生后，天津港公安局消防支队和天津市公安消防总队共向现场调派了 3 个大队、6 个中队、36 辆消防车、200 人参与灭火救援。调查报告指出，造成消防人员伤亡惨重的重要原因是，"消防力量对事故企业存储的危险化学品底数不清、情况不明，致使先期处置的一些措施针对性、有效性不强"③。在回答央视记者专访时，事故调查组技术组组长，时任公安部消防局副局长、总工程师杜兰萍，解释了三方面的原因。

　　第一个方面的原因，就是企业违规超量存储易燃易爆剧毒危险化学品，远远超过了企业的设计能力，尤其是它严重违规，在运抵

---

① 《胡锦涛同广东省医务工作者座谈》，《人民日报》2003 年 4 月 15 日。

② 白阳：《这是一次前所未有的灭火救援——专访公安部消防局副局长、总工程师杜兰萍》，2015 年 8 月 14 日，见 http://www.xinhuanet.com/politics/2015-08/15/c128130693.htm。

③ 《天津港"8·12"瑞海公司危险品仓库特别重大火灾爆炸事故调查报告》，第 23 页。

区内存储了硝酸铵，这种危险性极高的物质，它隐含的爆炸能量巨大，应该是这起事故造成重大人员伤亡的元凶。

第二个方面的原因，就是消防力量到场之后向现场人员询问情况，现场人员不能提供准确的信息，尤其是没有告知现场存有大量的硝酸铵。因为硝酸铵是不允许存的，硝酸铵应该是直取直运，它不允许在这个运抵区内存储。他没有告知，造成我们的指挥员不能够对火场的现场作出充分的危险预估。

第三个方面的原因，从监控视频上看以及幸存的消防员事后提供，在爆炸发生之前火灾一直是呈稳定燃烧状态，在毫无征兆的情况下，极短的时间间隔内连续发生两次大的爆炸，虽然消防员已经撤离到最初发生火灾的运抵区外围，但仍然处于爆炸的中心区内，猝不及防，所以造成了重大的人员伤亡。①

2."没有调查，就没有发言权"

研判，即研究判断。从词语构成来看，研判包括"研"和"判"两部分。"研"即研究、分析，也就是摸情况；"判"即判断、认定，也就是下结论。所谓"研判"，是指以调查研究为基础，摸清事实真相。研判的过程，也就是"对症下药"中"对症"的过程。当医生给人看病，首先要望（观气色）、闻（听声息）、问（询问症状）、切（摸脉象），诊断好疾病，确认好病因，才能开出好的药方。

研判的过程，是通过深入调查研究，及时发现问题、准确界定问题的过程。界定问题，经常被看作是做决策的第一步——只有问题界定准确了，才能研究制定可行的方案，最后把决策转化为有效的行动。德鲁克指出，"决策的首要任务是找出真正的问题是什么，并且界定问题。""管理决策中最常发生的错误是只强调找到正确的答案，而不重视提出正确的问题。""最徒劳无功的做法（即使不是最危险的方法），莫

---

① 《天津港"8·12"特别重大火灾爆炸事故调查报告公布　消防救援处置是否得当?》，2016 年 2 月 5 日，见 http://tv.cntv.cn/video/C10313/279ac20020174b92a8259806278d185c。

过于为错误的问题寻找正确的答案。"①

重视调查研究,是中国共产党在革命、建设、改革各个时期做好工作的重要传家宝。毛泽东有句名言,"没有调查,就没有发言权"。他指出:"调查就像'十月怀胎',解决问题就像'一朝分娩'。调查就是解决问题。"②"正确的策略只能从实践经验中产生,只能来源于调查研究。""我的经验历来如此,凡是忧愁没有办法的时候,就去调查研究,一经调查研究,办法就出来了,问题就解决了。"③邓小平强调:"我们办事情,做工作,必须深入调查研究,联系本单位的实际解决问题。"④习近平总书记指出:"调查研究是做好领导工作的一项基本功,调查研究能力是领导干部整体素质和能力的一个组成部分。"⑤他强调:"调查研究是从实际出发的中心一环,是谋事之基、成事之道。没有调查就没有发言权,没有调查也没有决策权。"⑥

正确研判是科学决策的前提。毛泽东不仅强调"没有调查,就没有发言权",他还专门强调:"不做正确的调查,同样没有发言权。"⑦部队都配备有侦察分队,其主要任务是获取重要的军事情报。在战斗前沿,侦察对方的部队番号、人员数量、火力配系等;在敌后,对敌方重要军事或交通、通信设施等进行侦察、破坏。侦察分队是部队指挥官的耳目,所提供的情报为指挥官定下作战决心、拟订作战方案提供前提和基础。可以说,侦察分队是常规部队中的"特种部队",侦察员必须具备超强的洞察力、分析力、判断力,以及过人的军事素质、身体素质、心理素质。

---

① 〔美〕彼得·德鲁克:《管理的实践》,齐若兰译,机械工业出版社2019年版,第355、357页。

② 《毛泽东选集》第一卷,人民出版社1991年版,第110—111页。

③ 《毛泽东文集》第八卷,人民出版社1999年版,第262、261页。

④ 《邓小平文选》第二卷,人民出版社1994年版,第123页。

⑤ 习近平:《谈谈调查研究》,《学习时报》2011年11月21日。

⑥ 习近平:《坚持实事求是的思想路线》,《学习时报》2012年5月28日。

⑦ 《毛泽东农村调查文集》,人民出版社1982年版,第15页。

突发事件发生后进行调查研究的过程，也就是研判事态的过程。研判是整个应急处置与救援工作的起点，研判的失误是应急处置与救援工作最大的失误。研判正确，则措施对路，解决问题；研判失误，则南辕北辙，事与愿违，甚至有时是抱薪救火、火上浇油。

在自传《领导》中，纽约市长朱利安尼谈到了"9·11"事件发生后第一时间，他面临的一系列研判难题。

> 我试着钻入恐怖分子的脑袋，设想接下来可能指向哪些目标：难道是自由女神像？帝国大厦？联合国总部？还是变换攻击方式使用迫击炮弹或挟持人质？生化武器？我们发现最让民众感到恐怖的地方是隧道和桥梁。伯尼和我共同决定：对哪些建筑物提供防护，分析手头的情报，规划一套策略对所有可能遭劫持的任务提供人身保护。纽约证交所是否也被列入攻击目标？我拨电话给证交所首席执行官迪克·格拉索问他目前的情况。他表示，曼哈顿堵塞的情况已经够惨了，不能再雪上加霜；数千名交易员和经纪人目前挤在大堂，他希望能选个时机放他们回家，但必须指定秩序井然且严密防护的通道。我请他暂且按兵不动，等警方确认同意开放出城通道之后，将立刻回电通知。下午一点整，我请他放心让员工回家。[1]

如前所述，2003年非典疫情暴发初期面临的最大难题，是对疫情的认识非常有限，诊断困难。在当年4月20日国务院新闻办公室（以下简称"国务院新闻办"）举行的新闻发布会上，时任卫生部常务副部长高强指出："非典型肺炎是一场突如其来的严重灾害，又是一种人类至今尚未完全认识的疑难病症，诊断比较困难，从收治到确诊需要一个过程。""SARS是人类至今还没有完全认识的疾病，还没有特别有效的治疗方法和控制的措施，而且它的传染性非常强。"时任卫生部副部长

---

[1]　[美]鲁迪·朱利安尼：《领导：纽约市长朱利安尼自述》，韩文正译，译林出版社2005年版，第15—16页。

朱庆生也说道："SARS 是本世纪的一种新的疾病，还未被人类完全认识。虽然最近几个月来中国大陆和香港、台湾地区，以及其他国家和地区都对这种疾病进行了观察、治疗和研究。但总的来讲，我们处于探索阶段，不能说关于 SARS 的所有问题都已经得到解决。"①

在抗击非典的过程中，钟南山以"勇敢战士"的形象走进公众视野，他表现出的勇气和胸怀被誉为"南山风骨"；特别是在"病原体之争"中，他大胆敢言、坚持事实，让疫情防控走在正确的轨道上。

2 月中上旬非典疫情在广东暴发时，钟南山牵头成立了攻关小组，找到了一套行之有效的救治方法。在 2 月 11 日广东省卫生厅主持召开的新闻发布会上，钟南山对外称："非典并不可怕，可防、可治、可控。" 2 月 18 日，中国疾控中心对外宣称，在广东送去的两例死亡病例肺组织标本切片中发现了典型的衣原体，"引起广东部分地区非典型肺炎的病原基本确定为衣原体"。在当天下午广东省卫生厅召开的紧急会议上，钟南山称不同意这个观点，因为大量的事实表明，临床症候与治疗用药均不支持这个结论。在钟南山有理有据的论证下，会议最后采纳了他的意见。正是以钟南山准确的专业判断为支撑，广东的非典防控成效显著，成为全球非典患者治愈率最高、死亡率最低的地区之一。②

2015 年 "8·12" 特别重大火灾爆炸事故发生后，现场散落大量氰化钠和易燃易爆危险化学品，进入核心区的道路全部被阻断，现场还产生大量有毒有害气体，不确定因素众多。抢险救援和应急处置走上正轨，靠的是对现场情况的准确研判。公安部消防局第一时间紧急调集北京、河北、山西、山东总队 8 架消防无人机连夜驰援天津，实时获取全方位的高空、高清现场图像，为指挥部决策提供实时动态依据。截至 8

---

① 《国务院新闻办公室举行新闻发布会　卫生部常务副部长高强等就非典型肺炎防治情况答记者问》，《人民日报》2003 年 4 月 21 日。

② 郝俊：《非典十周年：钟南山与洪涛的 "非典型" 学术之争》，《中国科学报》2013 年 4 月 16 日。

月 19 日 13 时，消防无人机已累计执行 87 次侦查飞行任务，传送爆炸核心区域图像 750 余分钟。[①] 同时，国务院工作组和现场指挥部紧急调集 3G 指挥方舱、红外遥测车、遥控机器人、移动毒物检测车、核生化多功能侦检车等设备，帮助实时了解险情，辅助进行决策。

（二）准确研判才能科学施救

1. 研判是应急处置与救援的首要任务

北宋文学家曾巩的名篇"越州赵公救灾记"，讲述的是熙宁八年（公元 1075 年）夏天，越州（今浙江绍兴）发生严重旱灾，执掌越州的资政殿大学士赵抃指挥若定，很快渡过灾难的故事。文章开头写道：

> 熙宁八年夏，吴越大旱。九月，资政殿大学士知越州赵公，前民之未饥，为书问属县灾所被者几乡，民能自食者有几，当廪于官者几人，沟防构筑可僦民使治之者几所，库钱仓粟可发者几何，富人可募出粟者几家，僧道士食之羡粟书于籍者其几具存，使各书以对，而谨其备。

面对灾难，赵抃展现出超强的敏感性和精准的研判力。早在旱灾刚发生、还未形成饥荒时，他便一口气提了七个问题，精准犀利。

精准研判，是应急处置与救援的前提。《资治通鉴》云："立策决胜之术，其要有三：一曰形，二曰势，三曰情。"《旧五代史·唐书》也强调："决胜料势，决战料情，情势既得，断在不疑。"正确估计形势，及时作出抉择，是开展应急处置与救援的首要任务。

1998 年长江洪水，是继 1931 年和 1954 年两次洪水后，20 世纪我国发生的又一次全流域型特大洪水。大洪峰共有八次，最重要的第六次洪峰到来时，已经过了分洪的警戒线，情况十分危急，如何准确研判、科学决策是一个重大考验。温家宝后来说起此事："除了根据自己的专业做出一些判断外，最后起决定性作用的是听了气象专家和水利专家两

方面意见，没听当地人的。"①2003 年 5 月 4 日，在与清华大学学生座谈时，温家宝谈道："当时我的心情很沉重。那天离开北戴河直飞荆州。我在飞机上想，我下飞机一句话也不说。为什么不说？我怕受干扰。在紧急关头，领导的态度和决定非常重要。"他回忆说：

> 我一下飞机，省里的领导说得很多，各种意见都有，我咬紧牙关一句不说。半夜一进宾馆，我第一个是找科学家，我把几位有名的水利专家都请来，我说你们给我预报几个重要的信息，比如水情、气象、来水的情况，特别是雨情。我们对这些数据进行科学分析后，判断当时要过的洪峰是一个量大但是时间比较短的尖峰。当时我为什么下令"严防死守"，认为这样可以渡过这个难关呢？这是基于科学判断，我们把各方面参数都计算好了。如果分洪，公安县向外转移 54 万人，但是能储存的水只有 54 亿立方米。对于这么大的洪水，这就像储存了一盆水一样，解决不了根本问题。我第二个找的是解放军，军区领导坚决表示，抗洪部队都上。最后我找省里领导，我用科学数据和解放军的决心统一省里领导的思想。我把这些都布置完了，凌晨 5 点我上大堤，最高峰过的时候是 10 点钟，我是看着洪峰过去的。②

国际上也都把事态研判摆在应急处置与救援的重要位置，把事态研判小组作为应急指挥部的重要组成部分和总指挥进行决策的重要参谋助手。

在美国现场应急指挥部的架构中，安全官是一个非常重要的岗位。根据国家应急管理系统（NIMS）的规定，突发事件发生后，将组建标准化的现场指挥部（ICS，见图 6-1）。指挥部由总指挥负责，下设指挥组和工作组两大部分。工作组成员主要承担应急处置与救援涉及的具体功能职责，主要由行动组、规划组、后勤组以及财务与行政组组成。指挥组成员主要负责协助总指挥进行指挥决策，下设新闻官、安全官、

---

① 刘斌：《温家宝从政往事》，《人民文摘》2013 年第 4 期。

② 《温家宝谈教育》，人民出版社、人民教育出版社 2013 年版，第 305—306 页。

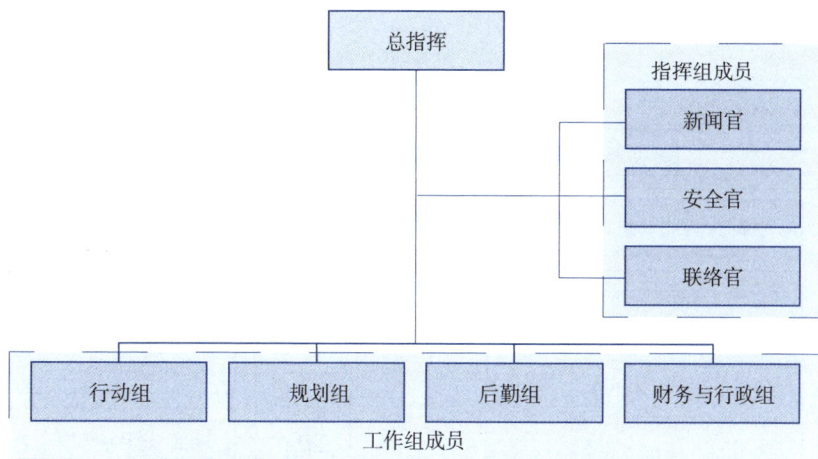

图 6-1　美国突发事件现场指挥部架构

联络官三个岗位。其中，新闻官负责公众沟通和信息发布，搜集整理相关信息；安全官负责安全监控与评估，确保救援行动和救援人员的安全，有权终止不安全的救援行动；联络官负责与外界相关部门、机构、私人组织进行沟通协调。

灾情组是德国应急指挥部的重要组成部分。当发生大规模突发事件时，事发地会成立由当地最高行政长官（一般为大城市市长或县长）为总指挥的应急指挥部，全面领导应急救援工作。指挥部通常下设行政指挥部和战术指挥部两大部分（见图 6-2）。[①] 行政指挥部在后方负责行政决策与沟通协调，通常由副市长或副县长担任总指挥，由政府相关部门组成；战术指挥部在前方负责现场救援的具体实施，通常由消防局局长担任总指挥，由专业救援机构与志愿者组织等组成。无论是行政指挥部还是战术指挥部，都设有灾情研判小组，作为指挥部的工作组之一。其中，行政指挥部下设"灾情与记录组"，战术指挥部下设"灾情组"。

2. 研判力是领导干部的基本能力

"为将之道，身临战场，务要眼观四处，耳听八方。"研判力是领导

---

① 　宋劲松：《突发事件应急指挥》，中国经济出版社 2011 年版，第 106—110 页。

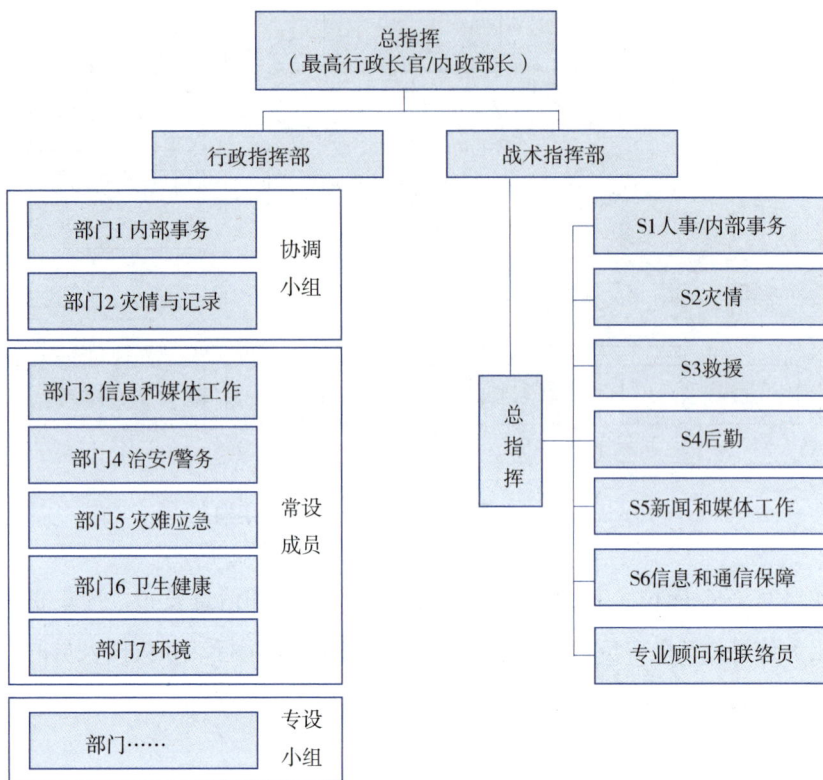

图 6-2　德国标准化应急指挥部架构

干部必须具备的基本能力。德国军事理论家、西方近现代军事理论的鼻祖克劳塞维茨在《战争论》中写道："要想不断地排除意外事件的干扰，必须具备两种特性：一是在茫茫的黑暗中依然能发出内在的微光以照亮真理的智力；二是敢于追随这种微光继续前进的勇气。在法语中前者被形象地称为眼力，后者被叫作果断。""迅速而准确地加以判断，最初来源于对时间和空间这两个因素的预计结果，因而得到了'眼力'这个只表示准确的目测能力的名称。""眼力不仅是指视力的好坏，更多的是指洞察力的强弱。"[1]

　　毛泽东也把研判力看作是领导干部最基本的能力，强调领导干部要

---

[1]　［德］克劳塞维茨：《战争论》，孙志新译，北京联合出版公司 2014 年版，第 40—41 页。

善于观察和判断全局，特别是敏锐察觉对全局发展变化具有重要影响的情况，果断作出正确的决策。1945年5月31日，他在党的七大上的结论中指出："预见就是预先看到前途趋向。如果没有预见，叫不叫领导？我说不叫领导。""坐在指挥台上，如果什么也看不见，就不能叫领导。坐在指挥台上，只看见地平线上已经出现的大量的普遍的东西，那是平平常常的，也不能算领导。只有当着还没有出现大量的明显的东西的时候，当桅杆顶刚刚露出的时候，就能看出这是要发展成为大量的普遍的东西，并能掌握住它，这才叫领导。"他强调："盲目性是没有预见的，是妨碍预见的。教条主义、经验主义是不可能有预见的。而没有预见就没有领导，没有领导就没有胜利。因此，可以说没有预见就没有一切。"①1959年4月5日，在党的八届七中全会上，他说："要善于观察形势，脑筋不要硬化。形势不对了，就要有点嗅觉，嗅政治形势，嗅经济空气，嗅思想动态。"②

在我国应急指挥实践以及相关法律法规、政策文件的规定中，事态研判也是应急指挥部的重要组成部分。例如，2008年汶川特大地震发生后，国务院组建抗震救灾总指挥部，下设抢险救灾组、群众生活组、地震监测组、卫生防疫组、宣传组、生产恢复组、基础设施保障和灾后重建组、水利组、社会治安组9个工作组。其中，地震监测组由中国地震局牵头，科技部、国土资源部、环境保护部、中国气象局、国防科工局参加，主要职责为：负责地震监测和次生灾害防范，调集必要的技术力量和设备，密切监视震情发展，全力做好余震防御；加强对重大地质灾害隐患的监测预警，一旦发生险情及时组织疏散群众；加强河湖水质监测和危险化学品等污染物防控，切实保障核设施运行安全。③

根据公安部2009年发布的《公安消防部队执勤战斗条令》，安全员

---

① 《毛泽东文集》第三卷，人民出版社1996年版，第394、394—395、396页。
② 中共中央文献研究室编：《毛泽东传（1949—1976）》下，中央文献出版社2003年版，第940页。
③ 《关于国务院抗震救灾总指挥部工作组组成的通知》，《人民日报》2008年5月19日。

是公安消防现场作战指挥部的重要岗位。该条令第五十六条规定："公安消防部队现场作战指挥部一般由总指挥员、副总指挥员，以及下属的作战指挥组、通信联络组、技术专家组、政工宣传组、后勤保障组及其相关人员组成，并设立现场文书和安全员。现场作战指挥部，应当设在接近现场、便于观察、便于指挥、比较安全的地点，并设置明显的标志。"该条令第六十八条，明确了现场安全员的三项职责：

> 现场安全员应当按照参战力量和现场情况确定，一般由战训参谋、中队指挥员、战斗班长、专业技术人员或者由总指挥员指定专人担任，履行下列职责：（一）对危险区段、部位进行实时监测，确定安全防护等级，落实作战行动的安全保障，检查参战人员安全防护器材和措施；（二）记录掌握进入危险区的作业人员数量和时间及防护能力，保持不间断的联系，了解现场安全状况和参战人员的体力、健康情况，准确判断突发险情，及时向指挥员提出紧急撤离和人员替换的建议；（三）协助指挥员确定紧急撤离路线，并通知进入危险区的所有人员。根据指挥员下达的紧急撤离命令，利用长鸣警报、连续急闪强光、通信扩音器材等方式及时、准确地发出信号，并及时清点核查人员。

2003 年抗击非典，中央提出要依靠科学，依靠法制，依靠群众，坚决打赢疫情防治这场硬仗。依靠科学，就是要积极主动地开展病毒传播、快速检测、对症药物、疫苗研制等相关科学研究，充分利用和借鉴国外先进技术和专家力量，研究有效的检测、诊断方法和防治、控制、医疗方法，为疫情防控提供科学依据。

在取得抗击非典胜利后，通过在突发事件应对实践中不断吸取教训，总结经验，各级领导干部以及全社会都对"安全第一、生命至上""以人为本、科学施救"的理念有了更加深刻的认识。准确研判、科学施救，防止发生次生、衍生危害，逐渐成为我国应急处置与救援的基本原则，成为重特大突发事件发生后中央领导指示批示的重要内容。

2015 年"8·12"特别重大火灾爆炸事故发生后，习近平总书记和李克强总理迅速作出指示和批示，强调要准确研判，科学施救。

> 天津市组织强有力力量，全力救治伤员，搜救失踪人员；尽快控制消除火情，查明事故原因，严肃查处事故责任人；做好遇难人员亲属和伤者安抚工作，维护好社会治安，稳定社会情绪；注意科学施救，切实保护救援人员安全；国务院速派工作组前往指导救援和事故处理；各地要汲取此次事故的沉痛教训，坚持人民利益至上，认真进行安全隐患排查，全面加强危险品管理，切实搞好安全生产，确保人民生命财产安全。（习近平总书记指示）

> 全力组织力量扑灭爆炸火势，并对现场进行深入搜救，注意做好科学施救，防止发生次生事故；抓紧组织精干医护力量全力救治受伤人员，最大限度减少因伤死亡；查明事故原因，及时公开透明向社会发布信息。同时，要督促各地强化责任，切实把各项安全生产措施落到实处。（李克强总理批示）①

3. 警惕"本领不强决心大"

突发事件刚发生，现场情况往往错综复杂、瞬息万变，事件发生的原因、发展变化的趋势、可能造成的后果等在第一时间都难于确定，各种新矛盾新问题不断出现，决策者常常会有一定的压力。老子《大学》云："知止而后有定，定而后能静，静而后能安，安而后能虑，虑而后能得。"越是事态紧急、情况不明，越要稳住阵脚，保持冷静。"每临大事有静气"，决策者必须举重若轻，保持轻松的心态和冷静的头脑，快速准确研判事态，在此基础上迅速作出正确的决策。关键时刻，领导"本领不强决心大、懂得不多说得多"，只可能加剧现场的混乱程度，增加错判误判的几率，甚至引发不必要的次生、衍生危害。

2013 年吉林八宝煤矿"3·29"事故搜救工作结束后，在同一煤矿

---

① 《要求尽快控制消除火情　全力救治伤员　确保人民生命财产安全》，《人民日报》2015 年 8 月 14 日。

而且是处理同一火区过程中发生的"4·1"重大瓦斯爆炸事故，是一起违章冒险指挥，盲目施救引发二次事故的典型事例。

3月29日21时56分，吉林省吉煤集团通化矿业集团公司八宝煤业公司（以下简称"八宝煤矿"）发生特别重大瓦斯爆炸事故，造成36人遇难、12人受伤。4月1日，该矿不执行吉林省政府禁止人员下井作业的指令，擅自违规安排人员入井密闭施工，10时12分又发生瓦斯爆炸事故，造成17人死亡、8人受伤。

两起瓦斯事故给八宝煤矿造成重创。在伤亡人员中，一部分是通化矿业（集团）公司的总工程师等企业核心领导和技术人员；其中，三分之一以上是企业高层领导和技术工程人员。

如果说3月29日的第一次事故是企业在排险封堵险情过程中发生的意外，有偶然性，4月1日的第二次事故则是完全可以避免的。第一次事故发生后，吉林省有关部门要求，必须先等专家组提出明确意见和方案后再行动；但矿井相关责任人因为着急排险，在没有向上请示和制定科学方案的情况下，擅自组织下井救援，导致悲剧发生。

"3·29"事故搜救工作结束后，鉴于井下已无人员，且灾情严重，吉林省人民政府和国家安全监管总局工作组要求吉煤集团聘请省内外专家对井下灾区进行认真分析，制定安全可靠的灭火方案，并决定未经省人民政府同意，任何人不得下井作业。4月1日7时50分，监控人员通过传感器发现八宝煤矿井下−416采区一氧化碳浓度迅速升高。通化矿业公司常务副总经理王升宇召集副总经理李成敏、王立和八宝煤矿副矿长王清发等人商议后，违抗吉林省人民政府关于严禁一切人员下井作业的指令，擅自决定派人员下井作业。9时20分，通化矿业公司驻矿安监处处长王玉波和王清发分别带领救护队员下井，到−400大巷和−315石门实施挂风障措施，以阻挡风流，控制火情。10时12分，该区附近采空区发生第五次瓦斯爆炸，此时共有76人在井下作业，经抢险救援59人生还（其中8人受伤），发现6人遇难并将遗体搬运出井，井下尚有11人未找到，事故共造成 17 人死亡、8 人受伤。①

针对盲目施救造成事故扩大的情况，我国相关法律法规和政策文件提出了准确研判、科学施救的要求。例如，2012 年 12 月，国家安全监管总局印发的《关于加强科学施救提高生产安全事故灾难应急救援水平的指导意见》（安监总应急〔2012〕147 号）强调："要明确参与各方在事故应急救援和处置过程中的职责和任务，充分发挥事故单位专业技术人员和熟悉同类事故灾害并有实践经验的救援专家的作用，划定适当的警戒隔离区域，调集相应的应急救援装备和人员，落实救援人员的安全防护措施，制定科学的救援方案和安全措施。"

国务院安委会 2013 年发布的《关于进一步加强生产安全事故应急处置工作的通知》（安委〔2013〕8 号）要求：发生事故或险情后，企业要"在确保安全的前提下组织抢救遇险人员，控制危险源，封锁危险场所，杜绝盲目施救，防止事态扩大"。"指挥部要充分发挥专家组、企业现场管理人员和专业技术人员以及救援队伍指挥员的作用，实行科学决策。""遇到突发情况危及救援人员生命安全时，救援队伍指挥员有权作出处置决定，迅速带领救援人员撤出危险区域，并及时报告指挥部。"

2019 年出台的《生产安全事故应急条例》（国务院令第 708 号），对应急处置与救援中做好事态研判、开展科学施救、防止发生次生、衍生灾害作了进一步的规定。该条例第二十二条专门就发生紧急情况时暂时撤离应急救援人员作出规定："在生产安全事故应急救援过程中，发现可能直接危及应急救援人员生命安全的紧急情况时，现场指挥部或者统一指挥应急救援的人民政府应当立即采取相应措施消除隐患，降低或者化解风险，必要时可以暂时撤离应急救援人员。"

---

① 《吉林省吉煤集团通化矿业集团公司八宝煤业公司"3·29"特别重大瓦斯爆炸事故调查报告》，2013 年 7 月 11 日，见 https://www.chinacoal-safety.gov.cn/gk/sgcc/sgbg/201307/t20130711_203110.shtml。

三、以全脑思维进行"把脉会诊"

（一）左脑 + 右脑：发挥想象力

1."左右脑分工理论"

美国心理生物学家斯佩里（Roger W. Sperry）通过著名的割裂脑实验，提出了"左右脑分工理论"，并因此获得 1981 年诺贝尔生理学或医学奖。斯佩里研究发现，人的左脑和右脑在处理任务时虽然是作为一个整体进行工作的，但存在偏侧性。左脑可被称作"意识脑""学术脑"，主要负责逻辑、文字、语言、分析、数字、次序等活动，功能偏于理性，思维方式具有连续性、延续性和分析性。右脑可被称作"创造脑""艺术脑"，主要负责颜色、音乐、想象、空间感觉、直觉、图形等活动，功能偏于感性，思维方式具有无序性、跳跃性、直觉性。

不同的人，其左右脑发达程度不尽相同。因此，人的思维大体上可以分为左脑思维优势、右脑思维优势和左右脑均衡思维优势三种。左脑思维优势的人，更倾向于从部分到整体的思路来接收信息，按照顺序排列的方式，按部就班、有条不紊地解决问题，并擅长把控细节。右脑思维优势的人，擅长从整体上把握大局，更倾向于通过下意识、创造性的方法进行学习，获得解决问题的正确方法。左右脑均衡思维优势的人，既善于从宏观上把握大局，又能很好地处理细节之处。

突发事件往往具有高度的不确定性，瞬息万变，令人捉摸不定。在进行事态研判时，一定要坚持左右脑均衡思维，左右脑都积极开动起来。我们既要用好左脑，讲理性、讲逻辑，善于按部就班，就事论事，利用常规思维方式进行分析；也要开动右脑，讲感性、讲直觉，善于脑洞大开，异想天开，利用非常规思维进行拓展。

2. 充分发挥想象力

想象力是指在现实知觉的基础上，经过大脑的组合，创造出新形象的能力，是一种能促使人类预想不存在事物的独特能力。《淮南子·兵略训》云："夫将者，必独见独知。独见者，见人所不见也；独知者，知人所不知也。"想象力是领导干部必须具备的重要能力。爱因斯坦曾经指出："想象力比知识更重要，因为知识是有限的，而想象力概括了世界上的一切，推动着社会进步，并且是知识进步的源泉。"①

2002 年，时任美国国防部部长拉姆斯菲尔德在"伊拉克存在大规模杀伤性武器"新闻发布会上，发表了一番"未知的未知"的言论。他说："有些事是'已知的已知'（known knowns），即我们清楚自己知道它。有些事是'已知的未知'（known unknowns），即我们清楚自己不知道它。有些事是'未知的未知'（unknown unknowns），即我们并不清楚自己不知道它。"通俗地说，"已知的已知"是指能提出问题并给出标准答案，"已知的未知"是指能提出问题但无法给出准确答案，"未知的未知"是指连想都没想到应该提什么问题。

美国政治预测家西尔弗在《信号与噪声》一书中强调，我们要减少盲目自信，格外重视各种"未知的未知"。面对"未知的未知"，"我们会有些思维障碍，或者说我们的经验不足以想象到此类事件的发生，于是，便认为这件事情根本不可能发生"。他以 2008 年国际金融危机为例说道："金融危机以及其他大多数失败的预测都源于一种盲目的自信。他们用精确的预测冒充准确的预测，于是我们有些人就上当了，还将赌注翻番。我们自以为已经克服了辨别力中的盲点，却没有料到实力雄厚如美国这样的国家此时经济的发展也戛然而止了。"西尔弗指出："人们在作规划时，总会将不熟悉和不可能相混淆。那些我们从未认真考虑过的偶发事件看起来总是很奇怪，那些看起来很奇怪的事情则常被视为不可能发生，而不可能的事情就不需要认真考虑了。"②

想象力要求进行事态研判时勇于创新、善于突破，不局限于眼前

---

① 《爱因斯坦文集》第 1 卷，商务印书馆 1976 年版，第 284 页。

② ［美］纳特·西尔弗：《信号与噪声：大数据时代预测的科学与艺术》，胡晓姣、张新、朱辰辰译，中信出版社 2013 年版，第 26、366、367 页。

事物，不迷惑于周围情况，而要面向各种"未知的未知"进行全方位、多角度、多层次的"扫描"，避免出现重大疏漏、遗漏。德鲁克指出："找出各种选择方案，也是我们激发想象力、训练想象力的不二法门，是'科学方法'的精髓所在，一流科学家都具备这样的特质——无论他多么熟悉观察到的现象，他还是会把其他可能的解释都纳入考虑。"① 俗话说，只有想得到，才可能做得到。只要有万分之一的可能，就要做好百分之百的准备。

2005 年，习近平总书记（时任浙江省委书记）曾对防台工作作出"三个切不可"和"三个不怕"的指示：思想上切不可麻痹，工作上切不可松懈，措施上切不可犹豫，做最坏的打算，争取最好的结果；要始终坚持不怕兴师动众，不怕"劳民伤财"，不怕十防九空，宁听群众一时骂声，不听群众事后哭声，一丝不苟地做好各项防范工作。② 当年 9 月 10 日，在浙江全省防御第 15 号台风"卡努"电视电话会议上，他再次强调做好防汛防台工作要始终坚持做到"三个不怕"。

> 各地各部门必须切实防止和克服台风来得多而产生的厌倦情绪和造成的疲惫状态，高度重视，振奋精神，立即行动，在思想和工作中做最坏的打算，宁可信其有；必须始终保持高度警惕，做到早部署、早准备、早行动，立足于台风在我省南部一带沿海登陆，立足于台风正面袭击浙江并严重影响全省各地，立足于重点防范狂风暴雨造成的灾害；必须坚持高标准、严要求，始终保持高度的政治责任感和对人民极端负责的态度，始终坚持"三个不怕"，即：不怕兴师动众，不怕"劳民伤财"，不怕十防九空，始终尽职尽责、一丝不苟地做好各项防范工作。③

---

① ［美］彼得·德鲁克：《管理的实践》，齐若兰译，机械工业出版社 2019 年版，第 36、62 页。

② 《以人为本　科学防台——习近平论防台抗灾》，《浙江日报》2015 年 7 月 10 日。

③ 周咏南：《习近平强调要全力做好防御"卡努"台风各项工作》，2005 年 9 月 11 日，见 http://www.chinanews.com/news/2005/2005-09-11/8/624146.shtml。

古人云："知止而后有定，定而后能静，静而后能安，安而后能虑，虑而后能得。"开动全脑，大胆想象，准确研判，才能形成好的方案。从突发事件应对实际来看，右脑思维运用得不够，想象力不足，忽视"未知的未知"，是导致事件发生并造成严重后果的一个重要原因。

美国独立调查委员会公布的调查报告指出，"9·11"事件之所以发生，最大的问题是"想象力的失败"——"没人想得到劫机者会故意撞击大楼。因为通常情况下，他们并不想死。"报告写道："虽然事前个别政府机构关注到了劫机这种威胁并构建了多种情景；但挑战在于：没人去构建并检验一种极端的情景（指基地组织以客机为攻击武器对美国国内设施进行自杀式袭击），然后开展相应的建设性行动"。[①]

充分发挥想象力，要求我们坚持底线思维，警惕各种"已知的未知"和"未知的未知"，从四个"结合"来全方位研判事态。第一，客观与主观相结合，既要看到事件可能造成的人员伤亡、经济损失、环境破坏等客观损失，也要看到事件可能产生的政治影响、社会影响、媒体影响、国家影响等主观损失，防止造成全面冲击。第二，原生与次生相结合，既要看到事件产生的原生效应，也要看到事件可能引发的各种次生、衍生后果，防止发生"蝴蝶效应"。第三，本地与外地相结合，既要看到事件对核心区产生的影响，也要看到事件可能对波及区和外围区造成的危害，防止"城门失火，殃及池鱼"。第四，短时与长时相结合，既要考虑事件在短时间内产生的影响和损失，还得考虑事件在较长时间后可能产生的后果，防止"一波还未平息，一波又来侵袭"。

（二）内脑＋外脑：向专家借力

1. 专家的"外脑"作用

在这个世界上，没有人是无所不知、无所不能的先知。领导干部也

---

① National Commission on Terrorist Attacks upon the United States, *The 9/11 Commission Report: Final Report of the National Commission on Terrorist Attacks Upon the United States*, New York: W.W. Norton & Company, 2003, p.311, p.346.

不是万能的，在进行重大决策时需要听取各方面的意见和建议；尤其是各种专业咨询机构和专业人士的专业判断，有利于提高决策的质量。"当局者迷旁观者清"，专业咨询机构和专业人士能够利用专业背景，站在更加客观公正的第三方立场，有针对性地提出解决问题的办法。

智库是由相关学科的专家学者组成，为决策者提供咨询服务的思想库、智囊团。"下君尽己之能，中君尽人之力，上君尽人之智。"在中国历史上，军师、谋士、门客等都是"智囊"。在美国总统周围，有许多咨询机构和顾问人员，如国家安全委员会、经济顾问委员会，政治顾问、经济顾问、军事顾问、法律顾问、科学顾问、新闻顾问等。总统在进行重大决策时，会听取咨询机构和顾问人员的意见和建议。

"9·11"恐怖袭击刚发生时，小布什正在教室里跟老师、学生一起上阅读课，教室后边的记者通过手机和寻呼机查看新闻。这时，小布什是否以及如何对外讲话表态？他要听从新闻顾问的建议。小布什在回忆录中写道："新闻秘书阿里·弗莱彻站在了我和记者中间，他举起了一个牌子，上面写着：先什么都不要说。我也没打算说什么，当时我已经想好接下来要怎么做。课程结束后，我会平静地离开教室，去了解事实真相，之后向全国人民发表讲话。"①

尤其是面对危化品火灾爆炸事故、重大传染病疫情等专业性、技术性强的突发事件，更需要发挥好专业咨询机构和专家在事态研判中的作用。2015年"8·12"特别重大火灾爆炸事故发生后，现场情况异常复杂，灭火、防爆、防化、防疫、防污染等各项任务非常繁重。在事故应急处置与救援过程中，调集的各方面专家发挥了至关重要的作用。据统计，在事故发生后一个月的抢险救援和现场清理过程中，共动用安全监管部门危险化学品处置专业人员243人，天津市和其他省区市防爆、防化、防疫、灭火、医疗、环保等方面专家938人。②

---

① ［美］乔治·沃克·布什：《抉择时刻》，东西网译，中信出版社2011年版，第121—122页。
② 《天津港"8·12"瑞海公司危险品仓库特别重大火灾爆炸事故调查报告》，第21页。

2.聆听"卡桑德拉的预言"

1986年1月28日上午美国东部时间11时39分，"挑战者"号航天飞机发射在佛罗里达州的上空。这是美国历史上第25次航天飞机任务，也是"挑战者"号航天飞机的第10次太空飞行。不幸的是，在发射后的第73秒，航天飞机突然解体，机上7名宇航员全部罹难。

"挑战者"号航天飞机事故是人类航天史上的一次重大灾难。事故调查委员会调查发现，事故发生的直接原因，是右侧固体火箭推进器尾部一个密封接缝的O型环没有针对寒冷天气设计，在低温环境下密封性会变差，导致加压的热气和火焰从紧邻的外加燃料舱的封缄处喷出，造成结构损坏，从而威胁整个航天飞机的安全（发射当天，佛罗里达州异常寒冷，气温低至 –2℃）。调查委员会还指出，美国国家航空航天局（NASA）在决策过程中过度关注上级监管人员的指令而非尊重专家意见，这种长期存在的组织文化与决策过程缺陷也是导致事故发生的关键因素。①

自1977年开始，承包商——犹他州的莫顿·塞奥科公司就发现O型环处存在潜在的设计缺陷，并在"挑战者"号航天飞机发射前夕进行了备选方案的实验；工程师们也都知道该设计缺陷。发射当日早晨，几个工程师提出警告，认为没有足够的证据表明O型环密封圈在低温发射时仍能正常运行。遗憾的是，美国国家航空航天局没有理会这些警告，也没有及时、充分地将这些技术隐患报告给他们的上级，而是认为没有证据表明低温会导致O型环密封圈失效，仍然在这个寒冷的早晨强行发射，结果酿成机毁人亡的惨剧。②

这种虽然真实预知凶险但被人忽略的预言，被称为"卡桑德拉的预言"。卡桑德拉是古希腊特洛伊城的一位公主，太阳神阿波罗爱上了她，并承诺赐予她预知未来的能力。卡桑德拉答应了这一提议，接受了赐

---

① *Report of the Presidential Commission on the Space Shuttle Challenger Accident,* June 6th, 1986, Washington D.C., https://history.nasa.gov/rogersrep/genindex.htm.

② Max Bazerman, *The Power of Noticing*: *What the Best Leaders See*, New York: Simon & Schuster, 2014.

予，但却不肯对太阳神阿波罗有所偏爱。阿波罗于是报复她，令桑德拉的预言无人相信。当木马被拖入特洛伊城中时，所有的特洛伊人都沉浸在欢庆中，只有受诅咒的卡桑德拉看到了即将到来的危险。她披头散发地冲出王宫，大声警告近在咫尺的危险；但是，陶醉在战胜希腊人喜悦中的特洛伊人没有理睬她的警告。最终，特洛伊被洗劫。

　　"卡桑德拉"已经成为"厄运式预言"的代名词，即无论怎么呼喊都没人相信，哪怕永远说的是真实的预言。美国作家马克·吐温曾说："人类像离不开空气一样离不开赞美。一句赞扬的话，可以让我多活上三个月。"人都有乐观倾向，更喜欢听到好消息，不喜欢听到坏消息，不接受"卡桑德拉的预言"。美国政治预测家西尔弗也写道："最失败的预测通常有很多共同点，即我们只关注那些符合我们对这个世界的期许的信息，而不在乎其真实性。对于那些最难测定的风险，即使它们严重威胁到我们的幸福生活，我们也会对其视而不见。"①

　　"兼听则明，偏听则暗。"听取不同的声音，有利于作出更加科学的决策。不少突发事件应对的技术性、专业性比较强，需要发挥好专业咨询机构、专业人员的参谋作用。我国各级党委、政府设有应急管理专家组，为应急管理重大政策研究、应急预案审查评审、应急处置与救援、突发事件调查评估等提供决策咨询服务。我国相关法律法规也对决策咨询机制作了规定。例如，《国家安全法》第五十条规定："国家建立国家安全决策咨询机制，组织专家和有关方面开展对国家安全形势的分析研判，推进国家安全的科学决策。"中共中央办公厅、国务院办公厅 2015 年印发的《关于加强中国特色新型智库建设的意见》指出，重点建设一批具有较大影响力和国际知名度的高端智库，充分发挥中国特色新型智库咨政建言、理论创新、舆论引导、社会服务、公共外交等重要功能。

---

① ［美］纳特·西尔弗：《信号与噪声：大数据时代预测的科学与艺术》，胡晓姣、张新、朱辰辰译，中信出版社 2013 年版，第 2 页。

（三）人脑＋电脑：让科技赋能

1. 科技让研判更精准

德鲁克曾指出，作为一种"逻辑的机器"，电脑能够帮助管理者合理分配时间，改善决策上常犯的错误。"电脑是潜在的最有用的管理工具，最终它将使管理者意识到这种隔离，并帮助他们从内部事务中解脱出来，有更多时间来应对外界。""电脑将为潜在的决策者提供目标明确、讲究效果的决策学习机会。"[①]

当前，人类正处在一个日新月异的科技大爆发时代。科技的迅猛发展，在改变人类生活的同时，也为更快速、更精准地进行灾情研判提供了可能。特别是物联网、云计算、大数据和人工智能的发展和应用，为第一时间开展突发事件研判提供了全新的手段。

2008 年汶川特大地震发生后，卫星遥感等高技术手段对成灾机制和灾情综合研判、地震次生灾害预防与监测等，提供了重要支撑。例如，在唐家山堰塞湖排险过程中，无人值守的远程视频监控系统发挥了重要作用。随着堰塞湖险情加剧，溃坝的可能性不断增大，泄洪通道沿线人员逐渐撤离。此时，无人值守的远程视频监控系统成为观察灾情的"千里眼"，及时将实时图像清晰地传递到指挥部，为指挥部预测水情提供重要决策支持，并在泄洪后及时提供第一手信息。[②]

近一个多世纪以来，科技的发展运用，特别是生命科学和生物技术的发展，对人类战胜疾病发挥了无可替代的重要作用。2003 年非典疫情暴发后，中央提出要充分发挥科学技术、科学精神、科学管理在疫情防控中的积极作用。5 月 1 日，胡锦涛在天津检查非典防治工作时强调，夺取防治非典斗争的最终胜利，关键是要发挥科学技术的重要作用，制

---

① [美] 彼得·德鲁克：《卓有成效的管理者》，许是祥译，机械工业出版社 2019 年版，第 20、196 页。

② 汪延、王圣志：《唐家山堰塞湖泄洪通道建立远程视频监控系统》，2008 年 6 月 6 日，见 http://scitech.people.com.cn/GB/7349655.html。

定和实施科学的防治策略。① 在疾病诊断、治疗、预防等科学研究方面取得的一系列重大突破——从成功分离出 2 株新型冠状病毒到完成对病毒的全基因组序列测定，从研制出红外测温仪到成功推出快速检测试剂盒，为取得抗击非典胜利提供了重要的技术支持。

让科技为突发事件研判赋能，做到精确研判、精准施策，是做好应急处置与救援工作的重要内容。2015 年 8 月 20 日，李克强总理主持召开国务院常务会议，要求进一步做好天津港"8·12"特别重大火灾爆炸事故救援处置工作。会议强调，当前事故救援处置仍在关键时刻，重点任务之一是运用先进设备和专业力量开展险情监测评估——"用好最先进的设备和最强的专业力量，扩大有毒有害物质搜寻范围，抓紧科学处置危险品，对周边建筑统一进行安全评估和室内清理。实时监测和公布空气、水体、土壤等环境数据，科学评估环境影响，及时采取针对性措施，决不能发生影响人体健康的重大环境事故。"②

2. 运用现代科技手段

就运用现代科技手段做好应急管理特别是突发事件事态研判工作，我国相关法律法规作了规定。例如，《突发事件应对法》第三十六条规定："国家鼓励、扶持具备相应条件的教学科研机构培养应急管理专门人才，鼓励、扶持教学科研机构和有关企业研究开发用于突发事件预防、监测、预警、应急处置与救援的新技术、新设备和新工具。"《国家安全法》第五十三条规定："开展情报信息工作，应当充分运用现代科学技术手段，加强对情报信息的鉴别、筛选、综合和研判分析。"

2019 年 11 月 29 日，习近平总书记在主持十九届中央政治局第十九次集体学习时，也对此提出了明确的要求：

---

① 《广泛动员狠抓落实群防群控　打一场防治疫病的人民战争》，《人民日报》2003 年 5 月 2 日。

② 《李克强主持召开国务院常务会议　对做好天津港"8·12"瑞海公司危险品仓库特别重大火灾爆炸事故救援处置和全国安全生产工作作出进一步部署》，《人民日报》2015 年 8 月 21 日。

要强化应急管理装备技术支撑，优化整合各类科技资源，推进应急管理科技自主创新，依靠科技提高应急管理的科学化、专业化、智能化、精细化水平。要加大先进适用装备的配备力度，加强关键技术研发，提高突发事件响应和处置能力。要适应科技信息化发展大势，以信息化推进应急管理现代化，提高监测预警能力、监管执法能力、辅助指挥决策能力、救援实战能力和社会动员能力。①

科技让突发事件应对，特别是事态研判更高效、更智能、更精确。我们要积极运用云计算、物联网、大数据、移动互联、人工智能等现代科技手段，加强突发事件的动态监测、实时预警，让事态研判"如虎添翼"，推进突发事件事态研判科学化、精细化、智能化，做到对各种可能的发展态势和后果心中有数。特别是要强化应急基础信息资源汇聚、现场信息获取、综合事态研判等能力，着力提升辅助指挥决策能力。

---

① 《充分发挥我国应急管理体系特色和优势　积极推进我国应急管理体系和能力现代化》，《人民日报》2019 年 12 月 1 日。

第七讲

信息报告：得下之情则治

要强化程序观念，该报告的必须报告，该打招呼的必须打招呼，该履行的职责必须履行，该承担的责任必须承担，少些"迈过锅台上炕"的做法，也少些"事后诸葛亮"的行为。要有担当意识，遇事不推诿、不退避、不说谎，向组织说真话道实情，勇于承担责任。

——习近平在十八届中央纪委二次全会上的
讲话（2013 年 1 月 22 日）

一、"切尔诺贝利的悲鸣"

1986 年 4 月 26 日凌晨 1 时 23 分，位于乌克兰普里皮亚季的切尔诺贝利核电站 4 号机组反应堆发生爆炸，共有 1700 多吨石墨爆炸燃烧，释放出放射性物质的剂量是"二战"时期美国在广岛投下原子弹所释放放射性物质的 400 多倍。核电站周围 6 万多平方千米土地受到直接污染，320 多万人受到核辐射侵害，方圆 30 千米地区的 11.5 万余人被迫疏散。事故造成的影响波及整个欧洲甚至是半个地球。

事故发生后，信息在层层上报中被过滤，事态的严重性未能在第一时间引起苏联官方重视。远在莫斯科的核专家和苏联领导人最初得到的信息，是"反应堆发生火灾，但并没有爆炸"；周边居民没有被告知真相，普里皮亚季还在举行有乌克兰第一书记参加的五一劳动节庆祝活动。

当日上午，戈尔巴乔夫召集苏共中央政治局委员开会讨论局势，由苏共中央政治局委员、负责重工业等领域的中央书记多尔吉赫作通报。"他宣布这个消息时讲得相当平淡，没有让人想到危险的巨大程度。"苏联科学院院长兼原子能研究所所长亚历山德罗夫和中型机械制造部部长斯拉夫斯基则称："并没有发生可怕的事嘛，这种情况对工业型反应堆简直司空见惯；您（戈尔巴乔夫）最好喝上两盅伏特加，就点儿小菜，好好睡一觉，到时候什么后果也不会有的。"[①]会议决定组成一个以部长会议副主席谢尔比纳为首，核电站专家、医生和放射学家共同组成的政

[①]　［俄］米·谢·戈尔巴乔夫：《真相与自白——戈尔巴乔夫回忆录》，舒弢等译，社会科学文献出版社 2002 年版，第 135、138 页。

府工作组，立即奔赴出事地点，来处理事故后果。

当晚，政府工作组以及苏联科学院和乌拉尔科学院的科学家们抵达现场。莫斯科国立大学教授、库尔恰托夫原子能研究所副所长列加索夫院士乘坐装甲车抵临4号反应堆近距离观察，发现内部的石墨仍在燃烧，爆炸口的白色烟柱正在大量释放放射性物质。他意识到了放射性物质扩散的危害性，坚持立即撤离普里皮亚季市的所有居民。

4月27日11时，爆炸发生34小时后，苏联当局开始启动首批人员撤离，超过1000辆大巴抵达小镇。经过3个多小时，约4万居民被紧急转移。事故发生48小时后，当地政府开始疏散半径范围10千米内的居民。很多人因为撤离太晚，受辐射患上了甲状腺癌。

戈尔巴乔夫在回忆录中称，事故发生后之所以政府反应迟缓，是因为不了解事件的全部真相。"迟至4月27日，我们从委员会收到的情况报告仍然包含着许多推诿，都是临时性的推测，没有任何结论性的东西。雷日科夫、利加乔夫和谢尔比茨基都在事故发生后的前几日到了事故地区视察。关于事故的更多细节开始披露出来。"①实际上，戈尔巴乔夫是通过瑞典科学家的报告才得知事故的严重性的。他抱怨："核动力工程的封闭性和神秘性，再加上本位主义和学术上的垄断，都起了极其消极的作用。"7月3日，事故发生2个多月后，在讨论切尔诺贝利事件的苏共中央政治局会议上，戈尔巴乔夫说了这样一番气话：

> 我们30年来一直听到你们这些学者、专家和部长说，那里一切都很可靠。你们指望我们像敬神一般看待你们。而结果却轰然垮塌了。原来有关部委和科学中心并未加以监督。整个系统中笼罩着奴颜婢膝、溜须拍马、拉帮结派、排斥异己的风气，专作表面文章，围绕着领导人结成了人身依附和亲缘关系。②

---

① ［俄］米哈伊尔·谢尔盖耶维奇·戈尔巴乔夫：《孤独相伴——戈尔巴乔夫回忆录》，潘兴明译，译林出版社2015年版，第325页。

② ［俄］米·谢·戈尔巴乔夫：《真相与自白——戈尔巴乔夫回忆录》，舒尧等译，社会科学文献出版社2002年版，第138页。

"善治天下者，必明于天下之情。"上级部门和领导要作出正确的决策，首先必须获得准确的信息。特别是在一个高度集权的体制中，自下而上的信息报告显得尤为关键；领导者只有知情，才能开展后续行动。突发事件信息报告遵循哪些基本原则？如何拓宽信息来源的渠道，提高信息报送的质量，避免信息滞后或扭曲？

二、知情不报会贻误时机

（一）警惕被蒙在鼓里

1."三字秘诀"的故事

《晏子春秋》云："下无言，则上无闻矣。下无言则谓之喑，上无闻则谓之聋；聋喑则非害治国家如何也？"意思是，出了情况，下面不报，上面不闻，不报为喑，不闻为聋，上聋下哑，祸国殃民。明代政治家丘浚也说道："朝廷之政，其弊端之最大者，莫大乎壅蔽。所谓壅蔽者，贤才无路以自达，下情不能以上通也。"

《故事会》曾刊过一个"三字秘诀"的故事，说的是嘉庆时期的大学士陈墨教导自己的三个学生遇到紧急情况"瞒""拖""呈"，三个学生照做后官运亨通的故事。故事反映的，就是这种下情不能上通、上聋下哑、祸国殃民的情况。①

　　嘉庆时期，大学士陈墨有学生邱良元、韦长航、程乐舟。在他的提点下，三人刚过三十就都当上了京畿之地的县令，正七品。

　　邱良元刚上任就发生了耕牛暴毙的情况。经查，可能是牛瘟，不防治会影响春耕。他前来询问老师。陈墨在纸上写了个"瞒"字。邱良元回去后，按照普通兽病来对待牛瘟，没有采取特殊措

---

① 牧谦：《三字秘诀》，《故事会》2017 年第 7 期。

施。三个月后，第一个向朝廷上报疫情的邻县县令被政敌弹劾，说他在圣上寿辰时上报疫情，扰乱民心，最后被摘了乌纱帽。

韦长航也来拜访老师，说知府的独子强抢民女，害两条人命，按律当斩。陈墨在纸上写了个"拖"字。回去后，韦长航借口案件重大，拖着不审。两个月后，知府找了个刚抓的死刑犯当替死鬼，并以重金做通了受害人家属的工作，几方一起翻供。知府的儿子救活了，知府也"投桃报李"，暗地里提携韦县令。

秋收之前，程乐舟又有难事来问老师，百姓断粮一个月了，八旗兵营有满满的粮仓，但军官说是军需，动了要杀头。陈墨在纸上写了一个"呈"。程乐舟回去之后，当着全县百姓的面写了请命书，层层呈递。皇上批道，给百姓开仓放粮。百姓感激程县令，给他送来了"万民伞"；吏部也发来嘉奖令，说程县令体恤百姓。

一转眼十年过去了，因为有陈墨的指点，三个学生官运亨通。邱良元当上了大理寺少卿，正四品；韦长航则是刑部主事，从三品；程乐舟刚过四十就当上了都察院左副都御史，正三品。

后来，因为家里的管家涉天理教叛乱案，陈默被误抓。他向邱良元、韦长航、程乐舟求助，结果三个学生同样用"瞒""拖""呈""三字秘诀"，都不肯出手相救，陈默最终被秋后处斩。

"三字秘诀"的故事未必是真的，但背后反映的"瞒""拖""呈"现象却带有一定的普遍性。历史学家吴思在《潜规则》一书中，把这种自下而上信息被层层筛选后失真的现象，称为"皇上也是冤大头"——"都说皇上如何威严了得，而我们看到的分明是一个块头很大却又聋又瞎的人。他不了解情况，被人家糊弄得像个傻帽。"信息筛选和上报，是各级官员每天都要面对的选择。在与最高统治者进行信息博弈的过程中，各级官员处于绝对优势。"封锁和扭曲信息是他们在官场谋生的战略武器。你皇上圣明，执法如山，可是我们这里一切正常，甚至形势大好，你权力大又能怎么样？我们报喜不报忧。我们看着领导的脸色说话。说领导爱听的话。我们当面说好话，背后下毒手。"最后的结果是，"最终摆到皇上面前的，已经是严重扭曲的情况。在这种小眼筛子里漏出的一点问题，摆到皇上面前之后，也未必能得到断然处理"①。

2. 报告不到位是常见问题

《荀子·成相》云："上通利，隐远至，观法不法见不视。耳目既显，更敬法令莫敢恣。"强调当政者只有信息灵通、无所塞蔽，下面的官吏才不敢胡作非为。南宋大臣谢方叔任监察御史时曾上疏皇帝，谈到如何识别贤佞："左右前后之人，进忧危恐惧之言者，是纳忠于上也；进燕安逸乐之言者，是不忠于上也。凡有水旱盗贼之奏者，必忠臣也；有谄谀蒙蔽之言者，必佞臣也。"意思是，凡是敢于报忧危、说实情者，是忠臣；凡是进安逸淫乐之言，行隐瞒欺蒙之事者，必是佞臣。

控制论的创始人维纳认为："接收信息和使用信息的过程，就是我们适应外部世界环境偶然性变化的过程，也是我们在这个环境中有效地生活的过程。"②信息论的奠基人香农指出，信息是用以消除随机不确定性的东西。宋代苏辙在《栾城应诏集·君术》中云："善治天下者，必明于天下之情，而后得御天下之术。"强调治理国家必须先掌握真实的情况。著名历史学家黄仁宇提出，"数目字管理"不力，是导致传统中国治理无能为力的核心所在。③在突发事件应对中，"数目字管理"不力集中体现为政府信息搜集和处理能力不足，盲人骑瞎马。

明代王鏊在《亲政篇》写道："上之情达于下，下之情达于上，上下一体，所以为泰。下之情壅阏而不得上闻，上下间隔，虽有国而无国矣，所以为否。"正如"三字秘诀"故事表明的，上下间隔，信息不畅，致使决策者不知情，是现实中常见的现象。切尔诺贝利事故同样表明，

---

① 吴思：《潜规则——中国历史中的真实游戏（修订版）》，复旦大学出版社 2015 年版，第 79—80 页。

② ［美］维纳：《维纳著作选》，钟韧译，上海译文出版社 1978 年版，第 3—4 页。

③ ［美］黄仁宇：《万历十五年》，生活·读书·新知三联书店 1997 年版。

漏报、迟报、瞒报、谎报、误报，会使得上级不能在第一时间了解情况、作出决策，从而错过控制事态的最佳时机。

在美国，不同部门之间、不同地区之间以及联邦、州、地方不同层级之间如何更好地分享信息，是应急管理工作面临的一大难题。"9·11"事件独立调查委员会指出，情报失灵、信息碎片化，是导致事件发生的重要原因。报告认为，美国国家情报体系在这次事件中存在六个方面的问题：情报共享存在结构性障碍，缺少跨越国内国外界限的通用标准与实践，对国家情报机构的管理过于分散，优先处理和资源调配能力薄弱，工作量太大，工作过于复杂和封闭。报告建议设立一个统领全美15 个情报机构的新的情报收集中心，并设立经参议院批准、仅次于内阁级别、直接向总统报告的国家情报总监（DNI）职位。同样，美国国会调查报告指出，2005 年卡特里娜飓风发生后，市、州、联邦政府之间信息共享不够、沟通协作不畅，造成初期救灾不力。①

我国是一个中央集权的单一制大国，自下而上快速上报信息，对中央及时了解地方的真实情况、作出正确的决策尤为关键。1959 年 4 月29 日，毛泽东在写给省、地、县、社、生产队、生产小队六级干部的《党内通信》中，重点谈了"讲真话问题"。信中写道："老实人，敢讲真话的人，归根到底，于人民事业有利，于自己也不吃亏。爱讲假话的人，一害人民，二害自己，总是吃亏。应当说，有许多假话是上面压出来的。上面'一吹二压三许愿'，使下面很难办。因此，干劲一定要有，假话一定不可讲。"② 同年 6 月 24 日，他同时任湖北省委第一书记王任重谈话时说："我们有的同志思想方法比较固执，辛辛苦苦的事务主义，不大用脑子想大问题。有的部门、有的部长不大向我反映情况。"当王

---

① The Select Bipartisan Committee to Investigate the Preparation for and Response to Hurricane Katrina, *A Failure of Initiative: Final Report of the Select Bipartisan Committee to Investigate the Preparation for and Response to Hurricane Katrina*, http://www.gpoaccess.gov/Katrinareport/mainreport.pdf.

② 《毛泽东文集》第八卷，人民出版社 1999 年版，第 50 页。

任重说大概他们怕主席太累时，毛泽东说："不向我反映情况，我才最累。你把湖北的真实情况告诉我，我就不累了。"①

特别是在突发事件发生后，第一时间的信息上报显得尤为重要。在中央集权的单一制国家，由于应急力量和资源自下而上呈倒三角分布，与联邦制国家相比，突发事件发生后第一时间上报信息，以尽快获得上级的指导和支持，直接关系到地方的应急响应能力，进而决定了突发事件应对的整体效果。从实际情况来看，突发事件发生后，漏报、迟报、瞒报、谎报、误报现象，在个别地方仍时有发生。提高信息报告的及时性、准确性、规范性，仍是我国应急管理工作的重点之一。

在 2003 年非典疫情暴发流行早期，面临的难题之一是疫情报告制度不完善，无法及时全面掌握包括各地区、各部门以及解放军、武警等不同系统在内的整体疫情信息。这正如 2003 年 4 月 20 日时任卫生部常务副部长高强在国务院新闻办举行的新闻发布会上指出的："当非典型肺炎疫情出现后，没有及时对全国的疫情制订统一的收集、汇总、报告制度，要求不明确，指导不得力。北京市做了大量工作，特别是广大医务工作者不畏艰险，抢救患者，作了艰苦的努力，但由于有关部门信息统计、监测报告、追踪调查等方面的工作机制不健全，疫情统计存在较大疏漏，没有做到准确地上报疫情数字。"②

（二）信息是决策的依据

1. 信息是应急决策的生命线

报告，即报送、告知。从词语构成来看，报告包括"报"和"告"两部分。"报"即上报、通报，也就是传递信息；"告"即告诉、告知，也就是让别人知晓。所谓报告，就是把事情或意见告知有关人员。突发事件信息报告，是指当突发事件发生或即将发生时，依据事件分级标准

---

① 《毛泽东年谱（1949—1976）》第四卷，中央文献出版社 2013 年版，第 78 页。
② 《国务院新闻办公室举行新闻发布会 卫生部常务副部长高强等就非典型肺炎防治情况答记者问》，《人民日报》2003 年 4 月 21 日。

或敏感程度，向上级或有关部门和地区及时、准确、客观地报送信息。

《管子·法法》云："情入而不出谓之灭，出而不入谓之绝，入而不至谓之侵，出而道止谓之壅。灭绝侵壅之君者，非杜其门而守其户也，为政之有所不行也。"强调治理国家必须做到信息进出自如，上通下达，而不能灭、绝、侵、壅。美国管理学家西蒙曾说过："决策过程中至关重要的因素是信息联系，信息是合理决策的生命线。"[①]好比人离不开空气，正确的决策离不开有效的信息。从某种意义上说，信息决定着决策的质量，甚至决定着决策的成败。

美国政治学者宾伯认为，任何政体都是一种基于"信息收集与信息处理"的组织结构体系。[②]常言道："巧妇难为无米之炊。"信息就是政府进行决策的不可或缺时"米"。"突发"意味着事态模糊，趋势不明，信息杂乱模糊、瞬息多变。特别是在突发事件发生后的第一时间，不及时、不准确、不全面等信息不对称现象表现得尤为突出：信息不及时，是指决策者第一时间未掌握相关信息，下级上报滞后，信息的时效性较差；信息不准确，是指决策者掌握的信息与实际情况存在较大偏差，不能准确地描述事态，信息的准确性较差；信息不全面，是指决策者掌握的信息未能涵盖全部信息，存在较大疏漏，信息的完整性较差。

"信息是突发事件应对的核心要素，信息管理是突发事件应对的基础性工作，突发事件应对的过程是一个信息管理的过程。"[③]换言之，突发事件应对的过程，就是通过信息报告，让决策者及时掌握情况，解决或缓解信息不对称问题，进而作出优质高效决策的过程。一条假的情报，可能葬送数千甚至上万人的生命。因此，古今中外军队里都有一条

① Herbert A. Simon, *Administrative Behavior: A Study of Decision-Making Processes in Administrative Organization* (3rd edition), New York: The Free Press, 1976.

② ［美］布鲁斯·宾伯：《信息与美国民主：技术在政治权力演化中的作用》，刘钢译，科学出版社2011年版，第17—18页。

③ 钟开斌：《突发事件应对中的信息管理：一个基本分析框架》，《东南学术》2020年第2期。

相同的军纪：谎报军情者，杀无赦！《中华人民共和国刑法》（2017 年修正，以下简称《刑法》）第四百二十二条对"隐瞒、谎报军情罪"作出规定："故意隐瞒、谎报军情或者拒传、假传军令，对作战造成危害的，处三年以上十年以下有期徒刑；致使战斗、战役遭受重大损失的，处十年以上有期徒刑、无期徒刑或者死刑。"

信息报告是一个信息自下而上层层流动的过程；任何一个环节出现障碍，都可能导致信息失真，影响最终的决策。英国学者伯恩斯指出："一个人的管理等级越低，他会发现每一个人的任务被其上级规定得越来越明确。超过一定的限度，他就没有足够的权力、足够的信息，通常也没有能够进行决策的足够的技术能力。……他只有一条路——向他的上级报告。"① 在以自上而下的指令传递和执行为基本特征的科层制结构中，"只有处在金字塔顶端的人才掌握足够的信息而作出熟悉情况的决定"，自下而上的信息搜集、上报存在突出的组织问题。② 美国经济学家塔洛克指出，在一个金字塔形的科层结构下，基层员工收集的信息经过层层过滤传到上级手中时，最后剩下的只是其中的一小部分；假如在最初的级别中收到的信息共为 5000 位，并假设每经过一个层级删除一半的信息量，则到第六级时剩下的信息连 80 位也不到。③

俄罗斯学者皮霍亚在《苏联政权史（1945—1991）》一书中写道："苏联政权组织的特有的权力高度集中和追求唯我独尊导致出现众所周知的管理问题：从下面来的'信息流'不可能被用于作出决策。"④ 切尔诺贝利事故发生后，在苏联高度僵化的官僚体制下，自下而上层层忽视甚至故意掩盖事故的真实情况，酿成延迟疏散居民的重大决策失误。

① ［英］伯恩斯：《机械结构和有机结构》，载［英］D.S.皮尤编：《组织理论精粹》，彭和平、杨小工译，中国人民大学出版社 1990 年版，第 28—40 页。
② ［美］戴维·奥斯本、特德·盖布勒：《改革政府——企业精神如何改革着公营部门》，上海市政协编译组、东方编译组编译，上海译文出版社 1996 年版，第 16 页。
③ Anthony Downs, *Inside Bureaucracy*, Santa Monica: Rand Corporation, 1967, p. 117.
④ ［俄］鲁·格·皮霍亚：《苏联政权史（1945—1991）》，徐锦东等译，东方出版中心 2006 年版，第 6 页。

国内外有关灾荒反应的研究，将政府预警和反应失灵的原因分为"不知""不能"和"不愿"三大类。① 对灾荒知情，是政府能够作出有效反应的先决条件；如果不知情，政府就根本无法作出有效的反应。

根据作家刘震云的小说改编的电影《1942》，讲述了 1942 年夏天开始河南大旱，千百万民众外出逃荒的故事。河南受灾后，时任河南省主席李培基将情况上报给蒋介石；因为此前河南一向是粮食丰收大省，蒋介石不相信河南有灾，以为河南省政府虚报灾情。直到 10 月 6 日，国民党才决定派两名大员——中央党政工作考核委员会秘书长张厉生、监察委员张继，到河南视察和开展赈济工作。张厉生表示河南固然有灾，但军粮既不能免也不能减，必须完成任务；同时，也不应对灾荒夸大其词，过分宣传，以免影响抗战士气，扰乱国际视听。影片末尾，蒋介石询问李培基河南旱灾到底死了多少人。李培基习惯性地报出官方的数字："政府统计 1062 人。"蒋介石习惯性地追问："实际呢？"李培基停顿了一下，小心翼翼地回答："大约 300 万人。"

2. 请示报告是政治组织制度

中国共产党是按照马克思列宁主义建党理论建立起来的，以共同的理想信念为基础，具有统一完备组织体系的无产阶级政党。中国共产党区别于其他政党的原因之一，就是它是一个有严格组织纪律的党。《中国共产党章程》（2017 年修改，以下简称《党章》）第三十九条明确规定："党的纪律是党的各级组织和全体党员必须遵守的行为规则，是维护党的团结统一、完成党的任务的保证。党组织必须严格执行和维护党的纪律，共产党员必须自觉接受党的纪律的约束。"

在党的建设史上，请示报告制度是一项重要的政治组织制度。1948年 1 月 7 日，毛泽东为党中央起草了《关于建立报告制度》的党内指示，要求各中央局和分局书记自己动手，每两个月向中央和中央主席作一次

---

① Stephen Devereux, *Theories of Famine: From Malthus to Sen*, New York: Harvester Wheatsheaf, 1993.

综合报告。3 月 25 日，中央又发出《关于建立报告制度的补充指示》，要求各地上下级之间涉及政策及策略性的指示、答复和报告，须同时电告中央。7 月 26 日，中央再次发出《关于严格遵守请示报告制度的指示》，要求各地严格遵守报告制度，凡到期未作报告的必须说明理由。9 月，中央政治局会议正式通过《向中央请示报告制度的决议》，要求所有地方党组织和军区党委严格及时地执行请示报告制度。至此，在短短 8 个月内，通过"三指示一决议"，请示报告制度由之前一般的工作方法、工作要求，转变成为党的一项重要的政治制度。

党的十八大以来，党中央高度重视加强请示报告工作。习近平总书记反复强调，全党必须严格执行重大问题请示报告制度，研究涉及全局的重大事项或作出重大决定要及时向党中央请示报告，执行党中央重大决定的情况要专题报告。他特别指出：

> 作为干部特别是领导干部，在涉及重大问题、重要事项时按规定向组织请示报告，这是必须遵守的规矩，也是检验一名干部合格不合格的试金石。连这一点都做不到，还是一个合格的领导干部吗？领导干部要有组织观念、程序观念，该请示的必须请示，该报告的必须报告，决不能我行我素，决不能遮遮掩掩甚至隐瞒不报。请示报告不是小事，不要满不在乎，这些年来一些干部出事就出在这个上面。该请示报告的不请示报告，或者不如实请示报告，那就是违纪，那就要严肃处理，问题严重的就不能当领导干部。①

近年来，党中央制定出台了《关于新形势下党内政治生活的若干准则》（2016 年）、《中共中央政治局关于加强和维护党中央集中统一领导的若干规定》（2017 年）等党内法规，对加强请示报告工作作出新的规定。2019 年 2 月，中共中央印发了《中国共产党重大事项请示报告条例》，对什么是请示报告、谁向谁请示报告、请示报告什么、怎么请示报告等基本问题作出明确规定。条例第一条明确指出，制定条例的目的，是

---

① 《十八大以来重要文献选编》上，中央文献出版社 2014 年版，第 767—768 页。

"加强和规范重大事项请示报告工作，严明党的政治纪律、组织纪律和工作纪律，保证全党全国服从党中央、政令畅通"。

3. 信息报告有明确制度规定

《墨子·尚同下》云："国家百姓之所以治者，何也？上之为政，得下之情则治，不得下之情则乱。"意思是，能得到下面的真实情况，社会就能治理好；得不到下面的真实情况，社会就会发生动乱。作为人口众多、地域广阔、区域发展不平衡的中央集权制大国，突发事件信息报告对我国具有特殊而重要的意义。

2006年国务院办公厅印发的《关于加强和改进突发公共事件信息报告工作意见等文件的通知》强调，及时报告信息对迅速采取应对措施、控制事态、降低损失、维护稳定具有十分重要的意义。2012年中共中央办公厅印发的《关于加强和改进党委信息工作的意见》强调，要做好信息综合开发、加工整合、信息调研、互联网信息报送等工作，实现信息工作"第一手情况、第一道研判、第一时间报送"的目标，使信息工作成为各级党委了解情况的主要渠道、科学决策的参谋助手、指导工作的有效依据、联系群众的桥梁纽带。

2003年抗击非典的教训之一，是"缺乏公开、透明的报告制度和监测网络"，"导致指挥不统一，信息不畅通，反应不灵敏"[1]。在非典疫情暴发之前，我国采取的是逐级报告的模式，疫情报告的覆盖面、准确性、及时性、共享性都存在很大的问题，导致疫情信息无法及时得到汇总上报，从而影响到中央的决策部署。4月13日，温家宝明确提出："要严格疫情报告制度。所有地方、任何单位都必须及时准确地掌握和上报疫情，绝不允许缓报、瞒报和漏报。否则，要严肃追究有关地方、部门领导人的责任。"[2]4月20日，时任卫生部常务副部长高强在新闻发布会

---

[1] 吴仪：《加强公共卫生建设 开创我国卫生工作新局面——在全国卫生工作会议上的讲话》，《中国卫生质量管理》2003年第4期。

[2] 温家宝：《加强领导 落实责任 坚决打好非典型肺炎防治这场硬仗》，《中国行政管理》2003年第6期。

上坦陈，疫情发生后，卫生部"没有及时对全国的疫情制订统一的收集、汇总、报告制度，要求不明确，指导不得力"；"由于有关部门信息统计、监测报告、追踪调查等方面的工作机制不健全，疫情统计存在较大疏漏，没有做到准确地上报疫情数字"①。5月紧急出台的《突发公共卫生事件应急条例》，就突发公共卫生事件应急报告制度作了明确规定。根据规定，最慢的疫情报告程序是：疫情发现——2小时内报告县级卫生行政部门——2小时内报告县级政府——2小时内报告市级政府——2小时内报告省级政府——1小时内报告卫生部——立即报告国务院，前后合计9小时。条例第二十一条专门规定："任何单位和个人对突发事件，不得隐瞒、缓报、谎报或者授意他人隐瞒、缓报、谎报。"

我国《突发事件应对法》、《国家安全法》、《防震减灾法》、《安全生产法》、《生产安全事故报告和调查处理条例》、《核电厂核事故应急管理条例》（自1993年8月4日起施行）、《中华人民共和国水污染防治法》（2008年修订，以下简称《水污染防治法》）、《环境保护法》、《传染病防治法》、《突发公共卫生事件应急条例》、《中华人民共和国网络安全法》（自2017年6月1日起施行，以下简称《网络安全法》），以及《国家总体应急预案》《国家地震应急预案》《国家突发环境事件应急预案》《国家安全生产事故灾难应急预案》《国家大规模群体性事件应急预案》等相关法律法规、应急预案，对突发事件信息报告的主体、内容、程序、时限等作了明确规定。

> 突发事件发生后，发生地县级人民政府应当立即采取措施控制事态发展，组织开展应急救援和处置工作，并立即向上一级人民政府报告，必要时可以越级上报。突发事件发生地县级人民政府不能消除或者不能有效控制突发事件引起的严重社会危害的，应当及时向上级人民政府报告。（《突发事件应对法》第七条）

---

① 《国务院新闻办公室举行新闻发布会　卫生部常务副部长高强等就非典型肺炎防治情况答记者问》，《人民日报》2003年4月21日。

获悉突发事件信息的公民、法人或者其他组织，应当立即向所在地人民政府、有关主管部门或者指定的专业机构报告。(《突发事件应对法》第三十八条)

地方各级人民政府应当按照国家有关规定向上级人民政府报送突发事件信息。县级以上人民政府有关主管部门应当向本级人民政府相关部门通报突发事件信息。专业机构、监测网点和信息报告员应当及时向所在地人民政府及其有关主管部门报告突发事件信息。有关单位和人员报送、报告突发事件信息，应当做到及时、客观、真实，不得迟报、谎报、瞒报、漏报。(《突发事件应对法》第三十九条)

特别重大或者重大突发公共事件发生后，各地区、各部门要立即报告，最迟不得超过 4 小时，同时通报有关地区和部门。应急处置过程中，要及时续报有关情况。(《国家总体应急预案》"3.2.1 信息报告")

《中国共产党重大事项请示报告条例》也把突发事件请示报告作为重要内容。条例规定，党组织应当向上级党组织报告的事项，包括"重大敏感事件、突发事件和群体性事件应对处置情况""经济社会发展中出现的重要情况和重大舆情"；党组织应当向上级党组织请示的事项，包括"重大突发事件""复杂敏感案件处理""属于自身职权范围内但事关重大或者特殊敏感的事项"。

三、建立开放敏捷的信息报告体系

(一) 内部 + 外部：拓宽信息渠道

1. 信息要"进得来"

信息报告首先要解决入口的问题，也就是保证信息"进得来"。有了信息，政府才能进行分析判断；没有信息，政府就成了盲人摸象。

奥地利裔英国经济学家和政治哲学家哈耶克认为，信息是分散的，政府机构特别是社会主义中央权力机构存在信息搜集困难，不可能了解全部信息。他指出："现代市场秩序在不断进行自我调整时所针对的事件，当然是任何人都不可能全部掌握的。个人或组织在适应未知事物时可以利用的信息，肯定是不完整的。"①"任何个人的知识与信息都具有局限性，任何个人或任何一小群人都不可能知道某个其他人所知道的所有事实。"② 美国经济学家阿罗也指出："政府或任何准政府机构都是一个在获取和利用信息方面能力有限的组织，特别是当政府部门中存在制度性障碍时情况更是如此。"③

美国社会心理学家勒夫特（Joseph Luft）和英格拉姆（Harrington Ingram）提出的"约哈里之窗"理论认为，根据自己和他人对信息是否知晓，信息可分为开放区、盲区、隐秘区、未知区四个区域（见图7-1）。其中，开放区是指自己知道、他人也知道的信息，盲区是指他人知道、自己不知道的信息，隐秘区是指自己知道、他人不知道的信息，未知区是指自己不知道、他人也不知道的信息。

正因为任何组织和个人都可能存在自己不知道但他人知道的盲区，政府的信息来源必须是多种多样的，既有来自政府体系之内的官方渠道，也有来自政府体系之外的民间渠道。丰富多样的信息渠道，有利于政府更及时、更准确、更全面地了解信息，从而尽可能减少信息盲区，降低信息不对称的程度。一方面，官方渠道和民间渠道具有各自的优势，通过相互补充，有利于弥补各自的不足，形成更加全面的信息图景；另一方面，当不同信息渠道都收集到类似消息时，通过相互比对、

---

① ［英］F.A.哈耶克：《致命的自负：社会主义的谬误》，冯克利、胡晋华等译，中国社会科学出版社2000年版，第85页。

② ［英］F.A.哈耶克：《个人主义与经济秩序》，邓正来译，三联书店2003年版，第23页。

③ ［美］肯尼思·阿罗：《信息经济学》，何宝玉等译，北京经济学院出版社1989年版，第212页。

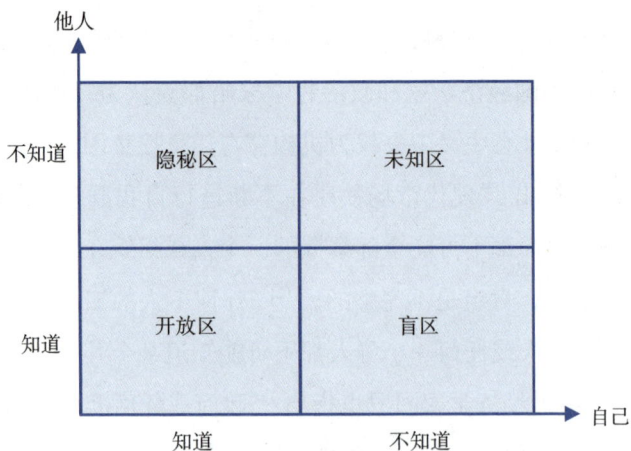

图 7–1　信息 "约哈里之窗" 理论

资料来源：Joseph Luft and Harry Ingham, *The Johari Window: A Graphic Model for Interpersonal Relationships,* Los Angeles: University of California Western Training Lab, 1955。

交叉论证，有利于去伪存真，提高信息的准确性和可靠性。

2. 畅通社会渠道

加拿大学者沃伦（Mark E. Warren）研究指出，公民自发组织的网络有助于形成讨论社会问题的 "公共空间"，对潜在的社会问题作出警告，如同社会的警报系统一般，并影响政府的政策过程。[①] 俗话说："三个臭皮匠顶个诸葛亮。" 每个人掌握的碎片化的信息，经过加工处理，就有可能形成全景式的完整信息。

《纽约客》杂志特约撰稿人索罗维基（James Surowiecki）在《群体智慧》一书中指出，虽然个体的预测混乱无序，但经过整合，就能产生更为准确的最终结果。"在适当的环境下，群体在智力上表现得非常突出，而且通常比群体中最聪明的人还要聪明。即使一个群体中绝大多数人都不是特别地见多识广或富有理性，但仍然能做出一个体现群体智慧的决定。他还提出了群体智慧发挥作用的四个条件：一是观点的多样

[①]　Mark E. Warren, *Democracy and Association,* Princeton: Princeton University Press, 2001.

性，每个人都有私下掌握的信息；二是独立性，人们的观点不受周围人的意见左右；三是分散化，人们能进行专门研究并依照局部认知来作出判断；四是集中化，个体判断能够转变为集体决策。①

古人云："川不可防，言不可弭。下塞上聋，邦其倾矣。"拓宽突发事件信息渠道，要建立健全社会有序参与信息报告的激励机制，动员全社会的力量，让人人都当好"放哨员""信息员""吹哨人"。

我国《突发事件应对法》《传染病防治法》等相关法律法规，对拓宽信息渠道，利用社会力量收集信息作了明确规定。例如，《突发事件应对法》第三十八条规定："县级以上人民政府及其有关部门、专业机构应当通过多种途径收集突发事件信息。""县级人民政府应当在居民委员会、村民委员会和有关单位建立专职或者兼职信息报告员制度。""获悉突发事件信息的公民、法人或者其他组织，应当立即向所在地人民政府、有关主管部门或者指定的专业机构报告。"

"天下以言为戒，最国家之大患也。"毛泽东曾说过："让人讲话，天不会塌下来，自己也不会垮台。不让人讲话呢？那就难免有一天要垮台。"②邓小平也特别强调要善于听取群众的意见。他指出："群众的意见，不外是几种情况。有合理的，合理的就接受，就去做，不做不对，不做就是官僚主义。有一部分基本合理，合理的部分就做，办不到的要解释。有一部分是不合理的，要去做工作，进行说服。"③1978 年 12 月 13 日，邓小平在中共中央工作会议闭幕会上的讲话中，再次强调要善于听取不同意见。

　　人民群众提出的意见，当然有对的，也有不对的，要进行分析。党的领导就是要善于集中人民群众的正确意见，对不正确的意

① James Surowiecki, *The Wisdom of Crowds: Why the Many are Smarter than the Few and How Collective Wisdom Shapes Business, Societies, Economics, and Nations*, New York: Anchor Books, 2004, p. 9.

② 《建国以来毛泽东文稿》第十册，中央文献出版社 1996 年版，第 43 页。

③ 《邓小平文选》第一卷，人民出版社 1994 年版，第 273 页。

见给以适当解释。对于思想问题，无论如何不能用压服的办法，要真正实行"双百"方针。一听到群众有一点议论，尤其是尖锐一点的议论，就要追查所谓"政治背景"、所谓"政治谣言"，就要立案，进行打击压制，这种恶劣作风必须坚决制止。①

从实践来看，社会组织、公民个人、大众传媒等社会力量，在突发事件信息报告中往往发挥着独特而重要的作用。例如，2003年非典在北京暴发流行时，解放军301医院（解放军总医院）的退休外科医生蒋彦永，率先把他了解到的情况公之于众，推动疫情信息公开透明。2019年12月，8名医生在网络上发布"华南水果海鲜市场确诊7例SARS"的消息，虽然信息不完全准确，但在客观上对一定范围群体自我保护意识的提高产生了积极影响。2018年吉林长春长生公司违法违规生产狂犬病疫苗案件的爆出，源于疫苗生产车间内部老员工实名举报。

特别是要发挥好各类媒体的"瞭望塔""警报器"作用。在西方国家，媒体的权力被称为"第四种权力"，是在行政、立法、司法之外的一种监督权。美国现代报业的奠基人普利策有句名言："倘若一个国家是一条航行在大海上的船，新闻记者就是船头的瞭望者，他要在一望无尽的海上观察一切，审视海上的不测风云和浅滩暗礁，及时发出警告。"诺贝尔经济学奖获得者阿马蒂亚·森研究发现，印度独立后之所以一直没有发生大规模的饥荒，是因为自古以来印度就拥有自由独立的出版物；只要出现粮食短缺现象，报纸就会将信息准确地传递给国民。因此，当大规模饥荒迫近时，政府会迅速采取应对措施。②

正如切尔诺贝利事故发生后层层拖延、瞒报过程所表明的，由于社会系统结构性的功能缺失，当时苏联的卫星国——阿尔巴尼亚、保加利亚、罗马尼亚、匈牙利、波兰、捷克共和国、斯洛伐克及南斯拉夫等东欧国家的媒体，都普遍存在体制性的信息传递失灵现象，"报喜不报

---

① 《邓小平文选》第二卷，人民出版社1994年版，第145页。

② Amartya Sen, "Food Battles: Conflicts in the access to food", *Food and Nutrition*, Vol. 10, No.1 (February 1984), pp. 81-89.

忧"。"传媒没有自己的声音，只为各自的政权的宣传机关服务。它们的目的是宣传、灌输和散播假消息。"[1] 曾在 20 世纪 50 年代当过苏联《共青团真理报》和《消息报》总编的赫鲁晓夫的女婿阿朱列伊回忆道："从当时的报纸看，苏联从没有铁路和航空惨剧，从没有沉船事件，矿井从不爆炸，泥石流也不会崩塌，总是一片歌舞升平的景象。"[2]

（二）首报 + 续报：提高上报速度

1. 信息要"上得去"

突发事件信息进入政府体系后，要自下而上快速上报，让上级"知情"，才能引起上级的关注，从而对上级的决策产生积极的影响。突发事件上报的过程，也就是相关信息从下层流通到上层的报送过程。信息上报，既要做好首报，也要做好续报，确保信息能够"上得去"。

1976 年"7·28"唐山大地震发生后，整个唐山的通信设备、道路交通全部陷入瘫痪，只有开滦唐山矿停放在郊区的一辆救护车是完好的。开滦唐山矿工会副主席李玉林开着这辆红色救护车，极速奔驰到中南海向中央报告灾情。当日早上 8 时左右，李玉林一行四人被特别允许进入中南海紫光阁，向中央领导当面报告了灾难的真实情况。上午 10 时，中共中央成立了抗震救灾指挥部，国务院成立了抗震救灾办公室。

亲历者钱钢在纪实文学作品《唐山大地震》中，描述了当时的情景。

> 7 月 28 日凌晨 4 点 10 分左右，地震发生后不到 30 分钟，一辆红色救护车吼叫着从开滦唐山矿开出。它碾过瓦片砖块，驶入起伏不平的新华路，在茫茫灰雾中颠簸、摇摆，拼尽全力奔驰向西。这是自地震之后，唐山市第一辆苏醒的车。车上有四个人。这四个人当时根本没有想到，仅仅 3 个多小时之后，红色救护车会出现在北京中南海的门前。他们中的三个，跨进了国务院副总理们的会议室。

---

① ［美］阿诺德·S. 戴比尔、约翰·C. 梅里尔编：《全球新闻事业：重大议题与传媒体制》，郭之恩译，华夏出版社 2010 年版，第 201—234 页。

② 张允若：《外国新闻事业史新编》，四川人民出版社 1996 年版，第 220 页。

曹国成、李玉林、崔志亮的出现，使国务院副总理们深切意识到了灾难的惨重程度。中南海被搅动了。整个中国被搅动了。

7月28日上午10时整，北京军区副参谋长李民率领指挥机关先头人员，乘飞机在唐山机场紧急着陆。①

信息上报要以统一的信息系统为依托，提高报告的及时性和准确性。我国《突发事件应对法》第三十七条规定："国务院建立全国统一的突发事件信息系统。""县级以上地方各级人民政府应当建立或者确定本地区统一的突发事件信息系统，汇集、储存、分析、传输有关突发事件的信息。"《中国共产党重大事项请示报告条例》第十九条规定："向上级党组织请示重大事项，必须事前请示，给上级党组织以充足研判和决策时间。情况紧急来不及请示必须临机处置的，应当按照规定履职尽责，并及时进行后续请示报告。突发性重大事件应当及时报告，并根据事件发展处置情况做好续报工作。"

突发事件信息上报的基本原则是，"即到即报、及时核实、加强研判、随时续报，不许迟报、漏报、谎报、瞒报"。在传统的高度集权的官僚制组织中，决策的链条比较长，信息经过层层上报后可能被过滤、扭曲，导致决策者错失决策的最佳时机。美国公共行政学家盖伊在《官僚政治》一书中写道："任何官僚体制都具有自我膨胀的趋势，全职文官通过控制信息、政策提案和有关可行性的知识的能力，即便他不是决策部门，也绝对有能力影响政治，可以通过控制上面的政治首脑来做出决定。"②在实践中，也经常出现地方上报不及时或故意瞒报、漏报信息的情况，导致事态愈演愈烈甚至最终失控。对此，要进一步规范突发事件信息报告制度，健全突发事件信息报告激励机制，提高地方对突发事件信息报告重要性的认识，避免或减少信息延误或失真情况的发生。

---

① 钱钢：《唐山大地震》，当代中国出版社2017年版，第46、54—55页。
② ［美］彼得斯·盖伊：《官僚政治》，聂露、李姿姿译，中国人民大学出版社2006年版，第25页。

2. 增强首报意识

突发事件信息报告是一个动态的过程，包括首报、续报、终报三个不同环节，基本要求是"首报要快、续报要准、终报要全"。所谓"首报要快"，是指在事发后第一时间按规定及时上报；首报的信息要素应包括事发时间、地点、人员、原因、类型等。所谓"续报要准"，是指根据事态发展持续不断地报告信息；续报的信息要素应包括事件进展情况、危害程度、影响范围、持续时间和采取的措施等。首报可能"快而不准"，续报可能"不快"但一定要"准"，要不断补充或修正有关信息。所谓"终报要全"，是指最后要全面综合地报告有关信息；终报的信息要素应包括事件结果、处理情况、善后工作和整改措施等。

周恩来对身边工作人员有"两个立即报告"的要求：第一，国内外发生的重大事情，要立即报告；第二，毛主席找他时，要立即报告。周恩来还提出具体要求：不管他是在主持会议还是在接见外宾，都要立即写条子递进去；如果在睡觉，哪怕刚刚吃了安眠药，也要立即叫醒他。同时，报告要准确、及时：报告情况和问题要非常准确，不允许有大概、可能之类情况，"如你报告得不十分肯定，就让你弄清后再报告"；报告不许延误时间，要简明扼要，"一句话能说明的，不说两句"[1]。

原国务院应急管理办公室 2015 年下发的《关于切实加强突发事件信息报告工作的通知》（应急办函〔2015〕16 号）规定："事发地人民政府是突发事件信息报告的责任主体，有关部门按照各自职责负责报告相关类别的突发事件信息。"时效性是突发事件信息报告的"生命线"。在首报、续报、终报三个环节中，要特别做好事发后第一时间的首报工作，提高信息报告的主动性和及时性。对重特大突发事件的首报时限，上述通知提出了"30 分钟内电话报告、1 小时内书面报告"的具体要求："要进一步强化首报意识，重特大事件发生后，要采取一切措施尽快掌握情况，力争 30 分钟内向国务院总值班室电话报告、1 小时内书面报

---

[1] 李洪峰：《周恩来——永远的榜样》，人民出版社 2018 年版，第 22 页。

告"。《中国共产党重大事项请示报告条例》第十九条规定："突发性重大事件应当及时报告,并根据事件发展处置情况做好续报工作。"

(三)上报 + 通报:加强共享共通

1. 信息要"连得通"

突发事件信息报告既包括自下而上的纵向上报,也包括从左到右的横向通报。做好横向通报,要求部门之间、地区之间、军地之间以及国(境)内外之间,建立信息共享机制,确保突发事件信息"连得通"。特别是在全球化时代,随着跨界突发事件频发,事件的影响和后果会在不同部门、不同地区甚至不同国家(地区)之间产生连锁联动效应,需要建立跨界信息共享机制,以便更好地进行协同应对。

与上下级之间基于权力的等级协调不同,部门之间、地区之间、军地之间以及国(境)内外之间的协调,是一种基于自愿的无等级协调。与等级协调相比,无等级协调难度更大,在协调过程中更容易出现各种矛盾和冲突。公共选择学派创始人之一的塔洛克(Gordon Tullock)研究指出,政府官僚体系内不同的机构之间因不同的利益不断发生冲突,致使政府的整体凝聚力沦为"官僚机构各自为政"的牺牲品。①

2003 年 4 月初,北京的非典疫情已十分严重,但卫生部和北京市仍无法掌握确切的数据。其中的一个重要原因,是北京地区的医疗体系错综复杂,信息互不共享。4 月 20 日,时任北京市委书记刘淇在北京市领导干部大会上坦言,北京市在疫情防治工作中存在的明显不足之一,是"信息不畅通,疫情统计数字不准确"②。在当日国务院新闻办举行的新闻发布会上,时任卫生部常务副部长高强也指出了当时信息共享

---

① Gordon Tullock, *The Politics of Public Bureaucracy*, Cambridge: Harvard University Press, 1965.

② 孙玉山、徐飞鹏:《传达中央关于北京市政府主要领导职务变动决定》,《北京日报》2003 年 4 月 21 日。

存在的问题。

　　北京地区二级以上的医院有 175 家，其中，北京市的市、区、县属医院有 131 家，卫生部、教育部所属的医院有 14 家，军队、武警所属的医院有 16 家，各行各业所属的医院有 14 家。这些医院彼此之间缺乏有效的联系，也没有一个统一的领导，信息互不沟通，资源不能整合。而目前收治的病人分散在 70 多家医院里，北京市没有全面准确的统计。[①]

4 月 30 日，在北京防治非典联合工作小组举行的第二次新闻发布会上，时任北京市代市长王岐山指出，中央决定成立北京防治非典联合工作小组的一个目的，是把分散在各系统的疫情信息整合起来。

　　我可以负责任地讲，就我上任以来公布的数字都是非常准确的，坦白的。在这之前有些数字不准，应该说主要来自于统计口径不同。由于北京是首都，中央的、军队的、武警的等各系统的医疗机构在这场突如其来的疾病面前，在统计上难以做到全面。中央在 17 日决定成立北京防治非典联合工作小组，其中有一个目的也是把信息能够准确地反映出来。[②]

2. 强化信息共享

信息联动共享是突发事件信息报告的重要方面，我国相关法律法规对此作了明确规定。例如，我国《突发事件应对法》第三十七条规定，县级以上地方各级政府建立或者确定的本地区统一的突发事件信息系统，应"与上级人民政府及其有关部门、下级人民政府及其有关部门、专业机构和监测网点的突发事件信息系统实现互联互通，加强跨部门、跨地区的信息交流与情报合作"。《国家安全法》第五十一条规定："国家健全统一归口、反应灵敏、准确高效、运转顺畅的情报信息收集、

[①] 《国务院新闻办公室举行新闻发布会　卫生部常务副部长高强等就非典型肺炎防治情况答记者问》，《人民日报》2003 年 4 月 21 日。

[②] 《王岐山就北京防治非典情况答记者问》，2003 年 4 月 30 日，见 http://www.china.com.cn/chinese/zhuanti/feiyan/323343.htm。

研判和使用制度，建立情报信息工作协调机制，实现情报信息的及时收集、准确研判、有效使用和共享。"《传染病防治法》第三十六条规定："动物防疫机构和疾病预防控制机构，应当及时互相通报动物间和人间发生的人畜共患传染病疫情以及相关信息。"该法第三十五条规定：

> 国务院卫生行政部门应当及时向国务院其他有关部门和各省、自治区、直辖市人民政府卫生行政部门通报全国传染病疫情以及监测、预警的相关信息。

> 毗邻的以及相关的地方人民政府卫生行政部门，应当及时互相通报本行政区域的传染病疫情以及监测、预警的相关信息。

> 县级以上人民政府有关部门发现传染病疫情时，应当及时向同级人民政府卫生行政部门通报。

> 中国人民解放军卫生主管部门发现传染病疫情时，应当向国务院卫生行政部门通报。

加强突发事件信息联动共享，需要建立信息共享平台。为此，相关部门之间、地区之间、军地之间要增强大局意识，树立"一盘棋"的思想，提高信息联动共享的及时性、完整性、准确性。特别是，针对当前突发事件信息资源分散在各部门、缺少横向信息共享的现象，要建立跨部门横向信息共享联动机制，提高信息实时共享的程度。

区域间和国际间的信息分享，也是突发事件信息共享的重要内容。我国《突发事件应对法》第十五条规定："中华人民共和国政府在突发事件的预防、监测与预警、应急处置与救援、事后恢复与重建等方面，同外国政府和有关国际组织开展合作与交流。"及时发布疫情信息，加强与国际社会合作，是我国抗击新冠肺炎疫情的基本做法和宝贵经验。2020年3月27日，习近平总书记同美国总统特朗普通电话时指出："新冠肺炎疫情发生以来，中方始终本着公开、透明、负责任态度，及时向世卫组织以及包括美国在内的有关国家通报疫情信息，包括第一时间发布病毒基因序列等信息，毫无保留地同各方分享防控和治疗经验，并尽己所能为有需要的国家提供支持和援助。我们将继续这样做，同国际社会一道战胜这场疫情。"①

随着全球化进程不断加快和综合国力不断提升，我国正日益走近世界舞台的中央，成为全球大家庭中不可或缺的重要成员。作为负责任的大国，我国有责任、也有能力继续本着开放合作的态度，积极参与应急管理领域的国际合作，完善区域间、国际间突发事件信息共享机制，为构建普遍安全的人类命运共同体作出积极贡献。

---

① 《习近平同美国总统特朗普通电话》，《人民日报》2020 年 3 月 28 日。

第八讲

决策部署：运筹帷幄之中

谋事要实，就是要从实际出发谋划事业和工作，使点子、政策、方案符合实际情况、符合客观规律、符合科学精神，不好高骛远，不脱离实际。

——习近平在参加十二届全国人大二次会议安徽代表团审议时的
讲话（2014 年 3 月 9 日）

一、"最让我伤脑筋的决策"

2006 年 6 月开始，福建省南平市建瓯市（县级市）迎来罕见的持续大雨。6 月 6 日，一场仅次于 1998 年的大洪水再次来袭。当日中午，城区开始大面积进水，水位高达 103.95 米，超出危险水位 7.95 米，65％的城区被淹没，洪水最深处达 6 米，电力、供水和公路交通中断。

突如其来的洪水，直接威胁到第二天即将举行的全国统一高考。当年高考，建瓯市共设有五个考点，有来自全市 18 个乡镇（街道）的 4681 名考生。洪灾导致五个考点中的三个被淹，建瓯一中、二中地势较高，幸免于难；六中水位最深时，超过了 1.5 米；四中进水最深处达 2 米；三中受灾最严重，洪水深达 3.3 米，一层教室全部被淹。

水文气象部门预测："6 月 6 日 23 时洪峰将通过建瓯市，此后洪水将以每小时 20 厘米的速度退去，到 6 月 7 日早 7 时，所有考场将不再浸水。"福建省、南平市领导对建瓯市提出要求："高考事关重大，尽力确保建瓯市高考与全国同步进行。"14 时 30 分，时任建瓯市委书记卓立筑主持召开全市高考应急工作会议，对各项保障服务工作进行部署。

不过，到了傍晚，大雨依然无休止地下个不停，降雨量和洪水水位仍在节节攀升，情况越来越严重。20 时，建瓯市召开第二次高考紧急会议。在听取市教育局高考延期预案的汇报后，根据当时的水情、灾情，与会的大部分人员倾向于高考延期。市委、市政府处在两难境地。会议最终决定，以确保如期高考为主，并做好延期高考的准备。

没想到，到了当晚 23 时，水情、雨情、灾情更加严峻。建瓯市召开第三次高考紧急会议，就是否延期高考再次进行研究。会议决定，启动高考延期预案,并由市长向上级政府汇报这一情况。接报后,福建省领导随即指示:"当所有的考生把自己的状态调整到最佳迎考时,如果因改变考试时间出现成绩不理想,向政府讨说法怎么办?因此,要慎重。"南平市委书记发来短信:"高考事定后请告知,我和市长在防办等你们的消息。"随后,南平市市长打来电话:"你在现场,最了解情况,是否延期高考,决策后及时报告。"思量再三,建瓯市委、市政府决定还是以确保如期考试为主,万不得已才启动延期高考预案。①

6月7日凌晨1时,水文部门报告,洪峰过后水位只下降了0.11米。6时20分,市区水位只退去0.9米,洪水最深处达6米,大部分地区水深1.5米。整个城区受淹面积太大,冲锋舟无法在短时间内将数千名考生按时送到考场,许多考生的安全无法得到保障。同时,五个考点中有三个还在浸水、断电,考生即使赶到考场也无法正常考试。

7时,离高考开考还有2个小时,卓立筑最终作出决定——高考延期,同时向上级领导报告。卓立筑感慨道:"我工作这么长时间,延期高考的决策是最让我伤脑筋的。"他说起当时下定决心延期高考的理由:

> 第一,这么大的洪水已经危及考生的安全;第二,4000多名考生再加上远远超过考生人数的家长,能不能在短短的两个小时内送到考场,我们心中没数。此外,还有更多的考生住在受灾严重的偏僻地方出不来。能不能保证这些考生按时到达考场,我们心中也没有数。一切为了考生的安全,为了考生能够在一个好的环境里考出好的成绩,所以我紧急请示上面,要求推迟高考时间。②

10时30分,教育部批准建瓯市高考延期,此时高考已开考1.5小时。新中国成立以来最大规模的高考延期,就此正式作出了决定。③

---

① 卓立筑:《危机管理——新形势下公共危机预防与处理对策》(第2版),中央党校出版社2013年版,第149页。

② 何春中:《新中国最大规模高考延期决策内幕揭秘》,《中国青年报》2006年6月14日。

③ 陈统奎:《福建建瓯延期高考风波:市委书记作出艰难决策》,《新民周刊》2006年6月21日。

决策是当领导最重要的工作，管理就是决策，"在一切失误中，决策的失误是最大的失误"。突发事件应对的本质是紧急决策部署，要求决策者在情况不明、时间紧迫、资源有限的条件下迅速研究制定方案。应急决策部署遵循哪些基本原则，面临哪些重大挑战，容易出现哪些失误？紧急情况下如何又快又好地作出决策？

二、决策的失误是最大的失误

（一）决策是当领导最重要的工作

1."不负责任的官僚主义"事件

《周恩来年谱（1949—1976）》讲述了 1973 年 9 月 9 日晚巴基斯坦民用飞机在首都机场上空放油着陆的过程中，发生的一起层层请示达 13 个环节的"不负责任的官僚主义"的重大事件。

> 九日夜，一架载有参加亚非拉乒乓球友好邀请赛外国运动员及其他来宾的巴基斯坦航空公司的飞机，从北京机场起飞不久，因飞机发动机故障，请求返航降落，同时要求在空中放油。对此，国内从机场调度到民航各级领导部门层层请示达十三个环节，无人敢做主解决，致使飞机在空中带险盘旋了三十三分钟。后由张瑞霭断然命令地面指挥告该机"放油、着陆"，飞机方安全着陆。今日，周恩来召集民航等部门开紧急会议，详细调查事情经过，当场表扬张瑞霭做了一件大好事，说：我非常感谢你！并严厉批评一些部门的领导人：简直是官僚主义！不负责任的官僚主义！指出：我们许多事情之所以难办，就是办事要层层上报，无人做主。今后机构要精简，权力要下放，要坚决改革，减少层次，让懂行的人来领导，让飞行员出身的人来指挥飞机。这不仅是关系飞行安全的重大问题，也是关系到国际影响的重大

问题。①

9 月 10 日 22 时左右，周恩来召集空军、民航总局、总参等部门的相关人员，开会研究这起事件存在的问题。事发当晚在总参作战部作战值班室值班的彭志珊，参加了此次会议。他回忆了当时开会的过程。

周恩来开门见山地说："在这个问题上，层层请示达 13 个环节之多，没有一个敢做主，致使飞机在空中带险盘旋了 33 分钟之久。为搞清问题，今天把各个环节的经办人员和领导都请来了，首先从首都机场调度室开始，一个环节一环节的核对情况。"在核对电话记录后，周恩来问彭志珊是怎样向上级报告的，上级有何指示？彭志珊按照电话记录一字一句地念给周恩来听：多少分多少秒，报告领班处长万国平，他指示报告带班部长；多少分多少秒，报告带班部长耿志刚，他指示报告张才千副总长；多少分多少秒，报告张副总长，他接电话后怎样指示的；多少分多少秒，将张副总长指示告空军和北京军区。这样，整个事件的来龙去脉就清楚了。周恩来意味深长而又很严肃地对与会人员说：

> 巴基斯坦这架飞机上坐的都是参加亚非拉乒乓球友好邀请赛的外国运动员及其他来宾。在飞机起飞后不久，发动机就发生了故障，巴机要求放油返回机场降落。然而层层请示，经过 13 个环节，竟无人敢做主解决，致使飞机在空中带险盘旋了半个多小时。如果出了事，这还了得呀！必然影响我国的声誉。从大家谈的情况看，在这 13 个环节中有 20 多人参与了此事的办理，没有一个人敢做主下达放油返航降落的命令。只有沈图和张瑞霭听到消息后，才断然进行了处置。我要感谢你们为党和国家做了一件大好事。②

2."管理就是决策"

决策，即策划、决定，是指"选择一个可供贯彻实行的方案的过程"。"形成决策通常要有一个决策者（作出最后选择的人）和一个决策

---

① 中共中央文献研究室编：《周恩来年谱（1949—1976）》下卷，中央文献出版社 1997 年版，第 619—620 页。
② 彭志珊：《风范长存——记我参加周总理召开的一次会议》，《中华魂》2012 年第 13 期。

机构（所有参与决策的人组成的小组、团体或政府）。他们通过分析信息、确定目标、提出各种方案、对这些方案作出评价，然后得出一个结论来对一个确定的问题或一系列问题作出反应。"① 从词语构成来看，决策包括"策"和"决"两部分。"策"是主意、方案，"决"是选择、决定；"策"是想办法，"决"是拿主意。决策，是指从各种可能的方案中，选择比较理想的方案。

俗话说，"对症下药"。事态研判是了解情况，把"症状"搞清；决策是拿定主意，把"药方"开好。在华佗看病的故事里，李延、倪寻两位患者感觉相同，都是头疼发热，但华佗却给两人开了不同的药方。

决策是管理的核心，贯穿整个管理活动。常言道，"谋定而后动""三思而后行"。"谋"和"思"的过程，就是决策的过程。只有"谋定""三思"了，"未战而庙算胜"，后续的行动才能跟得上、做得好。美国著名管理学家西蒙有句名言："决策是管理的心脏，管理是由一系列决策组成的，管理就是决策。"

决策是当领导最重要的工作，决策能力是领导能力的核心。诸葛亮曾说过："有勇无谋，是谓匹夫；有谋无勇，是谓文士；有勇有谋，方为大丈夫。"优秀的领导，除了具备胆识，还得足智多谋，关键时刻才能作出好的决策。德鲁克曾说过："只有管理者才需要做决策。管理者之所以为管理者，正是由于他拥有特殊的地位和知识，所以人们期望他能做出对整个组织、绩效和成果具有特殊影响的决策。"②

毛泽东指出："领导者的责任，归结起来，主要地是出主意、用干部两件事。一切计划、决议、命令、指示等等，都属于'出主意'一类。使这一切主意见之实行，必须团结干部，推动他们去做，属于'用干部'一类。"③

---

① ［英］戴维·米勒、韦农·波格丹诺主编：《布莱克维尔政治学百科全书》（修订版），邓正来编译，中国政法大学出版社 2002 年版，第 196 页。

② ［美］彼得·德鲁克：《卓有成效的管理者》，许是祥译，机械工业出版社 2019 年版，第 135 页。

③ 《毛泽东选集》第二卷，人民出版社 1991 年版，第 527 页。

邓小平也指出："我的抓法就是抓头头，抓方针。重要的政策、措施，也是方针性的东西，这些我是要管的。"①习近平总书记指出："谋事要实，就是要从实际出发谋划事业和工作，使点子、政策、方案符合实际情况、符合客观规律、符合科学精神，不好高骛远，不脱离实际。"②

3. 决策的失误是最大的失误

1962年10月16日至28日，加勒比海地区发生了一场震惊世界的古巴导弹危机。引发此次危机的缘由是，1959年，美国在意大利和土耳其部署了中程弹道导弹雷神导弹和朱比特导弹；苏联为了扳回一城，在古巴部署了导弹。古巴导弹危机虽然仅仅持续了13天，却是冷战期间苏美两个超级大国之间最激烈的一次对抗，世界处于千钧一发之际。

当时驻扎在古巴的格里布科夫将军，1992年在古巴首都哈瓦那参加古巴导弹危机会议时，描述了当时苏联在古巴的军事部署情况，并称那13天是个"最引人瞩目的时刻"：当时在古巴驻扎的苏联军队高达4.3万人，美国中央情报局当时估计只有1万人；苏联部队装备有核弹头，中央情报局从未确认过核弹头是否真正运抵古巴；特别是苏联的战地指挥官曾得到授权，万一与莫斯科的通讯联系发生中断，可自行决定使用战术核武器对付美国入侵。③

2002年10月，在纪念古巴导弹危机40周年大会上，苏联潜艇老兵奥尔洛夫讲述了一段40年来一直不为外人所知的惊人内幕——一个"不"字阻止了核战爆发：在这场危机中，一位苏联潜艇舰队的指挥官充当了"救世主"的角色，把世界从核战争的边缘拉了回来。

1962年10月27日，苏联B-59号潜艇正在古巴海域潜航。突然，海面上的美国"比勒"号驱逐舰向潜艇投下了一连串的深水

---

① 《邓小平文选》第二卷，人民出版社1994年版，第70页。

② 《习近平李克强张德江刘云山王岐山张高丽分别参加全国人大会议一些代表团审议》，《人民日报》2014年3月10日。

③ ［美］罗伯特·肯尼迪：《十三天：古巴导弹危机回忆录》，贾令仪、贾文渊译，北京大学出版社2016年版，"序言"第2—3页。

炸弹。美国人的意图很明显：潜艇要么浮出水面，要么葬身海底。但美国人不知道，受攻击的这艘苏联潜艇，与另 3 艘在古巴海域游弋的苏联潜艇一样，都装载着带有核弹头的鱼雷。

深水炸弹在 B–59 号潜艇附近爆炸。潜艇内的苏联官兵们都以为遭到了美军的攻击，B–59 号潜艇艇长瓦伦丁·萨维特斯基确信美国已经开始向苏联发动了核战争，他立即向潜水艇上的水兵们发出命令，要求立即向海面上的美军军舰发射核鱼雷。

然而，当时该潜艇舰队的指挥官瓦斯利·阿尔希波夫正好坐镇在 B–59 号潜艇上，并且知道潜艇上的鱼雷是"核鱼雷"。阿尔希波夫不顾潜艇上众军官的反对，断然阻止了潜艇艇长萨维特斯基向美军舰艇发射核弹的命令，而是坚持要求苏联潜艇浮出海面向美军投降。在苏联军官们眼中，这是一个羞辱性的命令。随后，阿尔希波夫率领潜艇浮出海面后，被美军驱离了古巴海域。①

正确决策是正确执行的基础，是各项工作获得成功的重要前提。1986 年 7 月 31 日，时任国务院副总理万里在全国软科学研究工作会议上的讲话中，正式提出了"决策民主化、科学化"的目标。他说："在一切失误中，决策的失误是最大的失误。一着不慎，全盘皆输。'大跃进'决策的失误造成数以千亿计的重大损失。"②1987 年 5 月 26 日，薄一波在全国整党工作总结会议上指出："党的决策能否科学地制定，避免大的失误……直接关系国家、民族和人民的命运和前途。"③

新中国的历史实践告诉我们："战略决策的成功是最大的成功，战略决策的失败是最大的失败。"④党的十八大报告强调："坚持科学决策、民主决策、依法决策，健全决策机制和程序，发挥思想库作用，建立健

① 《这个男人阻止了第三次世界大战》，《现代快报》2012 年 9 月 27 日。
② 《新时期科学技术工作重要文献选编》，中央文献出版社 1995 年版，第 197 页。
③ 薄一波：《关于整党的基本总结和进一步加强党的建设》，《人民日报》1987 年 6 月 1 日。
④ 胡鞍钢：《中国集体领导体制》，中国人民大学出版社 2013 年版，第 129 页。

全决策问责和纠错制度。"党的十九大报告强调:"健全依法决策机制,构建决策科学、执行坚决、监督有力的权力运行机制。"党的十九届四中全会指出:"健全决策机制,加强重大决策的调查研究、科学论证、风险评估,强化决策执行、评估、监督。"

(二)应急管理的本质是紧急决策

1. 突发事件是一种特殊决策情景

基于结构化程度的不同,西蒙把决策问题分为结构化、非结构化、半结构化三大类。其中,结构化决策问题是指可借助确定的预测和决策模型进行描述,以适当的算法产生决策方案,并能从多种方案中选择最优解的决策问题;非结构化决策问题是指难以用确定的预测或决策模型进行描述的一类问题,这类问题常常是重大事件或突发问题;半结构化决策问题是指介于结构化与非结构化之间的一类问题。[1] 突发事件发生后的决策问题,是一种非常典型的非结构化决策问题。

实际上,经典的危机管理理论是从决策的角度来定义"危机",把"危机"界定为一种特殊的决策情景的。例如,荷兰危机管理专家罗森塔尔(Uriel Rosenthal)等认为:"危机是对一个社会系统的基本价值观和行为准则架构产生严重威胁,并且在时间压力和不确定性极高的情况下,必须对其做出关键决策的事件。"[2] 美国国际政治学家赫尔曼(Charles F. Hermann)认为:"危机是一种形势,在这种形势下:决策单元的优先目标受到威胁;决策者在形势进一步发展前作出反应的时间受限;事件的发生使决策者感到震惊。"[3] 以色列政策学家德罗尔

---

[1]　Herbert A. Simon, *Administrative Behavior*: *A Study of Decision-Making Processes in Administrative Organization* , New York: The Free Press, 1976.

[2]　Uriel Rosenthal, Michael T. Charles and Paul't Hart (eds.), *Coping with Crises: The Management of Disasters, Riots and Terrorism,* Springfield: Charles C. Thomas, 1989, pp. 3-33.

[3]　Charles F. Hermann, *Crises in Foreign Policy*: *A Simulation Analysis*, New York: Bobbs-Merrill, 1969, pp. 29-30.

（Yehezkel Dror）指出："危机决策是逆境中政策制定的一种特殊方式，它对许多国家具有极大的现实重要性，对所有国家则具有潜在的至关重要性。危机越是普遍或致命，有效的危机决策就越显得关键。危机中作出的决策非常重要而且大多不可逆转。"①

"9·11"事件发生后，第一时间赶到世贸双塔事发现场的纽约市长朱利安尼，在自述中谈到了当时他所面临的决策难题。

> 我必须立刻集中心思，回转思绪，面对蜂拥而来的重大决策：中央车站是否也遭到攻击？有没有传出其他的攻击事件？哪里可以调派建筑装备又如何运往位于市区的灾难现场？

> 例如，我立刻决定，现场的抢救行动势必全天候进行。时间拖得越长，埋在瓦砾堆下生还者的存活几率更加渺茫，决不能每晚八点收工，隔天早上八点再来；应该设法在现场架设夜间照明设备，抢救工作片刻不能间断。现场人员铁定要实施十二小时轮班制。但现场面积辽阔，哪里有足够的照明设备覆盖如此惊人的范围？何况还要找到人员负责架设与提供设备电源，周边道路上满布着废弃车辆，放眼望去尽是楼宇的残墟破瓦。②

2. 应急决策是领导干部的基本功

应急决策经常被称为"刀尖上的舞蹈"，既惊险又刺激。英国首相丘吉尔有句名言："在危机中，人们希望目睹领袖的容颜，直接接受他的指挥。"与常规决策相比，应急决策是对领导干部更大的考验，是领导干部必须掌握的基本功。

2008年瓮安"6·28"事件发生后，当晚19时30分，信息层层上报至贵州省公安厅。时任贵州省委常委、政法委书记、公安厅厅长崔亚东，详细回顾了接报后第一时间的决策过程。

---

① ［以］叶海尔·德罗尔：《逆境中的政策制定》，王满船、尹宝虎、张萍译，国家行政学院出版社2009年版，第215页。

② ［美］鲁迪·朱利安尼：《领导：纽约市长朱利安尼自述》，韩文正译，译林出版社2005年版，第22—23页。

6月28日19时30分，我接到公安厅指挥中心的电话报告，遂与在现场的瓮安县公安局副局长周国祥通了电话，感到事态十分严重，遂立即赶往公安厅指挥中心，并采取以下措施：一是立即启动《贵州省公安厅处置突发事件总体预案》；二是指派分管副厅长张宜华同志立即赶赴瓮安组织处置；三是立即成立了由公安、武警、省委宣传部等负责人组成的应急处置指挥部（相关人员很快赶到指挥中心）；四是紧急调集公安民警、武警（先期公安600余名、武警1200余名）赶往现场进行处置；五是相继派出现场处置组、专案调查组、法医技术组、舆论引导组赶往瓮安县开展工作；六是与州、县公安局长及现场指挥员保持不间断联系，及时掌握事态发展最新情况，要求现场每半小时报告一次情况；七是立即向省委、省政府、公安部报告。①

22时30分，时任贵州省委副书记王富玉赶到省公安厅指挥中心，崔亚东带领相关人员紧急赶赴瓮安。6月29日凌晨1时许，崔亚东一行到达事发现场后，立即决定采取强制措施，组织警力驱散现场聚集人员，并当场抓获打砸抢烧不法人员，迅速控制了局面。

2008年汶川特大地震发生后，当晚召开的中央政治局常委会就抗震救灾工作进行研究部署，确定了以下措施：全力搜救被埋群众、抢救受伤人员，迅速向灾区运送救灾物资，抢修电信、电力、公路、铁路设施，防止余震造成新的损失，及时发布有关信息。在会上，胡锦涛谈到了他接到报告后第一时间决策部署的过程。

今天下午两点三十分左右，四川汶川发生特大地震。得到这个消息后，我和家宝同志很快进行商量，采取了几个措施。一是由家宝同志率领国务院有关部门负责同志赶往灾区现场。刚才得到消息，他们已经到了成都，但继续往前走就进不去了，断路了。现在

---

① 崔亚东：《群体性事件应急管理与社会治理——从瓮安之乱到瓮安之治》，中央党校出版社2013年版，第189页。

他们还在设法进去。二是我马上给部队下达命令，要总参和武警都派负责同志随同家宝同志赶赴救灾第一线，要求各有关部队及时跟地方联系，按照地方要求迅速投入抗震救灾工作。三是知道救援人员进不去后，我命令成都军区十三集团军陆航二团的两架直升机进去，了解灾情，看怎么往里运送需要的救灾物资。我又命令十三集团军、武警三十八师，加上省武警总队，大概五千人，徒步前进，迅速赶赴灾区。我还要克强同志在北京把后勤保障应急机制建立起来，及时对外发布信息，稳定人心。①

3. 应急处置要坚持比例原则

在"决"和"策"中，"策"是"决"的前提。作出决定，首先得有一定的备选方案可供决策者选择；因此，要先"策"后"决"，多"策"快"决"。俗话说："一把钥匙开一把锁。"应急决策需要根据突发事件的特点和现场的具体情况，研究确定有针对性的应急处置措施。

应急处置措施是多种多样的，从类型来看，主要包括救助性、保护性、保障性、控制限制禁止性四大类。②应急救助是指为避免或减少损失而提供各种救助救济，包括直接提供和间接提供两种方式——前者如对面临生命威胁的人员提供医疗救助，对流离失所的受灾人员提供食宿、衣物等基本需要；后者如帮助灾区和灾民进行自救。应急保护是指对国家机关、公共机构、公共设施和私人财产提供比平时更严格的保护，对冲击、破坏等行为实施比平时更严厉的制裁。应急保障是指为克服政府财力、物力、人力不足而增加公民负担和限制公民权利，如紧急征用财产、征调人员，强制提供生产和服务，配给供应、价格管制和进出口限制等。应急控制限制禁止主要涉及对人的处理，如强制隔离使用器械相互对抗或者以暴力行为参与冲突的当事人，封锁有关场所、道路，查验现场人员的身份证件，限制有关公共场所内的活动等。

---

① 《胡锦涛文选》第三卷，人民出版社 2016 年版，第 77 页。

② 钟开斌：《中外政府应急管理比较》，国家行政学院出版社 2012 年版，第 289 页。

我国《突发事件应对法》、《防震减灾法》、《安全生产法》、《传染病防治法》、《中华人民共和国戒严法》（1996 年 3 月 1 日颁布施行），以及《国家总体应急预案》、《突发事件生活必需品应急管理暂行管理办法》（2003 年 11 月 3 日公布施行）等法律法规和政策文件，对应急处置措施作了明确规定。例如，《突发事件应对法》第四十九至五十一条，区分了三种突发事件情形下的应急处置措施内容：自然灾害、事故灾难或公共卫生事件发生后，采取各类控制性、救助性、保护性、恢复性措施；社会安全事件发生后，采取具有较强的控制、强制特点的措施；发生银行挤兑、股市暴跌、金融危机等严重影响国民经济正常运行的情况时，采取保障性、控制性措施。①

应急处置措施的采取和实施，应当坚持比例原则，控制权力滥用。比例原则也称"最小侵害原则""禁止过度原则""平衡原则"，是指行政机关行使自由裁量权时，应在全面衡量公益与私益的基础上，选择对相对人侵害最小的适当方式进行，不能超过必要的限度。"实施应急处置措施的基本原则应与行政紧急措施性质一致、与紧急危险程度一致、与紧急危险阶段一致、与紧急危险类别一致。"②我国《突发事件应对法》第十一条规定："有关人民政府及其部门采取的应对突发事件的措施，应当与突发事件可能造成的社会危害的性质、程度和范围相适应；有多种措施可供选择的，应当选择有利于最大程度地保护公民、法人和其他组织权益的措施。"坚持比例原则，要求在采取和实施应急处置措施的过程中，坚持以尽可能低的行政成本和对行政相对人利益尽可能小的损害，来达到有效控制事态的目的。

---

① 汪永清：《〈突发事件应对法〉的几个问题》，《中国行政管理》2007 年第 12 期。
② 《中华人民共和国突发事件应对法注释本》，法律出版社 2008 年版，第 34 页。

三、建立权责一致的应急决策机制

（一）战略＋战术：合理分工授权

1. 决策要"有收有放"

军事行动分为战略、战役、战术三个不同的层次。其中，战略是指导战争全局和长远发展的规划和方略，战术是指导和开展战斗的具体方法，战役是战争的一个局部或相关多个战斗的总称。战略、战术、战役三者的层面、范围和作用不同，战略是高层面、大范围、管长远的，战术是浅层面、小范围、管暂时的，而战役是直接服务和受制于战争全局的。不过，战略、战术、战役三者之间又是有机联系、相互影响的，它们共同构成了一个完整的系统。

在突发事件应急决策过程中，会有来自不同层级、不同部门、不同地域、不同行业的各个主体。应急决策应该由谁来作出？战略、战术、战役三个不同的层次，必须分工协作、相互衔接。特别是，上级要对下级进行必要的、充分的授权，做到"有收有放""收放自如"。《孙子兵法》在谈"制胜之道"时指出："将能而君不御者胜。"意思是，将帅有指挥才能、君王不加牵制才能打胜仗。司马迁在《史记》中写道："夫运筹策帷幄之中，决胜于千里之外。"强调要善于在后方制定作战策略。淮海战役时期，毛泽东赋予淮海战役总前委"统筹一切""临机处置一切"的大权。

毛泽东在《中国革命战争的战略问题》一文中指出："研究带全局性的战争指导规律，是战略学的任务。研究带局部性的战争指导规律，是战役学和战术学的任务。""要求战役指挥员和战术指挥员了解某种程度的战略上的规律，何以成为必要呢？因为懂得了全局的东西，就更会使用局部性的东西。"①随着战争形式的演变，需要基层指挥员进行指挥

---

① 《毛泽东选集》第一卷，人民出版社1991年版，第175页。

决策的时机越来越多，其谋略水平的高低已经成为影响战争胜负的重要因素。为此，基层指挥员必须具备宽广的视野、宏大的格局和非凡的智慧，提高指挥决策的水平。特别是在一体化联合作战中，战役战术指挥员更应具备一定的战略意识。这正如有人所言："第二次世界大战是师长的战争，现代战争是营长的战争，未来战争是班长的战争。"

2."让听得见炮声的人来决策"

在自下而上由各层级构成的政府体系中，决策权的科学配置非常重要。管理学中的权责一致、权责对等原则强调，一个组织中的管理者所拥有的权力，应当与其所承担的责任相对应，有多大的权力就要承担多大的责任。在传统的倒金字塔型组织结构中，应急决策权力与责任之间呈现倒挂的状态：距离事件发生点远、对情况不了解的中高层拥有更大的权力、更多的资源，而距离最近、情况最熟悉的基层一线却拥有更小的权力、更少的资源。突发事件发生后，在逐级上报和分级指挥决策的过程中，常见的情形是按照级级负责、从下至上、层层汇报的原则，一级一级分别往上请示汇报，但就是谁也不拍板。

在 2008 年瓮安"6·28"事件中，当地领导决策指挥不力，情况紧急还在层层请示汇报，机会在等待中失去。当日 16 时之后，当游行请愿人群到县政府聚集，事件性质发生变化、情况万分紧急之时，县委、县政府的领导临危不断，议而不决，拖延等待，致使事态升级失控。17 时 50 分左右，在了解现场打砸升级后，县委书记通知县四套班子领导到县电信局集中，商量对策，并向州委请示处置办法。会议开了 2 个多小时，没有形成决策意见。当地干部群众事后谈道："如果县委、县政府和公安局哪位主要领导出面接待上访群众，与群众面对面交流，当时的局面就不会失控，大规模的冲突也不会发生。"①

德鲁克认为："应该将决策权尽可能下放到最低层级，越接近行动

---

① 王晓：《瓮安群体性事件震惊中外　官民关系重建难上加难》，《瞭望东方周刊》2008年第 48 期。

的现场越好。制定决策层级的时候一定要充分考虑到所有受影响的活动和目标。第一个原则告诉我们决策权'应该'下放到哪个层级，第二个原则告诉我们，决策权'可以'下放到哪个层级，以及哪些管理者应该参与决策过程，哪些管理者应该获知决策内容。"① 华为创始人兼首席执行官任正非强调："让听得见炮声的人来决策。"听得见炮声的人，就是组织中处在最基层的人员，也是组织中最了解实际情况的人员。"将在外，君命有所不受。"战场情况瞬息万变，指挥员必须随机应变、当机立断。

　　淮海战役原定于 1948 年 11 月 8 日发起。当侦察判断敌军新动向后，时任华东野战军代司令员兼代政委粟裕综合判断，淮海战役发起的时间宜早不宜迟，再按原定时间、原定计划发起必将贻误战机。于是，他毅然决定把淮海战役的发起时间提前两天（即由 11 月 8 日晚改为 11 月 6 日夜间），"一边向中央军委报告，一边同时下令部队执行"②。第二天，11 月 7 日，毛泽东为中央军委起草复电，完全同意"所述攻击部署"，并授予粟裕现场军事调度指挥之权，"由你们机断专行，不要事事请示，但将战况及意见每日或每两日或每三日报告一次"③。

　　后来的结果证明，粟裕的决断是完全正确的。解放军提早发起攻击，立即打乱了敌人的作战部署，使得战局朝着有利于解放军的方向发展。对此，时任中原野战军参谋长李达评论道："前线指挥员的胆略、智慧和威望，也是不可缺少的。他们从战场实际情况出发，积极贯彻和补充作战方针，并根据情况变化，采取机断处置，适时调整部署，这个环节如稍有失误，也不可能取得战役的全胜，甚至弹打鸟飞，功亏一篑。""军委、毛主席善于采纳前线指挥员的建议，及时修改计划，适应已经变化的情况，并再次重申给予总前委刘陈邓'临机处置'之权，这

---

① ［美］彼得·德鲁克：《管理的实践》，齐若兰译，机械工业出版社 2019 年版，第 201—202 页。

② 《粟裕传》编写组：《粟裕传》，当代中国出版社 2012 年版，第 380 页。

③ 《毛泽东文集》第五卷，人民出版社 1996 年版，第 188 页。

是淮海战役所以能顺利发展并取得全胜的一个重要原因。"①

让最了解情况的人作出决策，让专业的人做专业的事，应当成为应急决策的一项基本原则。为此，领导干部要善于给下级授权，激励一线人员根据实际情况灵活作出决策。在 1958 年 2 月 18 日中央举行的春节团拜会上，毛泽东说："我是历来主张'虚君共和'的，中央要办一些事情，但是不要办多了，大批的事放在省、市去办，他们比我们办得好，要相信他们。"② 最差的领导，授责不授权；一般的领导，授权又授责；最好的领导，授权不授责。要建立起一种让熟悉情况的人、让基层一线的人灵活决策的机制，改变凡事须一层层上报、一级级批示的情况。要建立金字塔型的组织结构和资源配置架构，充分发挥好基层一线人员"第一响应者"的作用，减少应急指挥点与事件发生点之间的距离，缩短决策链条，精简决策程序，以便基层一线根据实际情况灵活决策。

（二）最优 + 次优：善于目标取舍

1. 决策要"有舍有得"

突发事件造成的后果是多方面的，既包括主观影响，也可能包括客观影响；既包括短时影响，也可能包括长时影响；既包括本地影响，也可能包括外地影响甚至全国性或全球性影响。事件发生后，决策者面临一系列约束条件，必须在有限时间之内，利用有限的资源，快刀斩乱麻，尽快完成决策活动。可以说，突发事件发生后的应急决策活动，是一个在多目标之间进行平衡和取舍的过程。

俗话说："甘蔗没有两头甜""鱼和熊掌不可兼得"。不同目标之间往往难于同时兼顾甚至有时相互冲突，让决策者顾此失彼、左右为难。例如，在时间有限、情况紧急时，是优先抢救人员，还是优先保护财产？是优先抢救重伤员，还是优先抢救轻伤员？能否通过牺牲个别人、

① 中国人民解放军军事学院编：《李达军事文选》，解放军出版社 1993 年版，第 291 页。
② 薄一波：《若干重大决策与事件的回顾》（修订本）下，人民出版社 1997 年版，第 823 页。

少数人的生命，来拯救多数人的生命？

应急决策的两难选择特点，实际上是英国哲学家福特（Philippa Foot）提出的"电车难题"在突发事件情形下的反映。①"电车难题"是伦理学领域最为知名的思想实验之一，其内容大致是：一个疯子把五个无辜的人绑在电车轨道上。一辆失控的电车朝他们驶来，并且很快就要碾压到他们。幸运的是，你可以拉一个拉杆，让电车开到另一条轨道上。然而，问题在于，那个疯子在另一个电车轨道上也绑了一个人。考虑以上状况，你是否应拉拉杆？

在1998年长江特大洪水中，荆江大堤是固守还是炸毁，对前线总指挥温家宝来说，是一个两难的选择。当时，武汉汛情告急，荆江已超过分洪规定水位，舆论急切要求炸毁荆江大堤，分洪以保武汉三镇。如果炸堤分洪，荆州市的公安县将化为泽国，40万人将无家可归，并造成150亿元的损失。而万一决口，武汉三镇将遭淹没，损失更非千亿元所能计算。温家宝最终决定，固守大堤。经过护堤官兵艰苦奋战，大堤保住，洪水终于退下。"温家宝后来跟孙大光说，当时他已做好准备，如果大堤决坝了，他会承担一切责任，从那儿跳到江里去。"②温家宝事后回忆道："当时我的心情很沉重。""睡不着觉，而且稍一迷糊，就觉得电话响，甚至有一次没有电话，我突然惊醒就爬起来去接。"③

在"哈德逊河奇迹"中，机长萨伦伯格也面临拯救飞机还是拯救人员的两难选择。在以往的事例中，许多飞行员害怕因价格昂贵的飞机坠毁而受罚，所以选择尽力拯救飞机，但这往往会造成灾难性的后果。

> 我能够在心里权衡孰轻孰重，来源于我读了大量有关安全和认知理论的书，我深知"目标舍弃"这个概念，即当你不再有可能完成所有的目标时，就要舍弃那些不太重要的目标，只有这样做才能

---

① Thomas Cathcart, *The Trolley Problem, Or Would You Throw the Fat Guy Off the Bridge? A Philosophical Conundrum*, New York: Workman, 2013.

② 刘斌：《温家宝从政往事》，《人民文摘》2013年第4期。

③ 《温家宝谈教育》，人民出版社、人民教育出版社2013年版，第306页。

履行和实现更高的目标。在我这次所处的情况下，我只有舍弃"保全飞机的目标"，才能实现保住大家生命的目标。

我本能地知道，要想保住 1549 次航班上所有的生命，目标舍弃至关重要。①

决策既要考虑可能性，也要考虑可行性。所谓可能性，就是研究提出各种备选方案，方案越多越好；所谓可行性，就是所提出的方案必须符合当时当地的主观客观条件，能够得到顺利实施。如果缺乏可行性，方案再多，看上去再好，也起不了实际作用。

2."避免最坏的结局"

明代著名医学家李时珍编纂的《本草纲目》中写道："急则治其标，缓则治其本。"应急决策往往是次优选择，目标是"治标不治本"：不是追求最好的结果，而是避免最坏的结局；不是从根本上解决问题，而是暂时性控制事态。"两害相权取其轻，两利相权取其重。"突发事件发生后，影响和损失已经发生，决策者此时最重要的任务是迅速控制局面，防止事态进一步恶化。这就好比森林火灾发生后，现场的首要任务不是完全扑灭火势，而是边扑救、边设置隔离带，防止火势蔓延。

"当断不断，必受其乱。"突发事件发生后，机会稍纵即逝，决策者必须快刀斩乱麻，快速进行目标取舍，果断作出决策，而不能瞻前顾后，优柔寡断，贻误战机。我国古代兵书《六韬》云："智者从之而不释，巧者一决而不犹豫。"《吴子·治兵》中写道："其善将者，如坐漏船之中，伏烧房之下，使智者不及怒，受敌可也。故曰：用兵之害，犹豫最大；三军之灾，生于狐疑。"苏轼在《留侯论》中指出："天下有大勇者，卒然临之而不惊，无故加之而不怒。"毛泽东也强调："要多谋善断，要一眼看准，立即抓住、抓紧，形势一变，要转得快。"②

在进行目标取舍时，一定要避免以 14 世纪法国哲学家布里丹的名

---

① ［美］切斯利·萨伦伯格、［美］杰夫·扎斯洛：《最高职责》，杨元元译，北京联合出版公司 2016 年版，第 195 页。

② 吴冷西：《回忆主席与战友》，人民出版社 2016 年版，第 122 页。

字命名的"布里丹毛驴效应"：一头小毛驴，在两捆等量的草料之间犹豫不定、迟疑不决，最后被活活饿死。清代著名小说家蒲松龄在《聊斋志异》中收录的"牧童逮狼"寓言故事，说的是同样的道理。

> 两牧竖入山至狼穴，穴有小狼二，谋分捉之。各登一树，相去数十步。少顷，大狼至，入穴失子，意甚仓皇。竖于树上扭小狼蹄耳故令嗥，大狼闻声仰视，怒奔树下，号且爬抓。其一竖又在彼树致小狼鸣急，狼辍声四顾，始望见之，乃舍此趋彼，跑号如前状。前树又鸣，又转奔之。口无停声，足无停趾，数十往复，奔渐迟，声渐弱，既而奄奄僵卧，久之不动。竖下视之，气已绝矣。①

在新冠肺炎疫情防控过程中，潜江市（湖北省直管县级市）的疫情统计数据位居全省倒数第二。潜江在全省第一时间封城、第一时间终止娱乐活动、第一时间出台严格的禁足令。市委书记吴祖云称，潜江之所以防控到位，得益于"决断早、力度大、言入心"。

> 元月 17 日上午，潜江就及时收治集中管理 32 位我们确诊的肺炎发热病人，那时候钟南山院士还没有到武汉。当时，我和市长从武汉得到消息后，觉得这个事情太大了，所以我们先下手，哪怕冒了一点点不是太合规的风险。
>
> 我们跟群众讲，现在这个病毒我们还没有搞清楚，敌人太强大了。孙子兵法讲，要"强而避之"，我们现在一定要善守者藏于九地之下，这是一种战略、战术，我们要求老百姓现在待在家里，把病毒围困在最小的单元。群众是入耳入心的。
>
> 我们虽然是集中管理，但是确诊病例 A 在不知不觉中传染给了 B，B 又传染给其他人，还不能有任何松懈，要如履薄冰。我们希望，一切与防控无关的最好让路，让社会安静下来，要以静制动、静候佳音，这很重要。我们现在把"安静"作为一种武器，暂时不

---

① （清）蒲松龄：《聊斋志异》，于天池注，孙通海、于天池等译，中华书局 2015 年版，第 2308—2309 页。

与病毒正面冲撞，假以时日，让科研人员研究出药物，到那个时候再歼灭之。接下来还有硬仗、苦仗，但我们一定能挺过这一关。①

"天地之中，唯人最灵。人之最重，莫过于命。"进行目标取舍时，一定要把生命安全放在第一位。生命是无价的，保护人民身体健康和生命安全，是政府最基本的职责，是应急决策首要的目标。《论语·乡党》曾记载孔子"伤人乎不问马"的故事："厩焚，子退朝，曰：'伤人乎？'不问马。"苏联作家奥斯特洛夫斯基说过："人，最宝贵的东西是生命。生命属于人只有一次。"2003年7月28日，胡锦涛在全国防治非典工作会议上讲话强调："发生给人民群众带来严重威胁的重大突发事件时，各级干部一定要把保护人民群众的生命安全放在首位。"②党的十九大报告强调，"弘扬生命至上、安全第一的思想"。

新冠肺炎疫情发生后，习近平总书记高度重视，在短短4天之内3次发表重要讲话。在3次讲话中，他都强调了一个共同的重要原则——要把保障人民群众生命安全和身体健康始终放在首位。1月25日主持召开中央政治局常委会会议时，他强调，要把人民群众生命安全和身体健康放在第一位，把疫情防控工作作为当前最重要的工作来抓；1月27日作出重要指示时，他要求，在防控疫情的严峻斗争中，各级党组织和广大党员干部必须牢记人民利益高于一切，不忘初心、牢记使命；1月28日会见世界卫生组织总干事谭德塞时，他强调，人民群众生命安全和身体健康始终是第一位的，疫情防控是当前最重要的工作。③

5月22日和24日，在先后参加十三届全国人大三次会议内蒙古代表团和湖北代表团审议时，习近平总书记再次强调，人民至上、生命至

---

① 《〈新闻1+1〉20200206 今日疫情应对》，2020年2月6日，见 http://tv.cctv.com/2020/02/06/VIDEEZMX4WRPYRt87bqYDKfT200206.shtml?spm=C45404.PIxDNol-GigyV.EfBvgB9cBbJT.384。

② 胡锦涛：《论构建社会主义和谐社会》，中央文献出版社2013年版，第14页。

③ 王子晖：《4天内，习近平3次强调这个重要原则》，2020年1月29日，见 http://www.xinhuanet.com/politics/xxjxs/2020-01/29/c_1125509757.htm。

上，要不惜一切代价保护人民生命安全和身体健康。

在重大疫情面前，我们一开始就鲜明提出把人民生命安全和身体健康放在第一位。在全国范围调集最优秀的医生、最先进的设备、最急需的资源，全力以赴投入疫病救治，救治费用全部由国家承担。人民至上、生命至上，保护人民生命安全和身体健康可以不惜一切代价。①

今天上午，代表通道上一位来自湖北的全国人大代表接受记者采访时说的话，让我印象深刻。这位代表对记者说，湖北救治的 80 岁以上的新冠肺炎患者有 3000 多人，其中一位 87 岁的老人，身边 10 来个医护人员精心呵护几十天，终于挽救了老人的生命。什么叫人民至上？这么多人围着一个病人转，这真正体现了不惜一切代价。②

2020 年 6 月，国务院新闻办发布的《抗击新冠肺炎疫情的中国行动》白皮书也指出，面对未知病毒突然袭击，中国坚持人民至上、生命至上，不惜一切代价抢救生命，全力以赴救治每一位患者。

在新冠肺炎疫情突袭，人民生命安全和身体健康受到严重威胁的重大时刻，中国共产党和中国政府始终以对人民负责、对生命负责的鲜明态度，准确分析和把握形势，既多方考量、慎之又慎，又及时出手、坚决果敢，以非常之举应对非常之事，全力保障人民生命权、健康权。

在人民生命和经济利益之间果断抉择生命至上。疫情暴发后，以宁可一段时间内经济下滑甚至短期"停摆"，也要对人民生命安全和身体健康负责的巨大勇气，对湖北省和武汉市果断采取史无前例的全面严格管控措施。同时，在全国范围内严控人员流动，延长春节假期，停止人员聚集性活动，决定全国企业和学校延期开工开

---

① 《坚持人民至上　不断造福人民　把以人民为中心的发展思想落实到各项决策部署和实际工作之中》，《人民日报》2020 年 5 月 23 日。

② 《从人民中汲取磅礴力量》，《人民日报》2020 年 5 月 29 日。

学，迅速遏制疫情的传播蔓延，避免更多人受到感染。①

（三）陈规＋新规：积极创新思维

1.决策要"放下工具"

"用兵之术，知变为大。"人类的认识能力是有限的，突发事件发生后，各种情况瞬息万变，不稳定不确定因素众多，新情况新问题可能随时出现。在这种情况下，事态很可能超出既有应急预案所涉及的范畴，也可能超出决策者原有经验和知识的范畴。"敌变我变。"决策者必须根据实际情况灵活机动，相机行事，而不能思想僵化，固守不变。特别是，面对不了解、不熟悉的各种非常规突发事件（如新发重大传染病疫情），更需要决策者突破陈规，大胆探索，积极创造各种新办法。

美国消防史上有一场著名的火灾——曼恩峡谷火灾。在这场灾难中，由 15 名来自美国消防特种兵的森林消防队员组成的行动小组，有 13 人不幸遇难。② 这场火灾引发了热烈讨论：遇到情况特殊、危害巨大的危险时，消防队员是否应该"放下工具"？

> 1949 年 8 月 4 日 16 时左右，一道雷电掠过曼恩峡谷，点燃了一棵死树。第二天，天气炎热，温度达到了 36℃，这意味着山火蔓延的危险在加剧。于是，一支由 15 名森林消防队员组成的行动小组，飞赴峡谷开展消防作业。除了瓦格·道奇（Wag Dodge）一人年龄稍长且已婚外，其余 14 人均为 17—28 岁，未婚。
>
> 16 时 10 分，乘飞机在峡谷南侧着陆后，他们先用餐并稍事休整。1 小时之后，他们开始了围堵着火区域的消防作业。道奇在前面领头，虽然他不是这个行动小组的组长，但最有经验。17 时 40 分左右，道奇看见一条约 7 米高的巨大火龙迅速向他们扑来——移动速度高达每分钟 200 米，他立即对大家高喊："丢弃工具！"然后，

---

① 国务院新闻办公室：《抗击新冠肺炎疫情的中国行动》，《人民日报》2020 年 6 月 8 日。

② Norman Maclea, *Young Men and Fire*, Chicago: University of Chicago Press, 1992.

道奇迅速引火烧出一块地，召唤队友赶紧过来躲在此处烧过的灰烬中。然而，没人听从他的召唤，队友既没有丢弃沉重的消防装备，也没有跑过来卧倒躲避火舌，而是掉头奔跑。

结果是，道奇活了下来，一名队员因为跑过一条小桥而躲过一劫，其余人则都被火舌无情地吞噬了。如果从 17 时 40 分算起，仅仅 16 分钟，大火就夺去了 13 名消防队员的生命。①

密歇根大学的管理学教授维克（Karl Weick）研究认为，曼恩峡谷火灾悲剧发生的原因在于墨守成规（采用常规的作业方式）、领导失败（道奇临时发出的召唤未被其他队员听从）、协作不畅（消防队缺乏团队协作基础）、目标错位（消防队员逃生时未放下沉重的工具装备）。其中最致命的直接原因是，紧急时刻消防队员们没有放下沉重的装备。为什么会出现这种情况？维克引用"角色结构"的分析视角，把装备问题延伸到角色和身份的合法性，认为组织身份和合法性意义束缚着消防队员的意识，导致他们在特殊紧急情况时不能即兴决策——那些消防装备已经超出了作为装备本身的意义，而是具有了额外的组织身份和合法性意义，而这恰恰成为"沉重的枷锁"，束缚着消防队员们的意识，从而导致悲剧的发生。②

1994 年，美国又发生了一起与曼恩峡谷火灾类似的火灾，14 名消防队员同样因为没有丢掉沉重的消防装备，致使在逃生时被火舌追上而丧命。维克在回顾分析这两起火灾后，再次强调了关键时刻不扔掉沉重的工具装备导致的灾难性后果。他所发表文章的题目就叫《放下你的工具：组织研究的讽喻》。文章开篇写道："组织管理学者正在陷入消防队员的尴尬情形，他们持有沉重的工具，正变得越来越落后。"③

---

① 周长辉：《沉重的装备》，《清华管理评论》2016 年第 Z1 期。

② Karl Weick, "The Collapse of Sensemaking in Organizations: The Mann Gulch Disaster", *Administrative Science Quarterly,* Vol. 38, No. 4（December 1993）, pp. 628-652.

③ Karl Weick, "Drop Your Tools: An Allegory for Organizational Studies", *Administrative Science Quarterly*, Vol. 41, No. 2（June 1996）, pp. 301-313.

2."勇于打破陈规陋习"

中国古人云:"良将用兵,若良医疗病,病万变药亦万变。病变而药不变,厥疾弗能瘳也。"正如曼恩峡谷火灾告诉我们的,面对极端特殊情况,决策者既要遵循陈规,照章办事,更要创造新规,开拓创新。在情况紧急之际,必须特事特办、急事急办。只有勇于打破传统思维方式,破除各种陈规陋习,大胆进行思维创新,才能灵机一动,产生"奇思妙想",生成与当时当地情景吻合的决策方案。

2008年南方低温雨雪冰冻灾害发生后,京广线全部中断,公路通行受阻,人员和车辆滞留严重。按照以往做法,为确保安全,恶劣天气下高速公路必须封闭;不过,在持续的低温雨雪冰冻极端天气条件下,封闭高速公路会造成大面积冰雪凝结和道路长时间不能通行,致使大量车辆、人员滞留。为解决这个问题,湖北探索出"除雪清障、重车碾压、路警开道、结队通行、限载限速、科学调度"的"高速公路低速行驶疏导法",确保车行湖北不滞留。国家提出"不封路、少封路",推出执法车辆带行、限速、限量、间断放行等措施。各地也采取了"大分流、大破冰、大救援"以保交通、保电力、保民生,对车辆"不罚款、不卸载、不检查、不收费"等创新性做法。这些"新规",对有效防止出现长时间、大范围的交通拥堵,起到了重要作用。

2008年汶川特大地震发生后,四川省委、省政府提出,"开仓放粮""发出粮食就是胜利"。5月21日,大地震发生9天后,时任四川省委书记、省"5·12"抗震救灾指挥部指挥长刘奇葆说:"当前还有一个已经提到日程上的紧迫任务,就是做好灾区群众的安置工作。现在有几百万群众碰到了很大的困难,目前只是临时安置。安置工作第一位的是要保证有饭吃,我们现在开仓放粮,粮食的供应是充足的。"①

---

① 杨三军:《坚决打赢抗震救灾这场硬仗——访四川省委书记、省人大常委会主任、省"5·12"抗震救灾指挥部指挥长刘奇葆》,《光明日报》2008年5月22日。

（四）民主＋集中：倾听不同声音

1. 决策要多谋善断

很多的应急决策都是集体决策。古人云："众人之智，可以测天；兼听独断，惟在一人。此大谋之术也。"进行集体决策时，要遵循民主集中制的原则，坚持民主基础上的集中和集中指导下的民主相结合，既充分发扬民主，又善于集中统一。"谋贵重，断贵独。""策"和"决"两个环节的要求不太一样。"策"是想办法，追求的是决策方案的数量，强调办法要多多的，要穷尽各种可能。"策"是民主集中制中的"民主"，大家群策群力、集思广益，"众人拾柴火焰高"。

1959 年 4 月 5 日，党的八届七中全会最后一天，毛泽东以"工作方法"为题发表讲话。他把多谋善断作为第一个问题来讲，强调领导干部要"善谋"，集中各方意见，分析各种情况，得出正确结论。

> 所谓善谋，就是跟我们这些人谈一谈，交换交换意见。鉴于这个，在座同志们，你们也要多谋一点，谋于秘书，谋于省委书记，谋于地委书记、县委书记、公社书记，谋于个别农民，谋于厂长，谋于车间主任、工段长、小组长，谋于个别的工人，谋于不同意见的同志。这就叫多谋。然后是善断。多谋，各方意见集中了，各方面的分析明确了，恰当了，然后才能得到善断。①

多谋善断也就是要坚持民主集中——民主即"多谋"，听取各方意见；集中即"善断"，果断作出决策。毛泽东批评："现在有些同志不多谋，也不善断，是少谋武断。"② 他强调："多谋善断这句话，重点在'谋'字上。要多谋，少谋是不行的。要与各方面去商量，反对少谋武断。商量又少，又武断，那事情就办不好。谋是基础，只有多谋，才能

---

① 中共中央文献研究室编：《毛泽东传（1949—1976）》下，中央文献出版社 2003 年版，第 940 页。

② 中共中央文献研究室编：《毛泽东传（1949—1976）》下，中央文献出版社 2003 年版，第 939 页。

善断。谋的目的就是为了断。要当机立断，不要优柔寡断。"① 他指出："只有蠢人，才是他一个人，或者邀集一堆人，不作调查，而只是冥思苦索地'想办法'，'打主意'。须知这是一定不能想出什么好办法，打出什么好主意的。换一句话说，他一定要产生错办法和错主意。"②

1962 年 1 月 30 日，在扩大的中央工作会议（又称"七千人大会"）上，毛泽东深刻阐述了民主集中的基本要求。

> 没有民主，不可能有正确的集中，因为大家意见分歧，没有统一的认识，集中制就建立不起来。什么叫集中？首先是要集中正确的意见。在集中正确意见的基础上，做到统一认识，统一政策，统一计划，统一指挥，统一行动，叫做集中统一。如果大家对问题还不了解，有意见还没有发表，有气还没有出，你这个集中统一怎么建立得起来呢？没有民主，就不可能正确地总结经验。没有民主，意见不是从群众中来，就不可能制定出好的路线、方针、政策和办法。我们的领导机关，就制定路线、方针、政策和办法这一方面说来，只是一个加工工厂。大家知道，工厂没有原料就不可能进行加工。没有数量上充分的和质量上适当的原料，就不可能制造出好的成品来。如果没有民主，不了解下情，情况不明，不充分搜集各方面的意见，不使上下通气，只由上级领导机关凭着片面的或者不真实的材料决定问题，那就难免不是主观主义的，也就不可能达到统一认识，统一行动，不可能实现真正的集中。③

在进行集体决策时，容易出现"群体盲思"和"新群体综合征"两种弊病，导致无法及时作出正确的决策。所谓"群体盲思"，是指群体压力导致决策者的思考能力、判断能力出现退化的现象。"群体盲思"在高凝聚力、具有强势领导或不太容易接触到不同意见的群体中经常出

---

① 转引自本刊编辑部：《毛泽东谈从历史文化中学习工作方法二十则》，《党的文献》2008 年第 1 期。

② 《毛泽东选集》第一卷，人民出版社 1991 年版，第 110 页。

③ 《建国以来毛泽东文稿》第十册，中央文献出版社 1996 年版，第 23—24 页。

现。在这些群体中，"团体成员为维护团体的凝聚力、追求团体和谐共识，不能客观地评估其他可行的办法。"① 所谓"新群体综合征"，是指新形成的群体在决策过程中出现分工不明或过分屈从于领导意见的现象。"在一个新成立的或临时性的决策团体中，由于缺乏稳定的制度规范、清晰的角色定位和明确的地位结构，导致成员变化不定并过分依赖于团队主要负责人或活跃成员，同时，决策过程难于协调"②。

1961—1964 年担任美国司法部长，辅佐其兄长约翰·肯尼迪总统在化解 1962 年古巴导弹危机中发挥重要作用的罗伯特·肯尼迪，谈到了古巴导弹危机集体决策时遇到的"群体盲思"和"新群体综合征"困境。他在回忆录中写道：

> 我相信，我们的一次次商议最终证明，总统能得到多种建议和看法非常重要，远远胜过仅得到一个人或一个部门的一种观点。观点和事实本身可以在争执和辩论中得到最佳判断。如果全体一致持一种观点，必然会失去一种重要的因素。然而，向美国总统提交建议时，这种情况不但会出现，往往还频繁出现。他的职位只让人产生敬畏感，对方会收起锋芒，予以迎合。我频频注意到，顾问人员会揣测总统想要听的意见，即时调整自己的观点。在肯尼迪总统执政以来以及后来约翰逊总统执政时，都是这样。

> 我与内阁官员参加过一个预备会议，会上我们同意了向总统提交的一种建议。当时，让我稍感吃惊的是，几分钟后在会上向总统本人提出建议时，那位阁僚却积极而强烈地表达了与讨论结果相反的观点，因为他准确地了解到总统乐于接受这个观点。③

---

① Irving L. Janis, *Victims of Groupthink: A Psychological Study of Foreign-Policy Decision and Fiascoes*, Boston: Houghton Mifflin, 1972, pp. 23-27.

② Paul 't Hart, *Groupthink in Government*, Amsterdam: Swet & Zeitlinger, 1990, p. 132.

③ [美] 罗伯特·肯尼迪：《十三天：古巴导弹危机回忆录》，贾令仪、贾文渊译，北京大学出版社 2016 年版，第 82—83 页。

2."听得进相反的意见"

俗话说："三个臭皮匠顶个诸葛亮。"工作上的疑难杂症，一经集体磋商，往往就能打开思路，拿出切实可行的方案。特别是在紧急情况下进行应急决策，更要善于倾听不同的声音，征询多方意见尤其是各种反对意见，才能更好地掌控全局，提高决策的质量。

毛泽东特别强调，领导干部要善于倾听不同的意见，听得进各种批评。他说："我们都是从五湖四海汇集拢来的，我们不仅要善于团结和自己意见相同的同志，而且要善于团结和自己意见不同的同志一道工作。"①"什么叫多谋呢？你听听人家不同的意见嘛。"② 他批评一些干部怕别人批评，"我们的干部中，自以为是的很不少"③。"固步自封、骄傲自满，只见成绩，不见缺点，只愿听好话，不愿听批评话。自己不愿意批评（对自己的两分法），更怕别人批评。"④

在 1962 年 1 月 30 日召开的扩大的中央工作会议上，毛泽东再次强调领导干部要听得进相反的意见，"让人讲话，天不会塌下来"。

> 我们有些同志，听不得相反的意见，批评不得。这是很不对的。在我们这次会议中间，有一个省，会本来是开得生动活泼的，省委书记到那里一坐，鸦雀无声，大家不讲话了。这位省委书记同志，你坐到那里去干什么呢？为什么不坐到自己房子里想一想问题，让人家去纷纷议论呢？平素养成了这样一种风气，当着你的面不敢讲话，那末，你就应当回避一下。有了错误，一定要作自我批评，要让人家讲话，让人批评。……不负责任，怕负责任，不许人讲话，老虎屁股摸不得，凡是采取这种态度的人，十个就有十个要失败。人家总是要讲的，你老虎屁股真是摸不得吗？偏要摸！

> 要发扬民主，要启发人家批评，要听人家的批评。自己要经得

① 《毛泽东选集》第四卷，人民出版社 1991 年版，第 1443 页。
② 《毛泽东年谱（1949—1976）》第四卷，中央文献出版社 2013 年版，第 8 页。
③ 《毛泽东文集》第八卷，人民出版社 1999 年版，第 324 页。
④ 《建国以来毛泽东文稿》第十册，中央文献出版社 1996 年版，第 442 页。

起批评。应当采取主动，首先作自我批评。有什么就检讨什么，一个钟头，顶多两个钟头，倾箱倒箧而出，无非是那么多。如果人家认为不够，请他提出来，如果说得对，我就接受。……总之，让人讲话，天不会塌下来，自己也不会垮台。不让人讲话呢？那就难免有一天要垮台。①

进行应急决策时，既要听喜鹊的"吉利"叫声，也要听乌鸦的"不吉利"叫声。德鲁克指出，有效的管理者"知道一项有效的决策，总是在'不同意见讨论'的基础上做出的判断，它绝不会是'一致意见'的产物"。他认为，决策中之所以要有反面意见，主要有三项理由：第一，唯有反面意见，才能保护决策者不会沦为组织的俘虏；第二，反面意见本身，正是决策所需的"另一方案"；第三，反面意见可以激发想象力。他还指出："在美国历史上，每一位有效的总统，都各有其一套激发反对意见的办法，以帮助自己做出有效的决策。林肯、西奥多·罗斯福、富兰克林·罗斯福、杜鲁门，都各有他们的方式。"②

在 1961 年"猪湾事件"中，肯尼迪总统的决策团队出现了全体意见一致的情况，政府最高级官员即便持有反对意见，也不会公开表达出来。为此，罗伯特·肯尼迪提出建议："假如谁也不表达不同意见，就要找个故意唱反调的人提出相反的观点。"在古巴导弹危机中，肯尼迪总统的做法是自己不参加决策团队的全体会议，以便决策团队成员能够畅所欲言。对此，罗伯特·肯尼迪写道："这是个明智的决定。总统在场时，与会者可能表现出不同的个性特征，即使是铁腕人物，也往往提出他们认为总统希望听到的建议。总统对我们这一小组人做出指示，要大家就一个行动路线或若干个可选行动路线提出建议。"③

① 《建国以来毛泽东文稿》第十册，中央文献出版社 1996 年版，第 23—24 页。
② ［美］彼得·德鲁克：《卓有成效的管理者》，许是祥译，机械工业出版社 2019 年版，第 27、177 页。
③ ［美］罗伯特·肯尼迪：《十三天：古巴导弹危机回忆录》，贾令仪、贾文渊译，北京大学出版社 2016 年版，第 10、83 页。

第九讲

组织指挥：人多必有舵师

对突出矛盾要有责任意识，主动去解决而不是回避推卸，努力做到发现在早、处置在小。对突发事件要临危不惧、沉着冷静、敢于负责，关键时刻要亲临现场、靠前指挥、果断处置。

——习近平在中央党校县委书记研修班学员座谈会上的讲话（2015 年 1 月 12 日）

一、"此次事故救援由哪位领导牵头"

2015 年 8 月 12 日，位于天津市滨海新区天津港的瑞海国际物流有限公司（以下简称"瑞海公司"）危险品仓库，发生特别重大火灾爆炸事故。事故共造成 165 人遇难、8 人失踪、798 人受伤住院治疗，304幢建筑物、12428 辆商品汽车、7533 个集装箱受损；截至当年 12 月 10 日，已核定直接经济损失 68.66 亿元。

天津港是一个特殊的交叉点、结合部区域，在管理上是一块"飞地"，条块结合、政企不分、职责交叉。对此，事故调查报告写道：

> 天津港已移交天津市管理，但是天津港公安局及消防支队仍以交通运输部公安局管理为主。同时，天津市交通运输委员会、天津市建设管理委员会、滨海新区规划和国土资源管理局违法将多项行政职能委托天津港集团公司行使，客观上造成交通运输部、天津市政府以及天津港集团公司对港区管理职责交叉、责任不明，天津港集团公司政企不分，安全监管工作同企业经营形成内在关系，难以发挥应有的监管作用。另外，港口海关监管区（运抵区）安全监管职责不明，致使瑞海公司违法违规行为长期得不到有效纠正。①

事故发生后，天津市的领导迟迟没有参加新闻发布会。直到 8 月17 日 11 时召开的第 7 场新闻发布会，天津市的领导才首次现身——时任天津市分管安全生产的副市长，第一次出席了新闻发布会。8 月 19

---

① 《天津港"8·12"瑞海公司危险品仓库特别重大火灾爆炸事故调查报告》，第 92 页。

日 16 时，时任天津市委代理书记、市长首次出席第 10 场新闻发布会。同时，安全监管、交通运输等部门之间的合作不太顺畅。8 月 17 日，原国家安全监管总局官方网站首页，全文刊载了《港口危险货物安全管理规定》（交通运输部令 2012 年第 9 号）。根据该规定，从危险货物的安全评价审批到监管，都由港口行政管理部门负责。此外，天津港（集团）有限公司（以下简称"天津港集团"）也称对瑞海公司没有安全监管职责。8 月 19 日 11 时，天津港集团的"二把手"——党委副书记、总裁在第 9 场新闻发布会（这也是事故发生后天津港集团的领导首次出席新闻发布会）上表示，天津港是个区域的概念，瑞海公司和天津港集团"是坐落在同一区域的没有隶属关系的两家企业"；"作为企业，我们对其他企业的危险品不具备监管职能"①。

在 8 月 16 日上午召开的第 6 场新闻发布会上，财新记者提问："此次爆炸事故救援由哪位领导牵头、如何组织指挥的？"主持发布会的天津市委宣传部副部长、市政府新闻办主任回答："这个问题，下来以后我再尽快详细了解。"财新记者大声追问："您作为宣传部（副部）长怎么会不了解呢？"这一问答引发了一波密集的舆情高峰。

火灾爆炸事故发生后，在一个月的抢险救援和现场清理过程中，共动员 1.6 万多人，装备、车辆 2000 多台。

其中解放军 2207 人，339 台装备；武警部队 2368 人，181 台装备；公安消防部队 1728 人，195 部消防车；公安其他警种 2307 人；安全监管部门危险化学品处置专业人员 243 人；天津市和其他省区市防爆、防化、防疫、灭火、医疗、环保等方面专家 938 人，以及其他方面的救援力量和装备。公安部先后调集河北、北京、辽宁、山东、山西、江苏、湖北、上海 8 省市公安消防部队的化工抢险、核生化侦检等专业人员和特种设备参与救援处置。②

---

① 赵迪：《天津港集团总裁喊冤：与瑞海公司无隶属关系》，《中国青年报》2015 年 8 月 20 日。

② 《天津港"8·12"瑞海公司危险品仓库特别重大火灾爆炸事故调查报告》，第 21 页。

"天下之事，虑之贵详，行之贵力。"组织指挥是把应急决策方案落地的过程。突发事件发生后的应急处置与救援过程，是一个多主体参与、大兵团行动的过程。在这个过程中，如何构建科学合理的组织指挥体系？如何形成多主体团结协作、齐心奋战的整体合力，尽可能避免或减少相互之间的矛盾和冲突？

二、"你不是一个人在战斗"

（一）组织起来才有力量

1."关键在于落实"

组织的过程，是把决策方案变为实践活动的过程。决策是想办法、出主意，开好"药方"。决策之后，要尽快组织落实，把"药"吃下去，以缓解症状，解决问题。从词语构成来看，组织包括"组"和"织"两部分。所谓"组"，是组成、构成；所谓"织"，是编织、联系；"组"是调资源，"织"是建架构。组织，就是调动各种力量和资源，组建科学的指挥架构，把决策方案转化为现实行动。

常言道："一分部署，九分落实。"千忙万忙，不抓落实就是瞎忙；千招万招，不抓落实就是虚招；千条万条，不抓落实就是白条。毛泽东强调："什么东西只有抓得很紧，毫不放松，才能抓住。抓而不紧，等于不抓。"①邓小平强调要少说空话、多干实事，凡事都要落在实处，"我们开会，作报告，作决议，以及做任何工作，都为的是解决问题"②。习近平总书记指出："抓落实是领导工作中一个极为重要的环节，是党的思想路线和群众路线的根本要求，也是衡量党员领导干部世界观正确与

---

① 《毛泽东选集》第四卷，人民出版社1991年版，第1442页。
② 《邓小平文选》第二卷，人民出版社1994年版，第113页。

否和党性强不强的一个重要标志。""抓落实，是我们党执政能力的重要展现，也是对各级领导干部工作能力的重要检验。"①

抓落实是各级领导干部的基本功、必修课。任何决策部署，只有持之以恒、一抓到底，凡事有交代，件件有着落，才能抓出成效，实现既定的目标；反之，如果抓一阵松一阵，热一阵冷一阵，就会半途而废，落而不实，"沙滩流水不到头"。特别是在突发事件发生后的应急处置与救援过程中，更需要尽快把应急决策方案落实到位。通常，越是在短时间内实施好决策方案，就越能尽早、有效地控制事态；反之，拖拖拉拉，浮在面上不落实，则可能导致事态持续升级直至失控。

2008年瓮安"6·28"事件发生后，6月29日凌晨4时，崔亚东从事件现场来到瓮安县武装部（距现场约3千米），召开了有州、县党政负责人，公安、武警负责人参加的紧急会议，确定了六项措施。

第一，公安、武警设置警戒线，组织武装巡逻，实施交通管制，控制社会面，防止反弹。第二，州、县党委、政府立即召开干部会议（州委书记表态马上开），立即组织党员干部由县领导干部带队深入一线，做好群众思想教育和稳定工作。第三，天亮后，县长要立即发布电视讲话，通过媒体公布事实真相，并要发布公告，组织强有力的宣传攻势，公开辟谣，稳定人心。第四，省、州、县三级公安机关抽调专人组织强有力的专案组，对这起严重打砸抢烧突发事件开展调查，对挑头参与打砸抢烧的为首分子和骨干分子要依法严处；对不明真相的群众、一般参与者批评教育；特别要查明幕后有无组织者、策划者。第五，省公安厅会同省检察院、法院的法医，对死者李树芬进行尸检复核，尽快查明死因。第六，尽快清理现场（争取上午能清理完）。清理街面上被烧毁的车辆，减少负面影响，对受伤公安干警、武警官兵抓紧医治。②

---

① 习近平：《关键在于落实》，《求是》2011年第6期。
② 崔亚东：《群体性事件应急管理与社会治理——从瓮安之乱到瓮安之治》，中央党校出版社2013年版，第192页。

不过，对部署的这些任务，州、县并没有落实到位。结果，到了29日上午，现场周围又出现数千人围观聚集，一些不法人员趁机故意进行破坏捣乱。在当日13时50分主持召开的联合指挥部紧急会议上，"针对凌晨四时紧急会议部署的几项工作，州、县没有落实的情况，如做群众工作、发表电视讲话、发布公告、清理现场等工作进展缓慢问题"，崔亚东"对州、县领导同志提出了严厉批评"[①]。

2."三个和尚没水吃"

落实，需要有人来做；抓落实，关键在人。决策部署的落实，往往需要来自不同部门、不同地区、不同层级的各方面人员共同完成。

"三个和尚没水吃"，是中国妇孺皆知的寓言故事。在西方，也有一个类似的定律——"华盛顿合作定律"。这个定律说的是，一个人敷衍了事，两个人互相推诿，三个人则永无成事之日。"三个和尚没水吃"与"华盛顿合作定律"，说的都是人与人之间的合作障碍：人少时，组织运行比较高效、顺畅；人一多，组织反而低效甚至无法运作。

俗话说："合则两利，斗则俱伤。"物理中是这么定义"合力"的：一个力，如果它产生的效果与几个力共同作用时产生的效果相同，则这个力就叫作几个力的合力。方向相同，合力是同一个方向所有力的和；方向相反，合力是相反力的差（大的力-小的力）。人与人之间的合作，与物理中"合力"的性质相同：每个人就像那些具有方向的力；假定每一个人的能力都为1，如果10个人相互合作，结果比10要大；如果相互冲突，结果比1要小。这就是人们常说的，"补台不拆台，人人有舞台；到位不越位，越干越有味"。

现代社会的很多行为，是各方共同参与的集体行为。"万人划桨开大船。"不同的人只有组织起来、团结起来，心往一处想、劲往一处使，才能产生合力。韩非子曾说过："救火者，令吏挈壶瓮而走火，则一人

---

① 崔亚东：《群体性事件应急管理与社会治理——从瓮安之乱到瓮安之治》，中央党校出版社2013年版，第194页。

之用也；操鞭策指麾而趣使人，则制万夫。"1943 年 10 月 29 日，毛泽东在中共中央招待陕甘宁边区劳动英雄大会上的讲话，题目就叫"组织起来"。他指出："把群众力量组织起来，这是一种方针。""高级干部会议方针的主要点，就是把群众组织起来，把一切老百姓的力量、一切部队机关学校的力量、一切男女老少的全劳动力半劳动力，只要是可能的，就要毫无例外地动员起来，组织起来，成为一支劳动大军。"①2020 年 7 月 17 日，中央政治局常委会会议，研究部署防汛救灾工作。会议强调，要发挥防灾减灾救灾体制改革优势，各有关方面要加强统筹协调，发挥各自专业优势，形成省市间、部门间、军地间、上下游、左右岸通力协作的防汛救灾格局。②

（二）应急组织需要有力指挥

1. 应急处置是大兵团作战行动

古人云："千人聚，不以一人为主，不乱则散。"美国前总统尼克松在《领袖们》一书中写道："将军需要部队，但也需要司令部。政界领导人需要拥护者，但也需要一个组织。"③同样，突发事件应急处置与救援不是"一个人在战斗"，单枪匹马，单打独斗，而是一个多主体共同参与的集体行为，往往需要大规模投入、大兵团作战。

在 2011 年 2 月 22 日至 3 月 5 日的利比亚撤侨行动中，我国成立由时任国务院副总理张德江担任总指挥、国务委员戴秉国协助的应急指挥部，负责组织协调人员撤离及有关安全保障工作；外交部、商务部、国资委、民航局、公安部等相关部门以及军队、有关地方、航运公司、在利中资企业和驻外使领馆，建立联动机制。据统计，中国政府共协

---

① 《毛泽东选集》第三卷，人民出版社 1991 年版，第 930、928 页。

② 《中共中央政治局常务委员会召开会议　研究部署防汛救灾工作》，《人民日报》2020 年 7 月 18 日。

③ ［美］理查德·尼克松：《领袖们》，施燕华、洪雪因、黄钟青译，海南出版社 2012 年版，第 377 页。

调派出 91 架次民航包机、12 架次军机，5 艘货轮、1 艘护卫舰，租用 35 架次外国包机、11 艘次外籍邮轮和 100 余班次客车，海、陆、空联动，4 天内撤出 13300 多人，12 天共安全撤回中国在利比亚人员 35860 人（含 2 名香港同胞），并帮助台湾同胞 3 人、外籍雇员和外国公民 2103 人撤离利比亚。在这场新中国成立以来最大规模的有组织撤离海外中国公民行动中，"全国上下、各行各业，不计其数的人共同投入到这场情况复杂、规模空前、史无前例的撤离行动中"①。

"9·11"事件发生后，当时不在白宫的小布什，同样需要与副总统、国防部长、国家安全事务助理、白宫办公厅主任、参谋长联席会议主席等高级官员进行沟通协调、分工协作。

恐怖袭击发生后，小布什乘坐空军一号迅速飞至 45000 英尺（13716 米）的高空。在高空中，小布什打电话告诉已被带至总统应急指挥中心（PEOC）的副总统切尼，由小布什在空中决策，依靠切尼在地面执行。几分钟后，国务卿赖斯、白宫办公厅副主任博尔滕和其他国家安全团队高级成员与切尼一起，均到达了总统应急指挥中心。到了巴克斯代尔空军基地后，小布什通过机密电话批准国防部部长拉姆斯菲尔德将戒备状态提高至三级（自 1973 年阿以战争以来首次将戒备状态提高至三级），并授权给拉姆斯菲尔德："你和迪克·迈尔斯来决定之后如何反击。"后来，小布什又赶到内布拉斯加州的奥夫特空军基地战略司令部，通过视频召开了国家安全会议。当晚 19 时，小布什到达白宫总统应急指挥中心。②

2.组织指挥要做好统筹协调

突发事件应急组织指挥，要按照权责对等的原则，组建强有力的组织指挥架构，整合相关力量和资源，形成大兵团作战的合力。"无号，终有凶。"如果没有统一指挥、统一号令，各自为政、各行其是，

① 《珍惜每一位同胞的生命——在党中央国务院坚强领导下我在利比亚公民撤离行动纪实》，《人民日报》2011 年 3 月 3 日。

② ［美］乔治·沃克·布什：《抉择时刻》，东西网译，中信出版社 2011 年版，第 123—130 页。

就会一盘散沙。邓小平强调："如果人人自行其是，不在行动上执行中央的方针政策和决定，党就要涣散，就不可能统一，不可能有战斗力。"①2020年2月3日，习近平总书记在中央政治局常委会会议研究应对新冠肺炎疫情工作时强调："越是兵临城下，指挥越不能乱，调度越要统一。""各级党委和政府必须坚决服从党中央统一指挥、统一协调、统一调度，做到令行禁止。"②

2003年抗击非典初期，指挥不统一、协调不顺畅，影响疫情防控的整体效果。在当年7月28日召开的全国卫生工作会议上，时任国务院副总理、全国防治非典指挥部总指挥吴仪总结道："突发公共卫生应对机制不健全。我们一直没有建立完善突发公共卫生事件应急机制，缺乏公开、透明的报告制度和监测网络；医疗资源条块分割，没有实现属地化管理，导致指挥不统一，信息不畅通，反应不灵敏，难以有效应对突发公共卫生事件。"③

在瓮安"6·28"事件发生初期，相关力量各自为战，没有形成强有力的组织指挥体系。当天是星期六，当成千上万人围观聚集，冲击县公安局、县政府、县委，现场围观聚集人员不断增加时，现场手机无法接通。由于通信不畅，指令不能传达到位，执勤民警无法接收到指挥部的命令，只能各自为战。20时30分左右，武警、民警、消防等队伍陆续赶到瓮安，但由于缺乏得力的现场指挥，现场没有采取有效的控制措施。21时之后，黔南州公安局虽然从邻县调集了几百名警力赶赴瓮安，但因为是临时从各单位抽调，这些人员平时没有受过防暴处突训练，只能仓促应战，加之通信、个人防护器材装备以及应急处突机制等不到位，形不成战斗力、威慑力，致使应急处置工作始终处于被动局面。

---

① 《邓小平文选》第二卷，人民出版社1994年版，第272页。

② 习近平：《在中央政治局常委会会议研究应对新型冠状病毒肺炎疫情工作时的讲话》，《求是》2020年第4期。

③ 吴仪：《加强公共卫生建设　开创我国卫生工作新局面——在全国卫生工作会议上的讲话》，《中国卫生质量管理》2003年第4期。

事件最终得到平息，依靠的是贵州省委、省政府强有力的组织指挥：当晚 19 时 30 分，崔亚东在省公安厅指挥中心成立了由公安、武警、省委宣传部等负责人组成的应急处置指挥部；22 时 10 分，时任贵州省委副书记王富玉赶到省公安厅指挥中心；22 时 30 分，崔亚东带领相关人员紧急赶赴瓮安；次日 13 时，时任武警部队副参谋长薛国强从北京赶到瓮安，参加联合指挥部指挥。①

2008 年汶川特大地震发生后，党中央在震后第一时间就把抗震救灾确定为全党、全国最重要、最紧迫的任务，成立国务院抗震救灾总指挥部，组织各方救援力量赶赴灾区，紧急调集大批救灾物资运往灾区，精心部署受灾群众安置工作，举全国之力抗震救灾。

地震灾害发生以来，共出动解放军、武警部队兵力 14 万余人，公安民警、消防官兵和特警 2.8 万余人，民兵预备役人员 7.5 万余人，国内外地震专业救援队 5257 人；出动各种飞机 7084 架次，解救被困人员、运送救灾物资。截至 6 月 23 日，共解救转移被困群众 146 万余人，累计从废墟中抢救被掩埋人员 84017 人。

迅速向灾区调派大批医护人员、救护车、药品和医疗器械，空运医疗队到达偏远乡村，派遣医疗专家参加和指导救治，组织专列、包机等向 20 个省（区、市）转运了 10015 名重伤病员，争分夺秒，确保伤病群众得到及时救治。截至 6 月 23 日，累计投入医疗卫生人员 9.68 万人，救治伤员 204.01 万余人次，其中住院治疗 96140 人，已出院 82325 人。

紧急调运大量救灾物资，受灾群众生活得到了基本安置。截至 6 月 23 日，已调运救灾帐篷 157.97 万顶、活动板房 42.59 万套、成品粮油 16.63 万吨、被子 486.69 万套、衣物 1410.13 万件、瓶装水 216 万箱。四川等受灾省份通过建造简易住房、组织投亲靠友等

---

① 崔亚东：《群体性事件应急管理与社会治理——从瓮安之乱到瓮安之治》，中央党校出版社 2013 年版，第 189—192 页。

多种方式安置受灾群众。优先安排教学用房，使灾区学生尽快复课。各灾区累计紧急转移安置受灾群众 1510.62 万人。①

我国相关法律法规、政策文件，对突发事件应急组织指挥作了明确规定。例如，《突发事件应对法》第四条规定："国家建立统一领导、综合协调、分类管理、分级负责、属地管理为主的应急管理体制。"党的十九届三中全会审议通过的《中共中央关于深化党和国家机构改革的决定》和《深化党和国家机构改革方案》分别指出，"加强、优化、统筹国家应急能力建设，构建统一领导、权责一致、权威高效的国家应急能力体系"，"推动形成统一指挥、专常兼备、反应灵敏、上下联动、平战结合的中国特色应急管理体制"。党的十九届四中全会审议通过的《决定》指出，"构建统一指挥、专常兼备、反应灵敏、上下联动的应急管理体制，优化国家应急管理能力体系建设"。

3. 组织指挥重在组建指挥部

1985 年 3 月 7 日，邓小平在全国科技工作会议上讲话指出，"我们这么大一个国家，怎样才能团结起来、组织起来呢？一靠理想，二靠纪律。组织起来就有力量。没有理想，没有纪律，就会像旧中国那样一盘散沙"。"有理想，有纪律，这两件事我们务必时刻牢记在心。"②《荀子·王制第九》云："分均则不偏，势齐则不壹，众齐则不使。"构建科学合理的应急组织指挥体系，最基本的方法是组建强有力的应急指挥部，对应急处置与救援工作进行统一领导、统一指挥、统一行动。

美国、英国、德国、法国等发达国家，通常将应急指挥部分为行政指挥部和战术指挥部两部分——前者在后方负责行政决策与沟通协调，后者在前方负责现场处置与救援。在我国，应急指挥部通常分为现场指挥部（或称"前方指挥部"，简称"前指"）和总指挥部（或称"后方指

---

① 回良玉：《国务院关于四川汶川特大地震抗震救灾及灾后恢复重建工作情况的报告——2008 年 6 月 24 日在第十一届全国人民代表大会常务委员会第三次会议上》，《中华人民共和国全国人民代表大会常务委员会公报》2008 年第 5 期。

② 《邓小平文选》第三卷，人民出版社 1993 年版，第 111、112 页。

挥部"，简称"后指"）两部分：前者类似战术指挥部，负责现场应急处置与救援，开展战术行动；后者类似行政指挥部，负责统筹协调与资源保障，进行战略决策。同时，根据需要，上级有时还会向下级派出工作组，为下级提供指导、协调，并进行督促、调查。由此，形成了中国特色的应急组织指挥模式——上下之间是"指导—指挥"关系，上级派驻工作组，提供指导协调，但指挥权仍主要在地方；前后之间是"战略—战术"关系，后方负责战略决策，前方负责战术行动（见图9–1）。

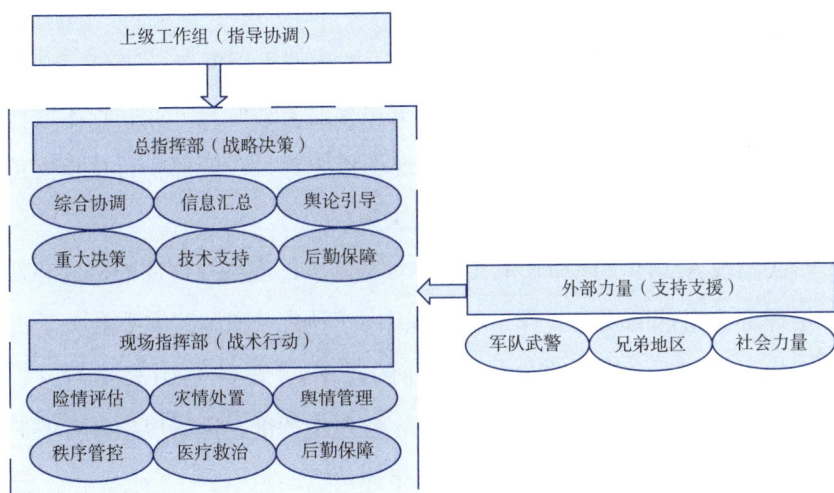

图9–1　中国特色应急组织指挥架构示意图

近年来的重特大突发事件应急处置与救援，无论是2013年芦山"4·20"强烈地震、青岛"11·22"泄漏爆炸特别重大事故，还是2015年天津港"8·12"特别重大火灾爆炸事故、深圳光明新区"12·20"特别重大滑坡事故，实行的基本上都是这种"指导—指挥"与"战略—战术"相结合的应急组织指挥架构。

新冠肺炎疫情发生后，组建的也是这种模式的应急组织指挥架构。2020年1月25日（农历正月初一），中央政治局常委会会议决定成立中央应对疫情工作领导小组，由国务院总理李克强任组长，在中央政治局常委会领导下开展工作；同时，党中央向湖北等疫情严重地区派出指导组，推动有关地方全面加强防控一线工作。① 国务院成立联防联控机制，军队成立应对疫情领导小组和应对突发公共卫生事件联防联控工作机制，湖北和其他省份成立相应的疫情防控指挥机构，实行统一领导、统一指挥、统一行动。2月3日，习近平总书记在中央政治局常委会研究应对疫情工作时讲话指出："中央应对疫情工作领导小组多次开会研究部署疫情防控工作，前方指导组也积极开展工作。国务院联防联控机制加强协调调度，及时协调解决防控工作中遇到的紧迫问题。有关部门各司其职，军队积极支援地方疫情防控。"②

明代刘基在《郁离子·主一不乱》中云："为臣室者，工虽多必有大匠焉，非其画不敢裁也；操舟者，人虽多必有舵师焉，非其指不敢行也。"无论是后方总指挥部还是前方现场指挥部，一般都实行总指挥负责制，赋予总指挥最高指挥权和最终决策权。

我国现有法律法规和政策文件，对突发事件现场指挥部的构成和现场指挥部总指挥的权责，作了相应规定。例如，《国务院安委会关于进一步加强生产安全事故应急处置工作的通知》（安委〔2013〕8 号）以及《生产安全事故应急条例》都规定，应急指挥部是现场应急处置的最高决策指挥机构，现场指挥部实行总指挥负责制。

> 指挥部是事故现场应急处置的最高决策指挥机构，实行总指挥负责制。总指挥要认真履行指挥职责，明确下达指挥命令，明确责任、任务、纪律。指挥部会议、重大决策事项等要指定专人记录，指挥命令、会议纪要和图纸资料等要妥善保存。事故现场所有人员要严格执行指挥部指令，对于延误或拒绝执行命令的，要严肃追究责任。（《国务院安委会关于进一步加强生产安全事故应急处置工作的通知》）

> 发生生产安全事故后，有关人民政府认为有必要的，可以设立

---

① 《中共中央政治局常务委员会召开会议 研究新型冠状病毒感染的肺炎疫情防控工作》，《人民日报》2020 年 1 月 26 日。

② 习近平：《在中央政治局常委会会议研究应对新型冠状病毒肺炎疫情工作时的讲话》，《求是》2020 年第 4 期。

由本级人民政府及其有关部门负责人、应急救援专家、应急救援队伍负责人、事故发生单位负责人等人员组成的应急救援现场指挥部，并指定现场指挥部总指挥。(《生产安全事故应急条例》第二十条)

现场指挥部实行总指挥负责制，按照本级人民政府的授权组织制定并实施生产安全事故现场应急救援方案，协调、指挥有关单位和个人参加现场应急救援。参加生产安全事故现场应急救援的单位和个人应当服从现场指挥部的统一指挥。(《生产安全事故应急条例》第二十一条)

三、善于指挥大兵团作战

(一) 授权 + 集权：坚持统一领导

1."一切行动听指挥"

《吕氏春秋》云："一则治，两则乱。今御骊马者，使四人人操一策，则不可以出于门闾者，不一也。"统一组织领导，整合各种力量资源，做到相关机构和人员步调一致、行动一致，才能确保应急处置与救援工作高效运行。美国、日本、俄罗斯、英国、德国、法国等国家都整合各方力量和资源，建立以政府主要负责人为首的应急组织指挥机构，并在各级政府设立专门部门或在政府办公厅设立专门办事机构，具体负责应急组织指挥的综合协调工作，发挥运转枢纽作用。

俗话说："两个胳膊架一个脑袋。"在应急组织指挥中，必须遵循"一人负责"的原则，集中统一领导，不能多头重复指挥。

"统一领导、综合协调"，是《突发事件应对法》等法律法规规定的我国应急管理体制的一项重要内容，是我国应急组织指挥的一项基本原则。所谓统一领导，是指在各级党委领导下，由各级政府统一负责，对突发事件应对工作实行统一指挥。在中央，国务院是突发事件应对的最高行政领导机关；在地方，地方各级政府是本地区突发事件应对的行政领导机关，负责本行政区域各类突发事件应对工作，是负责此项工作的责任主体。"在突发事件应对中，领导权主要表现为以相应责任为前提的指挥权、协调权。"① 所谓综合协调，有两层含义：一是党委、政府对所属各有关部门，上级党委、政府对下级各有关党委、政府，党委、政府与社会各有关组织、团体的协调；二是由各级党委、政府突发事件应对工作的综合机构进行的协调。"综合协调的本质和取向是在分工负责的基础上，强化统一指挥、协同联动，以减少运行环节、降低行政成本，提高快速反应能力。"②

2."要团结不要分裂"

部队一定要服从命令、听从指挥、遵从安排，这是古今中外概莫能外、不可改变的规矩。《淮南子·兵略训》云："五指之更弹，不若卷手之一挃；万人之更进，不如百人之俱至。"人多不一定力量大，团结才是力量。应急处置与救援是准军事化行动，同样强调要服从命令、听从指挥、遵从安排。突发事件发生后，地方党委、政府要按照"统一领导、综合协调"的要求，第一时间组建应急指挥部，整合党、政、军等相关应急力量和资源，明确各自职责分工，统一号令、统一行动。

我国相关法律法规对应急组织指挥作了具体规定，强调要统一号令、协调行动。例如，国务院和中央军事委员会 2005 年制定的《军队参加抢险救灾条例》（国务院、中央军委令第 436 号）第七条规定："军队参加抢险救灾应当在人民政府的统一领导下进行，具体任务由抢险救灾指挥机构赋予，部队的抢险救灾行动由军队负责指挥。"《突发事件应对法》第八条，对应急组织指挥作出如下规定：

> 国务院在总理领导下研究、决定和部署特别重大突发事件的应对工作；根据实际需要，设立国家突发事件应急指挥机构，负责突发事件应对工作；必要时，国务院可以派出工作组指导有关工作。

---

① 《中华人民共和国突发事件应对法注释本》，法律出版社 2008 年版，第 3 页。
② 汪永清：《〈突发事件应对法〉的几个问题》，《中国行政管理》2007 年第 12 期。

县级以上地方各级人民政府设立由本级人民政府主要负责人、相关部门负责人、驻当地中国人民解放军和中国人民武装警察部队有关负责人组成的突发事件应急指挥机构，统一领导、协调本级人民政府各有关部门和下级人民政府开展突发事件应对工作；根据实际需要，设立相关类别突发事件应急指挥机构，组织、协调、指挥突发事件应对工作。

上级人民政府主管部门应当在各自职责范围内，指导、协助下级人民政府及其相应部门做好有关突发事件的应对工作。

新冠肺炎疫情发生后，我国建立统一高效的应急组织指挥体系，前所未有地调集全国资源，开展大规模疫情防控和医疗救治，遏制了疫情大面积蔓延。对此，《抗击新冠肺炎疫情的中国行动》白皮书写道：

在以习近平同志为核心的中共中央坚强领导下，建立中央统一指挥、统一协调、统一调度，各地方各方面各负其责、协调配合，集中统一、上下协同、运行高效的指挥体系，为打赢疫情防控的人民战争、总体战、阻击战提供了有力保证。

各地方各方面守土有责、守土尽责。全国各省、市、县成立由党政主要负责人挂帅的应急指挥机制，自上而下构建统一指挥、一线指导、统筹协调的应急决策指挥体系。在中共中央统一领导下，各地方各方面坚决贯彻中央决策部署，有令必行、有禁必止，严格高效落实各项防控措施，全国形成了全面动员、全面部署、全面加强，横向到边、纵向到底的疫情防控局面。①

（二）指导＋指挥：坚持属地为主

1."强龙不压地头蛇"

突发事件通常会有一个由小到大、逐渐升级的过程；与此对应的，应急组织指挥会经历一个从基层到中层再到高层的逐级响应过程。通

---

① 国务院新闻办公室：《抗击新冠肺炎疫情的中国行动》，《人民日报》2020年6月8日。

常，突发事件发生在地方，由地方负责处置，属于地方性事务；随着事态不断升级，由"地方性事务"上升为"国家性事务"，应对的层级也会不断提高。以烈性传染病防控为例，当疫情仅仅是一个地方性事件，不扩散也不构成对其他地区人民生命安全的威胁时，此类疫情所涉及的仅仅是"地方的公共卫生"。除非当地方性的危机突破地理的藩篱，形成跨地方的危机，或直接构成对国家安全的威胁时，"地方的公共卫生"才有可能进入中央政府的视野，转化为"国家的公共卫生"①。

"分级负责、属地管理为主"，是我国应急组织指挥的另一项基本原则。所谓分级负责，主要是根据事件级别的不同，确定突发事件应对工作由不同层级的党委、政府负责。事件升级的，由相应的上级党委、政府统一领导；影响全国、跨省级行政区域或者超出省级党委、政府处置能力的，由党中央、国务院统一领导。社会安全事件原则上也是由发生地的县级党委、政府组织处置，但必要时上级党委、政府可以直接进行处置。所谓属地管理为主，主要是指应急处置工作原则上由地方负责，即主要由事件发生地的县级以上地方党委、政府负责；同时，法律、行政法规规定由国务院有关部门对特定突发事件应对工作负责的，由国务院有关部门管理为主（如《核电厂核事故应急管理条例》规定，全国的核事故应急管理工作由国务院指定的部门负责）。

我国《突发事件应对法》第七条对"分级负责、属地管理为主"作出如下规定：

> 县级人民政府对本行政区域内突发事件的应对工作负责；涉及两个以上行政区域的，由有关行政区域共同的上一级人民政府负责，或者由各有关行政区域的上一级人民政府共同负责。
>
> 突发事件发生后，发生地县级人民政府应当立即采取措施控制

① 曹树基：《国家与地方的公共卫生——以 1918 年山西肺鼠疫流行为中心》，《中国社会科学》2006 年第 1 期。

事态发展，组织开展应急救援和处置工作，并立即向上一级人民政府报告，必要时可以越级上报。

突发事件发生地县级人民政府不能消除或者不能有效控制突发事件引起的严重社会危害的，应当及时向上级人民政府报告。上级人民政府应当及时采取措施，统一领导应急处置工作。

法律、行政法规规定由国务院有关部门对突发事件的应对工作负责的，从其规定；地方人民政府应当积极配合并提供必要的支持。

在属地管理为主开展应急处置与救援工作的同时，上级可以通过派驻工作组、指导组、督导组、联络组等形式，为下级提供必要的指导、协调、支持和帮助。我国《突发事件应对法》第八条规定："必要时，国务院可以派出工作组指导有关工作。""上级人民政府主管部门应当在各自职责范围内，指导、协助下级人民政府及其相应部门做好有关突发事件的应对工作。"按照规定，当履行统一领导职责的地方党委、政府不能消除或有效控制突发事件引起的严重危害的，应当及时向上级党委、政府报告，请求支持。接到下级报告后，上级党委、政府应当根据实际情况，对下级党委、政府提供人力、财力支持和技术指导，必要时可以启用储备的应急物资、生活必需品和应急装备。

例如，新冠肺炎疫情发生后，中央派出指导组、调查组、联络组，对地方进行指导协调和督促检查。1月27日，国务院副总理孙春兰率中央指导组抵达武汉，落实中央应对疫情工作领导小组的部署要求，从疫情防治、物资保障、督查、信息公开等不同方向展开工作，研究解决疫情防控面临的突出问题。[①] 国务院疫情联防联控机制向全国多地派出工作指导组（督导组），全面参与地方疫情防控工作，加强工作指导和督促，做好上传下达和联系沟通工作，研究解决防控工作中的突出问题。2月7日，国家监察委员会派出调查组赴武汉，就群众反映的涉及

---

① 《孙春兰率领中央指导组　在湖北开展疫情防控指导工作》，《人民日报》2020年1月29日。

李文亮医生的有关问题进行全面调查。①2月20日前后，中央政法委组成调查组，赴山东就任城监狱疫情有关情况进行全面调查。②2月26日，司法部牵头，会同中央政法委、最高检、公安部组成联合调查组，就武汉女子监狱刑满释放人员黄某英进京事件开展调查。③4月27日，中央指导组离鄂返京；5月4日，国务院联防联控机制设立联络组，加强对湖北省和武汉市疫情防控后续工作的指导支持。④

《资治通鉴》云："上之使下犹心腹之运手足，根本之制支叶；下之事上犹手足之卫心腹，支叶之庇本根，然后能上下相保而国家治安。"反之，"上不信下，下不信上；上下分离，以至于败"。分级负责、属地管理为主，在我国应急组织指挥实践中，集中表现为"上级指导、下级指挥"的权责配置模式：上级党委、政府以工作组、指导组、联络组等形式，提供指导协调，帮助地方解决地方没法解决的难题，协调地方没法协调的资源；下级党委、政府以应急指挥部的形式，发挥主体作用，承担主体责任，牵头开展应急处置与救援工作。

2013年芦山"4·20"强烈地震发生后，习近平总书记强调，要"探索出一条中央统筹指导、地方作为主体、灾区群众广泛参与的恢复重建新路子"⑤。李克强总理指出："救灾要科学有序，由四川省为主指挥抗震救灾，国务院派一个工作组在那儿，由四川省作为需方，我们是供方，他提单子，我们给条件，保证抗震救灾有序进行，使死亡人数降到了最低程度。总结多年经验，抢险救援和应急救助工作一般以地方为

① 《国家监委派调查组赴武汉就涉及李文亮医生有关问题作全面调查》，《人民日报》2020年2月8日。

② 《中央政法委组成调查组赴山东调查任城监狱新冠肺炎疫情情况》，《人民日报》2020年2月22日。

③ 《司法部牵头的联合调查组公布"黄某英事件"调查结果》，《人民日报》2020年3月3日。

④ 《部署突出重点落实常态化防控措施 周密做好"五一"假期防控工作 有力保障经济社会秩序有序恢复》，《人民日报》2020年5月1日。

⑤ 《继续大力发扬伟大抗震救灾精神 妥善安置群众科学开展恢复重建》，《人民日报》2013年5月24日。

主，便于就近统一指挥、提高效率，中央给予必要的帮助。灾后过渡安置和恢复重建，中央要根据情况给予必要支持。"①2018 年 2 月，习近平总书记在党的十九届三中全会上所作的《关于深化党和国家机构改革决定稿和方案稿的说明》中指出："发生一般性灾害时，由各级政府负责，应急管理部统一响应支援。发生特别重大灾害时，应急管理部作为指挥部，协助中央组织应急处置工作。"②

实际上，在近年来的重特大突发事件应急处置与救援实践中，我国在积极推行和不断强化"分级负责、属地管理为主""上级指导、下级指挥"的应急组织指挥模式，充分调动中央和地方两个积极性。例如，2003 年 "12·23" 中石油川东钻探公司井喷特大事故发生后，12 月 26 日，时任国务委员兼国务院秘书长华建敏率国务院工作组赶到现场，确定事故处置与救援工作由重庆市委、市政府负总责，国务院工作组提供指导和协调。2010 年大连中石油国际储运有限公司 "7·16" 输油管道爆炸火灾事故发生当晚，时任国务院副总理张德江赶到现场，确定由时任大连市常务副市长肖盛峰任前线总指挥。2013 年青岛 "11·22" 泄漏爆炸特别重大事故发生当晚，国务委员王勇带领相关部门负责人赶赴现场，指示成立了以山东省省长为总指挥的现场指挥部。

2015 年天津港 "8·12" 特别重大火灾爆炸事故发生后，习近平总书记立即作出指示：天津市要组织强有力力量，全力救治伤员，控制消除火情，稳定社会情绪，国务院速派工作组前往指导救援和事故处理。当晚，时任国务委员、公安部部长郭声琨率国务院工作组赶赴事故现场，协调指导应急处置工作；天津市委、市政府成立事故救援处置总指挥部，由市委、市政府主要负责人任总指挥。8 月 17 日晚，郭声琨

①　《时刻把高寒地震灾区群众安危冷暖挂在心头　完善科学有序有效应对灾害机制》，《人民日报》2013 年 8 月 19 日。

②　《〈中共中央关于深化党和国家机构改革的决定〉〈深化党和国家机构改革方案〉辅导读本》，人民出版社 2018 年版，第 95 页。

在天津主持召开国务院工作组和天津抢险救援指挥部联席会议。会议强调，天津市要加强组织领导，按照"三严三实"的要求，勇于担当、敢于负责，切实担负事故处置的主体责任，统筹做好救援救治和经济社会发展各项工作。①

2."危急关头豁得出来"

1949年4月25日凌晨2时(3月25日中共中央和中央军委进驻北京、接管城市后不久)，在北京崇文门外东四块玉北街发生了"火烧59辆电车事件"——北平电车公司南厂停车场突发大火（后调查断定为遭敌特纵火破坏），消防队接警后扑救4个小时才将大火扑灭；大火烧毁了59辆电车和104间钢筋水泥结构的厂房，损失2亿多元（旧币）。②

事件发生后，火灾所在地的北京市公安局外三分局及时向北京市公安局第三处（治安处）作了报告。当时值班的第二副处长贺生高接到报告后，考虑到当日上午就要参加市公安局主要领导的会议，到时候再报告不迟，所以未及时按要求向上报告。

当天上午8时，中央当时负责分管公安工作的中央社会部部长李克农召集北京市公安局主要领导，在东城区弓弦胡同的中央社会部开会，当面向时任中共中央书记处书记、中央军委副主席周恩来汇报北京市公安管理工作和社会治安情况；北京市公安局局长等参会。在座谈中，贺生高汇报了当天凌晨"电车厂重大火灾"的情况。当时除贺生高外，在场的北京市公安局人员全都不知道这起事件的情况。

周恩来很生气，随即带领北京市公安局人员赶到现场。在外三分局，周恩来对分局长慕丰韵说："小慕啊，前清时，县太爷听说哪儿着了火，都亲自到现场。我们是人民政府，是为人民服务的。今后，你们公安局的领导遇上大的案件、事件，必须亲自到现场！"当日下午，周恩来批评了北京市公安局领导中存在的官僚主义作风，"发生这么大的事情，

① 《郭声琨主持召开国务院工作组和天津抢险救援指挥部联席会议　继续全力做好救援救治现场清理等各项工作》，《人民日报》2015年8月18日。

② 苏峰：《周恩来处理一次重大突发事件经过》，《前线》2014年第1期。

领导不到现场，甚至都不知道。"周恩来专门指示："北平发生重大事故，公安局长、处长要去现场调查情况、处理问题。"①

当日，北京市公安局马上就周恩来的指示进行讨论，并作了相应规定：以后再发生重大事故，市公安局、有关业务处、分局领导必须亲自赶到现场了解情况。"领导必须第一时间赶到重大突发事件现场"，此后成为北京市乃至全国各地区、各部门工作的一项具体要求。

纽约市长朱利安尼也特别强调，突发事件发生后，"领导必须第一时间赶到事发现场"。他说："我在市长任内所坚持的一项政策：凡是发生紧急事件，我一定要赶到现场，直接就眼前的状况亲自评估。""9·11"事件发生后，他第一时间赶到世贸双塔事发现场，以身作则，得到市民好评。朱利安尼在自述中写道：

> 当时，我还不确定事态严重到何种程度。依照以往的惯例，每逢灾难我一定亲临现场，决定立刻到现场亲自了解情况，再讨论应对措施。

> 当天，我至少前往灾难现场五次。……我必须亲自出马，凭自己的双眼看着灾难现场与救援行动，对未来几个月内将会面临的问题建立实质的认识。我的卡车上随时准备了一双长靴，以防万一哪里传出火警或灾祸之类的意外事故，我套上长靴步出车外。②

俗话说："你的地盘你做主。"属地管理为主，要求属地党委、政府在突发事件应急处置与救援过程中，切实增强主体意识、主体责任、主体作用，第一时间组建起强有力的应急组织指挥体系，迅捷有序地采取管控措施，真正做到"守土有责、守土负责、守土尽责"。个别地方领导干部"等靠要"的思想有时比较严重，该决策的不决策，该拍板的不拍板，凡事要么层层请示汇报，等着上级出政策、领导出主意；要么动

---

① 孟红：《周恩来：睿智处理突发事件的高手》，《中华魂》2018年第4期。
② ［美］鲁迪·朱利安尼：《领导：纽约市长朱利安尼自述》，韩文正译，译林出版社2005年版，第4、6、20页。

辄召开会议研究决策，以"集体讨论"为名推卸责任。

习近平总书记强调："要严格党员日常教育和管理，使广大党员平常时候看得出来、关键时刻站得出来、危急关头豁得出来，充分发挥先锋模范作用。"①特别是区（县）一级，处在应对突发事件的第一线，更要在第一时间主动承担起组织指挥的职责。对此，习近平总书记指出："县一级处于社会矛盾的前沿，县委书记处在维稳第一线，一定要履行好责任。""对突出矛盾要有责任意识，主动去解决而不是回避推卸，努力做到发现在早、处置在小。对突发事件要临危不惧、沉着冷静、敢于负责，关键时刻要亲临现场、靠前指挥、果断处置。"②

孔子说："知者不惑，仁者不忧，勇者不惧。"面对突发情况，领导干部必须冲锋在前，沉着镇定，泰然处之。"天下有大勇者，卒然临之而不惊，无故加之而不怒。"敢于担当是一种责任、一种精神、一种能力，是领导干部必须具备的基本素质，也是好干部的一条重要标准。习近平总书记强调："是否具有担当精神，是否能够忠诚履责、尽心尽责、勇于担责，是检验每一个领导干部身上是否真正体现共产党人先进性和纯洁性的重要方面。"③坚持属地管理为主，要求地方各级党委、政府和领导干部切实增强担当精神和责任意识，敢于迎难而上，主动担责。

党的十八大以来，习近平总书记在不同场合反复强调，领导干部要主动担当担责，特别是在突发事件发生后的关键时刻要冲锋在前、战斗在先。他指出，"看一个领导干部，很重要的是看有没有责任感，有没有担当精神"，"权力就是责任，责任就要担当"④。"干部就要有担当，

---

① 《建设宏大高素质干部队伍 确保党始终成为坚强领导核心》，《人民日报》2013 年 6 月 30 日。

② 习近平：《做焦裕禄式的县委书记》，《学习时报》2015 年 9 月 7 日。

③ 《认真落实胡锦涛同志重要讲话精神 扎实做好保持党的纯洁性各项工作》，《人民日报》2012 年 3 月 2 日。

④ 《牢固树立正确世界观权力观事业观》，《人民日报》2010 年 9 月 2 日。

有多大担当才能干多大事业，尽多大责任才会有多大成就。不能只想当官不想干事，只想揽权不想担责，只想出彩不想出力"。① 他强调："党的干部必须坚持原则、认真负责，面对大是大非敢于亮剑，面对矛盾敢于迎难而上，面对危机敢于挺身而出，面对失误敢于承担责任，面对歪风邪气敢于坚决斗争。"②

党的十八届六中全会公报强调："各级党组织要把信任激励同严格监督结合起来，促使党的领导干部做到有权必有责、有责要担当，用权受监督、失责必追究。"党的十九大报告指出："坚持严管和厚爱结合、激励和约束并重，完善干部考核评价机制，建立激励机制和容错纠错机制，旗帜鲜明为那些敢于担当、踏实做事、不谋私利的干部撑腰鼓劲。"《中共中央关于加强党的政治建设的意见》指出，要增强斗争精神，强化政治担当，敢于亮剑、善于斗争。《党政领导干部考核工作条例》规定，对表现突出或者问题反映较多的领导班子和领导干部可以进行专项考核，即对领导班子和领导干部在完成重要专项工作、承担急难险重任务、应对和处置重大突发事件中的工作态度、担当精神、作用发挥、实际成效等情况进行针对性考核。

应对新冠肺炎疫情，是对各级党委、政府和领导干部的重大考验。在2月23日召开的统筹推进新冠肺炎疫情防控和经济社会发展工作部署会议上，习近平总书记强调："关键时刻冲得上去、危难关头豁得出来，才是真正的共产党人。"

> 疾风知劲草，板荡识诚臣。能不能打好、打赢这场疫情防控的人民战争、总体战、阻击战，是对各级党组织和党员、干部的重大考验。各级党组织要认真履行领导责任，特别是抓落实的职责，把党中央各项决策部署抓实抓细抓落地，让党旗在疫情防控斗争第一线高高飘扬。

---

① 习近平：《做焦裕禄式的县委书记》，《学习时报》2015年9月7日。

② 《十八大以来重要文献选编》（上），中央文献出版社2014年版，第337—338页。

干部政治上过不过得硬，就要看关键时刻靠不靠得住。总体看，在抗疫斗争中我们的干部队伍是好的，是经受住考验的，但也有少数干部表现不佳甚至很差。有的不敢担当、不愿负责，畏首畏尾，什么都等上面部署，不推就不动；有的疲疲沓沓、拖拖拉拉，情况弄不清、工作没思路；有的敷衍应付、作风飘浮，工作抓而不细、抓而不实，仍然在搞形式主义、官僚主义；有的百般推脱、左躲右闪，甚至临阵脱逃。这些都是对党对人民极端不负责任的，决不能容忍！必须坚决纠正！①

（三）前方＋后方：坚持专业处置

1."到位而不越位"

作为一个大兵团作战的集体行动过程，突发事件现场往往人多嘴杂，各个层级、各个部门、各个地方、各个行业的不同人员，在短时间内纷纷赶到事发现场。常见的情形是，由于缺乏统一指挥、统一调度，各方人员盲目扎堆、打乱仗，现场混乱无序。而且，在事件发生的不同地方之间，应急力量和资源往往分配不均：有的力量和资源严重过剩，人太多没事干；有的力量和资源极其短缺，没人去而干着急。

特别是在突发事件发生后的第一时间，现场情况不明，需要"谋定而后动"；但不少领导都喜欢"第一时间赶赴现场"，以示重视。很快，不同层级、不同部门、不同地方、不同行业的领导都相继赶到现场，都对基层干部和现场救援人员提出过于原则、操作性不强的要求或相互冲突的指令，让基层干部和现场救援人员无所适从。结果是，领导"帮忙"变成"添乱"，现场各路人员云集，职责不清，分工不明。甚至在个别时候，由于事发现场与抢险救援无关的人员太多，造成道路交通堵塞，影响救援工作的顺利开展甚或造成二次伤害。

---

① 习近平：《在统筹推进新冠肺炎疫情防控和经济社会发展工作部署会议上的讲话》，《人民日报》2020 年 2 月 24 日。

俗话说得好："病急不要乱投医，事急不要乱指挥。"英文单词"Chaos"，意思是混乱无序。在美国，有个很形象的说法："Chaos"是"Chief Has Arrived on Scene"这句话中五个英文单词首字母的缩写，意即"一把手到了现场"。领导职责定位不清，角色错位，就会导致现场秩序混乱。突发事件发生后，领导最重要的工作是统揽全局，抓大放小，明确各方职责分工，"帮忙不添乱、到位不越位"。

2."让专业的人做专业的事"

《论衡·卷十二·程材篇》云："牛刀可以割鸡，鸡刀难以屠牛。刺绣之师，能缝帷裳。纳缕之工，不能织锦。儒生能为文史之事，文史不能立儒生之学。"所谓"闻道有先后，术业有专攻"，面对各类突发事件，尤其是危化品爆炸事故、重大传染病疫情等专业性、技术性强的突发事件，必须坚持专业救援、科学施救，用好专业技术力量和设施装备，提高应急处置与救援的专业化水平。如果鲁莽行动、盲目施救，有可能变为"抱薪救火"，适得其反，"薪不尽而火不止。"

在2008年汶川特大地震的抢险救援过程中，我国消防特勤队伍的装备使用、救援技能、战术方法运用和现场作业程序，都跟国际水准"相差不多"。在抢险救灾一线，温家宝高度评价这支队伍："你们救人的专业性强，存活率高。"在接受媒体采访时，时任公安部消防局局长、抗震救灾前线总指挥郭铁男少将谈道："救援的力量不在人数，在专业能力。"他总结道："科学施救，一靠特殊的战斗装备，二靠特殊的实战训练，三靠特殊的战斗经验。"[1]

> 人，我们要挖掘几十个小时，昼夜不停，还冒着生命危险，但这只有专业救援队员能做。不是说谁想救，这个生命就得救了，确实要有专业能力。专业能力包括两方面，一是你本身要经过训练，你要掌握专门的技能，你要有专门的工具；另外一个还有施救人员的职业精神——把你活着救出来，不管我遇到什么危险，甚至包括

---

① 董瑞丰：《打造国家救援力量》，《瞭望》2008年第23期。

可能会牺牲，也在所不惜。再一个是有科学方法，这里有很多技巧、技术，也不是说我们拿这个东西——有无齿锯、切割器，到那随便锯，随便切，你把救生的支点锯断，不要说救不出别人，连自己都搭进去了。①

对领导而言，在应急处置与救援行动中必须准确定位，正确区分战略决策、战役指挥和战术行动，敢于对下授权（但不授责），充分发挥一线人员的积极性、主动性、创造性。这其中的一项重要工作，是按照"专业处置、科学施救"的原则，建立健全突发事件现场指挥官制度。

所谓现场指挥官，是指在突发事件现场负责统一组织、指挥应急处置与救援工作的最高指挥人员。现场指挥官全权负责指挥现场应急处置与救援工作；参与应急处置与救援的相关力量和人员，应当服从和配合现场指挥官指挥。现场指挥官制度，有利于减少现场多头管理、重复指挥，确保现场指挥统一、有序、高效地开展。

2014年出台的《广东省突发事件现场指挥官制度实施办法（试行）》（粤府办〔2014〕1号），明确了以现场指挥官制度为基础进行突发事件现场组织指挥的基本原则。

（一）分级负责，属地管理。突发事件发生前后，负责牵头处置突发事件的县级以上人民政府或者专项应急指挥机构应当按照相关应急预案中的应急响应启动现场指挥官机制。未有相关应急预案的，根据实际情况需要，设立现场指挥部，指定现场指挥官。

（二）统一指挥，多方联动。突发事件现场应急处置工作实行现场指挥官负责制，现场指挥官全权负责指挥现场应急处置。处置力量及有关单位负责人、公众应当服从和配合现场指挥官指挥。

（三）协同配合，科学处置。负责牵头处置突发事件的县级以

---

① 夏榆：《"救援的力量不在人数，在专业能力"——专访公安部消防局抗震救灾前线总指挥郭铁男少将》，《南方周末》2008年5月29日。

上人民政府或者专项应急指挥机构，应当全力协调解决现场指挥官现场应急处置无法协调解决的问题和困难，全力支持现场指挥官做好处置工作。建立健全现场指挥官应急决策和专家决策相结合的现场应急指挥机制，充分发挥应急管理专家作用。①

---

① 《广东省突发事件现场指挥官工作规范（试行）》，《南方日报》2014 年 1 月 14 日。

第十讲

舆论引导：流言止于智者

历史和现实都告诉我们，舆论的力量绝不能小觑。舆论导向正确是党和人民之福，舆论导向错误是党和人民之祸。好的舆论可以成为发展的"推进器"、民意的"晴雨表"、社会的"黏合剂"、道德的"风向标"，不好的舆论可以成为民众的"迷魂汤"、社会的"分离器"、杀人的"软刀子"、动乱的"催化剂"。

——习近平在党的新闻舆论工作座谈会上的
讲话（2016 年 2 月 19 日）

一、"传递爱的温暖与力量"

2015年6月1日发生的"东方之星"号客轮翻沉事件，是新中国成立以来我国内河航运史上遇险、遇难人数最多、救援和处置难度最大的事件，多种复杂敏感因素交织叠加。事件发生后，社会公众和乘客家属极度关心，国际舆论高度关注，境内外大批媒体记者涌向监利县（最高峰时现场有来自近200家媒体的500余名记者），持续对事件进行滚动报道；网民高度关注事件进展，网上新闻跟帖和微博讨论超过5亿人次。

社会上出现不少猜测和质疑：事件发生的原因何在？为何龙卷风会导致客船翻沉？船只是否存在设计方面的问题？气象部门事先是否发出了预警？水上交通部门是否采取了防范措施？船长为何最先逃生？

6月2日至13日，国务院前方指挥部新闻中心在监利县组织召开了15场新闻发布会，500多家（次）媒体、近1000名（次）记者参加。针对救援、打捞、气象、航运、善后、生还者人数变化等问题，邀请救援部队、交通运输、航运管理、海事院校、船舶等方面负责人和专家，主动进行专业解释说明。新闻中心还组织协调了3次以境外媒体为主的现场集中采访。截至6月13日，人民日报、新华社、中央电视台等中央主要媒体及其新媒体平台，对内对外刊播文、图、音视频报道近2万条。

6月5日，媒体全程公开直播船体打捞扶正的过程。6月7日（遇难人员"头七"祭奠日）9时许，搜救现场举行悼念活动，以人员默哀、船舶鸣笛的形式，表达对逝者的哀悼。监利县组织1000多名家属到事发水域上游江滩吊唁，未到现场的家属安排其他形式活动寄托哀思。

客轮翻沉事件发生后，虽然舆情热度持续不减，但舆论场表现得相对理性和平稳，谣言传闻和负面报道很少。国内舆论认为，在事件救援中，看到了党和政府以人为本、生命至上的责任担当，看到了与人民群众心连心、同呼吸、共命运的深厚情怀，感受到了爱的温暖与力量。国际舆论认为，中国行动高效、负责任，体现出对人民生命的尊重，值得赞扬；中国政府及时发布相关信息，公开透明，为记者提供采访便利，有助于国内外快速、准确地了解搜救工作进展。①

注重从时度效着力、体现时度效要求，有力配合应急救援和善后处置工作，是此次客轮翻沉事件舆论引导工作的基本做法和宝贵经验。

一是把握住"时"。中央电视台"央视新闻"微博于6月2日2时52分播出第一条消息，新闻频道在3点整点新闻中播发，实现网络与电视平台的全球"双首发"，做到"及时"；针对船体切割又突然焊上、船体扶正时骤然停止、船体移泊离开事故水域等情况第一时间开展引导，有效避免负面舆论发酵扩散，做到"即时"；主动从救援和善后处置的大局出发，有序开展采访报道，不为博眼球而抢新闻，做到"适时"。二是拿捏好"度"。在救援阶段，加大正面报道力度，用自然朴实的基调实时反映救援进展，充分满足公众信息需求，同时不渲染、不煽情、不拔高。在事件处置由应急救援向善后处置转段过程中，明确要求继续保持前方工作力量，全程参与善后工作，做好善后新闻报道和舆论引导。在善后处置阶段，稳妥把握舆论导向。三是求最大"效"。相关工作以有利于安抚家属情绪、有利于救援和善后工作顺利开展为原则，将事件稳妥处置作为衡量舆论引导工作的首要标准。比如，在"头七"前后两天，全国上星频道共撤下、停播包括娱乐节目在内的相关节目超过200档。②

---

① 《科学高效救援体现对生命的尊重——国际舆论积极评价中国应对"东方之星"号客轮翻沉事件》，《人民日报》2015年6月8日。

② 中共中央组织部组织编写：《贯彻落实习近平新时代中国特色社会主义思想、在改革发展稳定中攻坚克难案例·防范化解重大风险》，党建读物出版社2019年版，第101—102页。

《荀子·大略》云："流丸止于瓯臾，流言止于智者。"舆论引导是应急管理工作的重要内容。舆论引导的过程，也就是进行公众沟通，开展声誉管理，塑造良好形象的过程。突发事件发生后，往往伴随各种各样的传言谣言。如何建立健全突发事件舆论引导机制，及时主动发布权威信息，有效稳定公众情绪，全面塑造良好形象？

二、"做好"还得"说好"

（一）舆论是"众人之论"

1. 灾难、谣言与恐慌

舆论，即"众人的议论""公众的言论"。谣言是舆论的一种。受人类认识有限以及情感因素、立场偏见的影响，人们容易信谣、传谣。[①] 传播学者克罗斯（A. Chorus）曾提出一个谣言公式：谣言 =（事件的）重要性 ×（事件的）模糊性 ÷ 公众的批判能力。[②] 这个公式说明，谣言的能量有多大，既取决于事件的重要性和确定性，也取决于受众的判断水平。当谣言越重要、越难求证、公众批判性地接受谣言的能力越弱时，谣言传播的能量就越大，流传范围就越广。

谣言更是与灾难结伴相生。与常态情形相比，突发事件发生后，更容易产生各种各样的谣言，人们也更愿意相信这些谣言——事发突然，情况危急，对人的身体健康和生命安全构成威胁（重要性强）；信息不明，各种不稳定不确定因素突出（模糊性强）；公众的信息辨识和自我认知能力比较弱（批判能力差）。

---

① Cass Sunstein, *On Rumors: How Falsehoods Spread, Why We Believe Them, What Can Be Done?* New York: Farrar, Straus and Giroux, 2009.

② A. Chorus, "The Basic Law of Rumor", *The Journal of Abnormal and Social Psychology,* Vol. 48, No. 2（April 1953）, pp.313-314.

　　研究表明，人类在遇到突发事件时，会更容易听信谣言，出现不安、恐惧、惊慌等负面情绪反应，产生退缩、逃避、盲从、抢购等非理性行为。例如，1988 年全国暴发甲肝大流行，掀起一阵板蓝根抢购潮；2003 年非典疫情发生，掀起板蓝根、白醋、盐、米等抢购潮；2009 年甲型 H1N1 流感暴发，掀起板蓝根、口罩、温度计等抢购潮；2011 年日本福岛核电站泄露事件发生后，掀起食盐、酱油、咸菜等抢购潮；2020 年新冠肺炎疫情暴发后，掀起口罩、消毒液、双黄连口服液等抢购潮，并发生发烧人员闯卡逃离等不理智行为。

　　在有的情况下，灾难、谣言、恐慌还会形成一个过程链甚至循环圈，导致事态愈演愈烈。灾难发生后，各类或真或假的谣言不胫而走，让受众应接不暇；谣言肆虐，导致社会恐慌情绪加剧。如果恐慌心理持续时间过长，或者恐慌情绪在人群中迅速蔓延，会降低人体的免疫力，导致出现非常时期的非理性行为。各种非理性行为可能引发次生、衍生灾害，而次生、衍生灾害的发生又可能导致新一轮的谣言肆虐。

　　尤其是在群体中，各种恐慌情绪和非理性行为更容易产生和加剧。群体中的个体恐慌不断升级，会逐渐形成群体恐慌；群体恐慌不断累积，会形成集体恐慌行为。法国社会心理学家勒庞在《乌合之众》一书中指出，群体往往呈现出盲目、冲动、狂热、轻信的特点；当个人是一个孤立的个体时，他有着自己鲜明的个性化特征；一旦融入群体，个体有意识的行为将很快被群体的无意识行为所取代。①

　　在 2008 年瓮安"6·28"事件中，参与围观聚集的大多是不明真相的群众。事件结束后，对于参与打砸抢烧等严重违法犯罪行为，共依法追究刑事责任 267 人，其中包括黑恶势力 60 人，社会闲散人员 38 人，青少年（学生）104 人，企业人员 36 人，吸毒人员 1 人，教

---

① ［法］古斯塔夫·勒庞：《乌合之众——大众心理研究》，冯克利译，广西师范大学出版社 2015 年版，第 77—78 页。

师 2 人，农民 26 人。这些人员中，绝大部分与李树芬溺亡事件没有直接的关联，多数是出于"正义感"、听信谣言、盲目从众、被蛊惑或被胁迫而参加围观聚集或打砸抢烧的。特别是大批青少年直接参与打砸抢烧，造成严重后果和恶劣影响，成为瓮安事件"一个显著的特点"①。

2. 全媒体带来新挑战

伴随互联网技术迅速发展，我们已经进入了一个人人都可以"随手拍、随地发、随时看、随便评"的全媒体时代。2019 年 1 月 25 日，习近平总书记在主持十九届中央政治局第十二次集体学习时强调："全媒体不断发展，出现了全程媒体、全息媒体、全员媒体、全效媒体，信息无处不在、无所不及、无人不用，导致舆论生态、媒体格局、传播方式发生深刻变化，新闻舆论工作面临新的挑战。"②

由社交媒体管理平台"互随"和数字营销机构"我们擅长社交"公司发布的《2019 年全球数字报告》指出：全球共有约 76.76 亿人，其中手机用户 51.12 亿人，网民约 42.88 亿人（占全球人口总量约 80%），有 34.84 亿人活跃在社交媒体上；全球互联网用户平均每天上网 6 小时 42 分钟（相当于每个互联网用户每年上网超过 100 天），其中一半用于移动设备。③ 根据中国互联网络信息中心（CNNIC）发布的《第 45 次中国互联网络发展状况统计报告》，截至 2020 年 3 月，我国网民规模为 9.04 亿，互联网普及率达 64.5%；其中，手机网民规模达 8.97 亿，网民使用手机上网的比例达 99.3%；我国网民人均每周上网时长为 30.8 小时，平均每天超过 4 小时。④

① 崔亚东：《从贵州瓮安"6·28"事件看对违法青少年帮教推进社会管理创新》，《中共贵州省委党校学报》2011 年第 1 期。
② 习近平：《加快推动媒体融合发展 构建全媒体传播格局》，《求是》2019 年第 6 期。
③ Hootsuite and We Are Social, *Digital 2019: Global Internet Use Accelerates*, 30 January 2019, https://wearesocial.com/blog/2019/01/digital-2019-global-internet-use-accelerates.
④ 中国互联网络信息中心：《第 45 次中国互联网络发展状况统计报告》，2020 年 4 月，http://www.cnnic.net.cn/hlwfzyj/hlwxzbg/hlwtjbg/202004/P020200428596599037028.pdf。

研究发现，全媒体时代，谣言远比真相更容易传播。2018 年 3 月 9 日，《科学》杂志发表了一篇题为"谎言是怎么流传的"的封面文章。来自美国麻省理工学院的研究者，通过对 2006—2017 年期间推特中所有真实性存在争议的 12.6 万条新闻报道进行分析后发现：在社交网络上，无论是传播的速度、广度还是深度，虚假信息都战胜了真实信息；尤其是与政治、娱乐和科技相关的谣言，传播尤为广泛。统计发现，与真相相比，谣言被转发的概率高出 70%；转发谣言的人数比转发真相文章的人数，经常多出 10 倍以上甚至高达 100 倍。①

党的十九大报告指出："高度重视传播手段建设和创新，提高新闻舆论传播力、引导力、影响力、公信力。"全媒体时代，信息传播方式从被动到互动，传播手段从一维到多维，传播内容从简单到复杂，传播时效从延时到即时，给舆论引导特别是突发事件舆论引导工作带来全新的挑战。只有准确把握全媒体时代舆论传播的规律和特点，全面掌握全媒体时代舆论引导的方法和技巧，才能有针对性地做好舆论引导工作，牢牢把握舆论引导的主动权和主导权。

（二）舆论引导是"试金石"

1."好事不出门，坏事传千里"

新闻界有一句著名的"行话"："狗咬人不是新闻，人咬狗才是新闻。"公安部原新闻发言人武和平在《打开天窗说亮话》一书中写道："有四类信息记者们会'生扑拼抢'：一是坏事（天灾人祸、恶性刑事案件、恐怖袭击）；二是奇事（有戏剧化的角色冲突，有诱人的悬念、怪异的情节）；三是丑事（官员腐败、幕后交易、名人绯闻）；四是不平事（信息的前后矛盾、当事人之间身份地位悬殊，如涉及官二代、富二代的事件）。一言蔽之就是'非常态'事件。因为只有这样，新闻才能获得更

---

① Soroush Vosoughi, Deb Roy, Sinan Aral, "The Spread of True and False News Online", *Science*, Vol. 359, Issue 6380, (9 March 2018), pp. 1146-1151.

多的注意力，才能赢得效益的最大化。"①

俗话说："好事不出门，坏事传千里。""当真理还在穿鞋，谣言已经走遍了天下。"在全媒体时代的"聚光灯""放大镜""显微镜"下，作为"坏消息"的突发事件发生后，很容易成为社会关注的热点和媒体报道的焦点，各种消息在短时间内快速扩散传播，纷繁杂乱，真伪难辨，引人关注，形成一呼百应、应者云集的局面。

在 2008 年瓮安"6·28"事件中，李树芬溺亡后，社会上、网络上谣言四起。当事人把《贵州都市报》等媒体请到瓮安进行采访报道，美国之音、美联社、华盛顿邮报、日本朝日新闻等十几家境外媒体派记者进行电话采访或委托国内关系人进行采访，境内民间网络记者赶往瓮安进行采访报道。游行请愿发生后不到 1 小时，就有人把现场的视频、照片传到了互联网上。当晚，大量小道消息在论坛、博客快速传播，称当地警方办"冤案"、死者叔叔被警方"打死"。特别是当地党委、政府和公安局大楼被烧毁的照片、视频以及危言耸听的文字在网上传播后，吸引了瓮安当地群众、全国乃至国外的高度关注。

2015 年天津港"8·12"火灾爆炸事故，虽然发生在半夜，但很快引爆国内舆情，成为一起全国性热点事件。当地网友第一时间在社交媒体上传现场爆炸的视频和图片，引发网友疯狂转发；澎湃新闻率先推出网络专题报道，聚焦报道这起事故。13 日凌晨，"@ 人民日报""@ 财经网""@ 南方周末"等新媒体迅速跟进，在各自的微博、微信及客户端推送相关报道，引发全民关注。据统计，至 8 月 13 日 11 时许，拥有亿万用户的社交平台新浪微博和腾讯微信，已有 6 亿人次阅读了关于此次事故的专题，百万人参与讨论。至当日 17 时，仅新浪微博上相关话题就已引发 13 亿人次阅读，相关讨论达 230 万条。截至 8 月 14 日 15 时，与此次事故相关的网页新闻量已经达到 4.4 万条，微信 6 万篇；在新浪

---

① 武和平：《打开天窗说亮话——新闻发言人眼中的突发事件》，人民出版社 2012 年版，第 201 页。

微博开放平台，"# 天津塘沽大爆炸 #""# 天津港爆炸事故 #" 两个话题的阅读量高达 25 亿人次，讨论量接近 460 万条。①

2. 危机揭示领袖们的品质

引导，即指引、导向，也就是"带着人向某个目标集体行动"。舆论引导的过程，也就是进行公众沟通的过程。从词语构成来看，沟通包括"沟"和"通"两部分。"沟"是沟渠、渠道、通道，"通"是通达、通畅、顺畅；"沟"是建渠道，"通"是传信息。沟通，就是把通道建立起来，把信息传播出去，指引大家朝着某个既定的方向前进。

危机，既是危险，也是机遇，是开展舆论引导，做好公众沟通，凝聚社会共识，塑造良好形象的最佳时机。与常规事件相比，危机事件更考验关键时刻领导们的智慧和勇气。

美国前总统尼克松在《领袖们》一书中认为："一个领导人跻身于伟大领袖之列的可靠公式有三个要素：伟大的人物，伟大的国家和伟大的事件。"重大灾难乃至战争，就是考验领导们的品质，有机会让领袖进入伟人行列的"伟大事件"。对此，尼克松写道："只有当一位领袖的能力受到最大限度的挑战时，我们才能充分地衡量其伟大的程度。……战争的复杂局面所揭示的领袖们的品质我们可以一目了然。和平时期对领袖们的考验可能同样严峻，但经受这些考验相形之下既不那么富有戏剧性，也不那么显而易见。"②

2001 年"9·11"事件发生后，第一时间赶到世贸中心事发现场的纽约市长朱利安尼，持续不断地进行危机沟通：在现场指挥救援的过程中，他坚持让媒体参与进来，并且保证他们随时都可以找到他；在从废墟现场到临时指挥中心的路上，他召开了"边走边谈"的记者会；在第一架飞机撞上世贸中心北楼 2 小时 6 分钟后，他打电话给纽约第一新闻

---

① 卢永春、谢倩雯：《舆情传播分析：天津爆炸事故主流媒体报道分析》，2015 年 8 月 14 日，见 http://yuqing.people.com.cn/n/2015/0814/c354318-27465252.html。

② ［美］理查德·尼克松：《领袖们》，施燕华、洪雪因、黄钟青译，海南出版社 2012 年版，第 3 页。

台，在灾难发生后首次向市民发表讲话；在纽约市警察学院，他召开了记者招待会，向媒体通报政府的救援行动；当日 18 时，纽约市政府举行了新闻发布会，通报事件的最新进展；第二天一大早，他呼吁市民尽快恢复正常生活，自己以身作则，不断出现在城市的各个地方，通过媒体不断告诉市民自己的行踪；他定时到世贸中心察看，每隔几小时就对公众发表一次讲话。

当总统小布什和副总统切尼因受到特勤保护而数小时无法公开露面、公众惊慌失措时，朱利安尼镇定自若指挥救援，自始至终处在媒体的聚光灯下，积极主动向公众发布信息，应付自如地回答各种问题。朱利安尼一度成为纽约人的精神支柱，被称为是"美国的市长"（America's Mayor），媒体评论他比总统更像是国家领导人。他也因此荣登当年《时代》周刊"年度风云人物"。

朱利安尼事后谈道："所谓的领导，就是在享受特权的同时，承担起更大的责任，在风险或危机来临时，有勇气站出来，单独扛起压力。"他强调，公开露面是他的职责所在，"我当时清楚地知道，我是纽约市市长，我必须露面，如果我没在电视上出现，对这个城市将更加不利。"[①]曾有谣言说，第一座塔楼坍塌时市长已经殉职，这使得他的公开露面尤为重要。

非典疫情肆虐京城的 2003 年 4 月 22 日，王岐山"火线"就任北京市代市长。当日，他走进新发地批发市场、崇文门菜市场和王府井医药大楼，调研解决疫情造成的蔬菜、副食品和医药短缺问题。第二天，北京市政府下令，对受感染的人员和场所依法实施隔离，以最大限度地切断传染途径。第三天，王岐山主持召开就任后的首次市政府常务会议，部署疫情防治工作，会议仅开了半小时。开会伊始，王岐山就掷地有声地说道："军中无戏言。"当日，小汤山医院火速开工。[②]

---

① 《最坏的一天，也是最好的一天》，《晶报》2011 年 9 月 11 日。
② 《"求真务实　尽责奉献"——记中共中央政治局常委王岐山》，2012 年 12 月 25 日，见 http://www.xinhuanet.com/politics/2012-12/25/c_114156186.htm。

4月30日，王岐山出席新闻发布会。在发布会上，他对媒体提出的问题毫不回避。例如，纽约时报记者提问，政府公布的不断上升的患者数字是新增的还是以前被隐瞒了？在北京有没有发生社区内或大学内的交叉感染事件？面对这些尖锐提问，王岐山实事求是地进行了回答。

发布会结束后，王岐山接受了中央电视台"面对面"栏目采访。面对感染人数不断上升，能否掌握疫情数据、有效管控疫情的问题，他强调："一定要把不可能变成可能才能赢得这场'战争'。""我对下面的工作人员提出'军中无戏言'……要求他们在汇报的时候，一就是一。"面对有估计说全市医院接收病人的底线是6000人，医疗救治资源是否充足的问题，王岐山回答："我们也在进行推算和观察，就算我们做最坏的打算，疫情继续扩大，病人真达到6000人，我们也有能力收治全部的病人。在北京有千张床位以上的医院有30多个，而且应变能力很强。"面对北京出现过抢购的情况，能否保证物资供应的问题，王岐山回应："我觉得绝对没问题。我发现我们整个商业队伍应急、应变和调度能力在中央的支持下非常之强，抢购也就一天半的时间就平息了。"

在回答记者"您对市民怎么说，您对这场抗击非典的战斗有信心吗？"时，王岐山回答道：

> 疫情的发展还在继续，离真正的控制和切断还有一个距离。我的心情很沉重，我总希望尽快让市民从这种恐惧中解脱出来，我相信经过这段时间，广大市民的心理承受能力和对疫情的了解是不断增强的，自我保护意识也在不断增强，我希望他们好好过节，处理好现在的个人生活。保持良好的生活状态，这是他们能够做到抵御传染的最好办法。我将为他们创造环境，他们自己也要注意。①

当疫情在北京肆虐之际，人们迫切希望获得有价值的信息，以消

---

① 《王岐山最怕问什么　北京代市长走进央视〈面对面〉》，2003年5月2日，见 http://www.chinanews.com/n/2003-05-02/26/299615.html。

除内心的恐惧感。当时采访王岐山的主持人王志事后谈道："那个时候，北京市民最关心的问题是什么？其实很简单，北京是不是足够安全，作为代市长，王岐山能不能做到这一点。这个问题实际上构成了整个采访的主轴，可以说几乎所有的问题都是围绕这个主轴展开的。"无疑，王岐山很好地回答了这个问题，有效消除了市民的恐惧心理，大大增强了全社会获胜的信心和决心。对此，王志评价道："提到王岐山，人们会记住他说的'军中无戏言'，人们会认为王岐山不仅是一个市长，而且是一个言出必行、有能力、十分自信的人。"①

3. 舆论引导是一项重要工作

我国古代军事著作《三略》云："众疑无定国，众惑无治民，疑定惑还，国乃可安。"坚持正确的新闻舆论工作方针，利用新闻舆论宣传教育群众、组织引导群众，是中国共产党发展和巩固政权的重要经验。在长期的革命、建设和改革实践中，中央高度重视宣传思想和舆论引导工作，始终把宣传思想和舆论引导工作作为党的工作的重要组成部分。

毛泽东总结中国革命胜利的一条重要经验，就是要靠枪杆子和笔杆子。他说："共产党是要左手拿宣传单，右手拿枪弹，才可以打倒敌人。"②"凡是要推翻一个政权，总要先造成舆论，总要先做意识形态方面的工作。革命的阶级是这样，反革命的阶级也是这样。"③邓小平反复强调："拿笔杆是实行领导的主要方法。领导同志要学会拿笔杆。""不懂得用笔杆子，这个领导本身就是很有缺陷的"④。江泽民强调："历史经验反复证明，舆论导向正确与否，对于我们党的成长和壮大，对于人民政权的建立和巩固，对于人民的团结和国家的繁荣富强，具有重要作用。舆论导向正确，是党和人民之福；舆论导向错误，是党和人民之

---

① 王志：《"非典"中采访王岐山市长》，《新闻与写作》2006年第3期。
② 井冈山革命博物馆编：《井冈山革命根据地》上册，中共党史资料出版社1987年版，第192页。
③ 《建国以来毛泽东文稿》第十卷，中央文献出版社1996年版，第194页。
④ 《邓小平文选》第一卷，人民出版社1994年版，第145—146页。

祸。"①胡锦涛指出："舆论引导正确，利党利国利民；舆论引导错误，误党误国误民。"②他还专门强调要做好国内突发事件的新闻报道工作，这"关系到社会稳定和人心安定，关系到党和政府的形象，关系到我们处理突发事件工作的开展"③。

党的十八大以来，以习近平同志为核心的党中央对新闻宣传和舆论引导工作高度重视，进一步提出明确要求，推动新闻宣传和舆论引导工作迈向科学化、规范化、制度化的新台阶。

2013年8月19日，在全国宣传思想工作会议上，习近平总书记指出："我们正在进行具有许多新的历史特点的伟大斗争，面临的挑战和困难前所未有，必须坚持巩固壮大主流思想舆论，弘扬主旋律，传播正能量，激发全社会团结奋进的强大力量。""要解决好'本领恐慌'问题，真正成为运用现代传媒新手段新方法的行家里手。"④同年12月30日，在主持十八届中央政治局第十二次集体学习时，他强调："要加强国际传播能力建设，精心构建对外话语体系，发挥好新兴媒体作用，增强对外话语的创造力、感召力、公信力，讲好中国故事，传播好中国声音，阐释好中国特色。"⑤

2014年2月27日，在中央网络安全和信息化领导小组第一次会议上，习近平总书记指出："做好网上舆论工作是一项长期任务，要创新改进网上宣传，运用网络传播规律，弘扬主旋律，激发正能量，大力培育和践行社会主义核心价值观，把握好网上舆论引导的时、度、效，使网络空间清朗起来。"⑥2015年12月25日，在视察解放军报时，习近平总书记指出："现在，媒体格局、舆论生态、受众对象、传播技术都在

---

① 《江泽民文选》第一卷，人民出版社2006年版，第563—564页。
② 胡锦涛：《在人民日报社考察工作时的讲话》，《人民日报》2008年6月21日。
③ 胡锦涛：《论构建社会主义和谐社会》，中央文献出版社2013年版，第9页。
④ 《习近平论新闻舆论工作》，《人民日报海外版》2018年8月22日。
⑤ 《建设社会主义文化强国 着力提高国家文化软实力》，《人民日报》2014年1月1日。
⑥ 《总体布局统筹各方创新发展努力把我国建设成为网络强国》，《人民日报》2014年2月28日。

发生深刻变化，特别是互联网正在媒体领域催发一场前所未有的变革。读者在哪里，受众在哪里，宣传报道的触角就要伸向哪里，宣传思想工作的着力点和落脚点就要放在哪里。"①

2016 年 2 月 19 日，在党的新闻舆论工作座谈会上，习近平总书记深刻阐述了做好新闻舆论工作的重大意义、职责使命、方针原则、创新发展等重大问题。

> 党的新闻舆论工作是党的一项重要工作，是治国理政、定国安邦的大事，要适应国内外形势发展，从党的工作全局出发把握定位，坚持党的领导，坚持正确政治方向，坚持以人民为中心的工作导向，尊重新闻传播规律，创新方法手段，切实提高党的新闻舆论传播力、引导力、影响力、公信力。

> 做好党的新闻舆论工作，事关旗帜和道路，事关贯彻落实党的理论和路线方针政策，事关顺利推进党和国家各项事业，事关全党全国各族人民凝聚力和向心力，事关党和国家前途命运。必须从党的工作全局出发把握党的新闻舆论工作，做到思想上高度重视、工作上精准有力。

> 历史和现实都告诉我们，舆论的力量绝不能小觑。舆论导向正确是党和人民之福，舆论导向错误是党和人民之祸。好的舆论可以成为发展的"推进器"、民意的"晴雨表"、社会的"黏合剂"、道德的"风向标"，不好的舆论可以成为民众的"迷魂汤"、社会的"分离器"、杀人的"软刀子"、动乱的"催化剂"。②

党的十九大报告指出："坚持正确舆论导向，高度重视传播手段建设和创新，提高新闻舆论传播力、引导力、影响力、公信力。"2019 年 8 月，中共中央印发的《中国共产党宣传工作条例》规定，宣传工作是党的一项极端重要的工作，是坚持党的政治路线、加强党的政治建设、

---

① 《坚持军报姓党坚持强军为本坚持创新为要　为实现中国梦强军梦提供思想舆论支持》，《人民日报》2015 年 12 月 27 日。
② 《坚持正确方向创新方法手段　提高新闻舆论传播力引导力》，《人民日报》2016 年 2 月 20 日。

加强党的思想政治领导、巩固党的群众基础和执政基础的重要方式，是党领导人民不断夺取革命、建设、改革胜利的优良传统和政治优势。

在新冠肺炎疫情防控过程中，加强宣传教育和舆论引导、提高新闻舆论工作的有效性、针对性，是一项非常重要的工作。在 2020 年 2 月 23 日召开的统筹推进新冠肺炎疫情防控和经济社会发展工作部署会议上，习近平总书记强调：

> 要继续做好党中央重大决策部署的宣传解读，深入报道各地统筹推进疫情防控的好经验好做法。要完善疫情信息发布，依法做到公开、透明、及时、准确。要广泛宣传一线医务工作者、人民解放军指战员、公安干警、基层干部、志愿者等的感人事迹，在全社会激发正能量、弘扬真善美，推动社会主义精神文明建设。要适应公众获取信息渠道的变化，加快提升主流媒体网上传播能力。要主动回应社会关切，对善意的批评、意见、建议认真听取，对借机恶意攻击的坚决依法制止。①

4. 新闻发布是舆论引导的基本形式

舆论引导的形式是多种多样的，新闻发布是其中最基本的形式之一。从状态来看，新闻发布包括常态情形下的常规发布和非常态情形下的应急发布两种情形。在发生突发事件的非常态情形下，公众对知情权的需求更为强烈，对信息发布的时效性、针对性要求更高。

改革开放以来，我国越来越重视突发事件新闻发布工作。1989 年 1 月，国务院办公厅、中宣部发布的《关于改进突发事件报道工作的通知》提出，对空难、海难、铁路公路等国内发生的恶性事故，中央新闻单位要抢在境外传媒之前发出报道。1994 年 8 月，中共中央办公厅、国务院办公厅发布的《关于国内突发事件对外报道工作的通知》指出："突发事件的对外报道，要充分考虑事件的复杂性、敏感性和

---

① 习近平：《在统筹推进新冠肺炎疫情防控和经济社会发展工作部署会议上的讲话》，《人民日报》2020 年 2 月 24 日。

报道后可能产生的影响，报道要有利于我国的改革、发展和稳定，有利于维护我国的国际形象。报道必须真实准确，争取时效，把握时机，注重效果。"

在取得2003年抗击非典胜利后，我国法律法规和政策文件对突发事件信息发布作了具体规定。2003年8月，中共中央办公厅、国务院办公厅发出《关于进一步改进和加强国内突发事件新闻报道工作的通知》。2004年2月，国务院办公厅印发了《关于改进和加强国内突发事件新闻发布工作的实施意见》。同年9月，党的十六届四中全会明确要求："完善新闻发布制度和重大突发事件新闻报道快速反应机制。"《突发事件应对法》第五十三条明确规定："履行统一领导职责或者组织处置突发事件的人民政府，应当按照有关规定统一、准确、及时发布有关突发事件事态发展和应急处置工作的信息。"《政府信息公开条例》(2019年修订)规定，"行政机关应当及时、准确地公开政府信息"，并把"突发公共事件的应急预案、预警信息及应对情况"列为重点公开的政府信息之一。党的十九届四中全会指出："健全重大舆情和突发事件舆论引导机制。"

习近平总书记指出："时度效是检验新闻舆论工作水平的标尺。不管是主题宣传、典型宣传、成就宣传，还是突发事件报道、热点引导、舆论监督，都要从时度效着力、体现时度效要求。"[1] 中共中央办公厅、国务院办公厅2008年10月联合下发的《突发公共事件新闻报道应急办法》，提出了突发事件新闻报道"六个坚持"的工作原则：坚持正确导向，维护社会稳定；坚持以人为本，满足信息需求；坚持及时准确，积极引导舆论；坚持公开透明，做到开放有序；坚持统筹协调，明确工作责任；坚持规范管理，依法开展报道。

把握时度效，依法、及时、公开、透明发布信息，是我国抗击新冠

---

① 《坚持正确方向创新方法手段　提高新闻舆论传播力引导力》，《人民日报》2016年2月20日。

肺炎疫情的宝贵经验。在全力做好疫情防控的同时，我国以对生命负责、对人民负责、对历史负责、对国际社会负责的态度，建立多层次、多渠道、多平台的信息发布制度，第一时间发布权威信息，速度、密度、力度前所未有，有效回应了公众关切，凝聚了社会共识。

武汉市从 2019 年 12 月 31 日起依法发布疫情信息，并逐步增加信息发布频次。2020 年 1 月 21 日起，国家卫生健康委每日在官方网站、政务新媒体平台发布前一天全国疫情信息，各省级卫生健康部门每日统一发布前一天本省份疫情信息。2 月 3 日起，国家卫生健康委英文网站同步发布相关数据。

截至 5 月 31 日，国务院联防联控机制、国务院新闻办公室共举行新闻发布会 161 场，邀请 50 多个部门 490 余人次出席发布会，回答中外媒体 1400 多个提问；湖北省举行 103 场新闻发布会，其他省份共举行 1050 场新闻发布会。①

三、处置事情与引导舆情同部署

（一）前场 + 后场：坚持两"情"相悦

1. 应急处置要"两手抓"

"9·11"事件发生后，纽约市长朱利安尼第一时间赶到世贸中心，边组织现场抢险救援，边与公众和媒体进行沟通。在自述中，朱利安尼强调，在组织抢险救援的同时，第一时间与公众和媒体沟通，是危机时刻领导必须担负起的重要职责。

我立即宣布两项优先措施。首先是设置临时指挥中心；第二，必须设法建立与市民的沟通渠道。……我看到街上有新闻采访车抵

---

① 国务院新闻办公室：《抗击新冠肺炎疫情的中国行动》，《人民日报》2020 年 6 月 8 日。

达，于是请通信主任松尼·明德开始召集记者，我们打算分别在教堂街和公园广场进行户外简报。

我把自己的任务拆成三部分。第一，我必须和民众沟通，尽我所能安抚人心，计划有秩序且安全的撤退行动。第二，我要筹备如何照顾伤患，当时我以为今后几天将救出大批的伤患，而临近的四所医院圣文森特医院、纽约大学美景分院、纽约大学城中医院、贝丝以色列医院——势将无法容纳。我打算整合全市的公私立医疗中心系统。第三，我在思考："接下来还会发生什么事情？"①

突发事件发生后，决策者要同时在两个"场"，应对两个"情"：一个是"现场"，另一个是"舆论场"；一个是处置"事情"，另一个是引导"舆情"。"事情"是指突发事件本身造成的各种影响和损失，"舆情"是指突发事件对社会舆论、公众情绪和人们的行为方式产生的影响。

突发事件危害的领域，包括物理空间、虚拟空间、心理空间三个方面。"事情"危害的主要是物理空间，造成的后果通常是有形的，主要表现为人员伤亡、经济损失和环境破坏；"舆情"危害的主要是虚拟空间和心理空间，造成的后果通常是无形的，主要表现为谣言传播、公众恐慌、社会失序。处置"事情"，需要在事发现场开展抢险救援，以有效控制事态，降低事件在物理空间造成的各种损害。引导"舆情"，需要在舆论场进行信息发布、公众沟通，尽可能降低事件在虚拟空间和心理空间造成的各种损害。因此，突发事件应对要坚持"两手抓"、两条线作战，实现处置事情和引导舆情同部署，同安排，两"情"相悦。

天津港"8·12"特别重大火灾爆炸事故发生后，"事情"与"舆情"同步爆发，现场"明火"与舆论场"暗火"相互交织。一方面，火灾爆炸十分惨烈，造成重大人员伤亡，事发现场着火点持续燃烧，进入着火点的道路没有完全抢通；另一方面，事故迅速引起国内媒体、民众和海

---

① ［美］鲁迪·朱利安尼：《领导：纽约市长朱利安尼自述》，韩文正译，译林出版社2005年版，第5、15页。

外媒体的高度关注，很多记者第一时间赶到现场进行采访报道。从实际情况来看，当时没有完全形成两"情"相悦的格局。其中，现场"明火"灭得不错，成效显著。事故调查报告称："现场处置工作有力有序有效，没有发生次生事故灾害，没有发生新的人员伤亡，没有引发重大社会不稳定事件。"不过，舆论场"暗火"灭得不够，新闻发布和舆论引导工作存在不少问题。对此，事故调查写道："事故发生后在信息公开、舆论应对等方面不够及时有效，造成一些负面影响。"①

2. 并轨比单轨更重要

如前所述，突发事件发生后，一般会成立由总指挥牵头、若干工作组共同组成的"1+N"应急指挥架构，全权负责应急组织指挥工作。实现处置事情与引导舆情两"情"相悦，必须在应急指挥架构设计中把舆论引导作为不可或缺的一个重要组成部分，在重点任务部署中把舆论引导作为不可或缺的一项重要工作，做到"边做边说"。

例如，美国突发事件现场应急指挥部专设有"新闻官"一职，负责对外沟通联络，及时发布信息，主动引导舆论。我国公安消防现场作战指挥部也设有"政工宣传组"，负责对外发布信息。2015年"12·20"特别重大滑坡事故发生后，深圳市成立了应急指挥部，下设现场搜救组、现场监测组、医疗保障组、核查人员组、新闻发布组、次生灾害防范组（工程救援组）、善后工作组、外围警戒组、交通疏导组、通讯保障组、后勤保障组11个小组和办公室。② 其中，新闻发布组全权负责信息发布和舆论引导工作，下设前方新闻宣传联合工作组、全市舆情综合应对指挥中心、新闻中心三大部分，新闻中心又下设新闻发布组、媒体接待组、境外媒体管理组、网络工作组、协调联络组、后勤保障组六个工作组。滑坡事故发生后，先后共召开10场新闻发布会和1次情况通报会，通报救援工作进展情况，做到了两"情"相悦。对此，调查报

---

① 《天津港"8·12"瑞海公司危险品仓库特别重大火灾爆炸事故调查报告》，第23页。
② 甘霖、肖意：《光明新区发生山体滑坡灾害》，《深圳特区报》2015年12月21日。

告指出，"现场救援处置措施得当，信息发布及时"，"在事故应急处置中无次生灾害、无衍生事故、无疫情暴发"①。

在具体运作上，要建立新闻中心与指挥中心的并轨运行机制，做到两个中心"心心相印"。两个中心必须并轨运行，做到信息共通、资源共享，而不能各自独立，做的人不说，说的人不做。为此，负责引导舆情的新闻中心人员，必须深度参与应急指挥中心的处置事情活动，了解实际、掌握实情，从而在对外发布信息时"手中有粮、心中不慌"。同时，负责处置事情的指挥中心人员，必须主动参与新闻中心的引导舆情活动，及时向新闻中心提供信息，积极参加新闻发布会、记者采访等活动，为应急处置与救援活动创造良好的舆论氛围。

（二）第一+第二：坚持时间第一

1.舆论引导要"抢凳子"

当今时代，我国的舆论生态不再是一个统一的声音，而是存在一个"双重或多重话语空间的传播现实"②。在此背景下，舆论引导已经成为一个不同传播主体进行博弈，争夺话语空间，影响受众的过程。形象地说，这是一个"抢凳子"的过程，官方媒体、自媒体、网民、事发地周边群众等是参加"抢凳子"游戏的选手。突发事件发生后，会存在一个"信息真空"的时段，各方话语争相传播：事情突然发生，记者要抢发新闻，群众要上网发帖，现场观众要刷微信，由此形成一个网络媒体众声喧哗、国外快速跟进、"吃瓜群众"迅速围观的态势。

以天津港"8·12"特别重大火灾爆炸事故为例。瑞海公司危化品堆场是当晚22时51分起火、23时34分爆炸的。当晚23时26分，爆炸前八分钟，网友"@小宝最爱旻旻"在微博中发出一条15秒视频，称"重大火灾，爆炸声跟打雷一样"，定位为天津港保税区。这是网上

---

① 《广东深圳光明新区渣土受纳场"12·20"特别重大滑坡事故调查报告》，第17页。
② 孟建、卞清：《我国舆论引导的新视域——关于官方话语和民间话语互动、博弈的理论思考》，《新闻传播》2011年第2期。

关于此次事故的最早视频，该视频随后被数千名网友转载。23 时 57 分，爆炸发生后不到半小时，网友"@背影 YE 销魂"上传秒拍视频至微博，称"经历过最恐怖一件事，五公里之外的一声巨响把我直接推倒，气波太强，差点毁容败手机"，并将其转发给国家地震台网官方微博"@中国地震台网速报"。20 分钟后，凌晨 0 时 18 分，"@中国地震台网速报"回应："综合网友反馈，天津塘沽、滨海等，以及河北河间、肃宁、晋州等地均有震感。"随后，碎片化的信息从四面八方喷涌而来，有的称天津港一加油站发生爆炸，有的称加油站爆炸引发化工厂二次爆炸。

凌晨 1 时 43 分，爆炸发生 2 个多小时后，天津市公安局消防局官方微博"@天津消防"发出首条微博。2 时 31 分，爆炸发生约 3 小时后，天津市公安局官方微博"@平安天津"发布了首条信息；3 时 10 分，天津市滨海新区政府官方微博"@滨海发布"转发了此条信息。3 时 52 分，事故发生 4 个多小时后，天津市政府新闻办官方微博"@天津发布"首次发出消息："天津港国际物流中心区域内瑞海公司所属危险品仓库（系民营企业）发生爆炸。目前，经初步核查，7 人死亡，部分人员受伤，周边建筑受损。在灭火过程中发生二次爆炸，导致部分现场人员被困，正在全力搜救。"

"传播学上有一个'首发效应'，说的是首发信息对受众形成的'第一印象'，会先入为主，再要改变过来就很难了。"[1]"抢凳子"的过程，实际上是争夺"首发权"，在各种声音夹杂的舆论场中占据制高点、抢占主阵地的过程。在 2013 年 8 月 19 日召开的全国宣传思想工作会议上，习近平总书记专门强调，宣传思想一定要增强"阵地意识"。

> 我们的同志一定要增强阵地意识。宣传思想阵地，我们不去占领，人家就会去占领。我看，思想舆论领域大致有三个地带。第一个是红色地带，主要是主流媒体和网上正面力量构成的，这是我们

---

① 本书编写组：《习近平新闻思想讲义（2018 年版）》，人民出版社、学习出版社 2018 年版，第 91 页。

的主阵地，一定要守住，决不能丢了。第二个是黑色地带，主要是网上和社会上一些负面言论构成的，还包括各种敌对势力制造的舆论，这不是主流，但其影响不可低估。第三个是灰色地带，处于红色地带和黑色地带之间。对不同地带，要采取不同策略。对红色地带，要巩固和拓展，不断扩大其社会影响。对黑色地带，要勇于进入，钻进铁扇公主肚子里斗，逐步推动其改变颜色。对灰色地带，要大规模开展工作，加快使其转化为红色地带，防止其向黑色地带蜕变。这些工作，要抓紧做起来，坚持下去，必然会取得成效。①

赛跑分为领跑、并跑、跟跑三种状态：领跑是超过对手、处于领先的位置，并跑是和别人处于同一个位置，跟跑是落在别人后面。合唱分为领唱、并唱、跟唱三种状态：领唱是引领众人歌唱，并唱是与众人一起歌唱，跟唱是跟着别人歌唱。在舆论领导工作中，领跑、领唱是主动运用媒体，并跑、并唱是应对媒体，跟跑、跟唱是被动应付媒体；领跑、领唱是上策，并跑、并唱是中策，跟跑、跟唱是下策。在全媒体时代，要做到领跑不跟跑、领唱不跟唱，主动运用而不是被动应付媒体，必须牢固树立首发意识，"先下手为强"：在事件刚发生、发令枪刚响的第一时间，主动出击，快速起跑，迅速抢占"空凳子"。

2. 发布比控制更重要

"时"是信息发布第一位的要求。只有第一时间发布，才能在舆论引导"抢凳子"比赛中赢得先机。列宁指出："一个国家的力量在于群众的觉悟。只有当群众知道一切，能判断一切，并自觉地从事一切的时候，国家才有力量。"② 毛泽东也强调："我们的政策，不光要使领导者知道，干部知道，还要使广大的群众知道。""群众知道了真理，有了共同的目的，就会齐心来做。""群众齐心了，一切事情就好办了。"③

---

① 中共中央文献研究室编：《习近平关于社会主义文化建设论述摘编》，中央文献出版社 2018 年版，第 30—31 页。
② 《列宁选集》第 3 卷，人民出版社 2012 年版，第 347 页。
③ 《毛泽东新闻工作文选》，新华出版社 1983 年版，第 149 页。

1959 年 6 月，广东东江流域暴雨造成大水灾，新华社记者写了《广东水灾继续发展，全省工作中心转入抗洪救灾》和《广州市人民极度关心汛情的发展》两篇报道，刊登于只供领导干部参阅的《内部参考》。6 月 20 日，毛泽东阅后，给时任中央书记处候补书记胡乔木和新华社社长、《人民日报》总编辑吴冷西写了一封批语，要求如实公开报道灾情。毛泽东写道："广东大雨，要如实公开报道。全国灾情，照样公开报道，唤起人民全力抗争。一点也不要隐瞒。政府救济，人民生产自救，要大力报道提倡。工业方面重大事故灾害，也要报道，讲究对策。"①

在 2003 年 7 月 28 日召开的全国卫生工作会议上，吴仪把"信息公开、政策透明"列为我国防治非典的基本经验之一，把"信息发布制度"作为健全国家卫生应急管理体系的重要内容。

随着信息技术的发展，信息传播迅速、渠道广泛，群众的知情参与和监督意识越来越强。我们采取了信息公开，政策透明，及时通过新闻媒体宣传党和政府的防治工作方针、政策和措施，及时公布疫情，分析疫情趋势，维护了党和政府对人民高度负责的形象，消除了社会恐慌，为有效开展防治工作创造了良好的社会环境。

要研究制定疫情和突发公共卫生信息发布制度，根据需要向社会及时发布，增强人们的预防意识，督促各地区采取积极的应对措施。过去那种家丑不可外扬的观念，在今天的信息时代一定要改变。疫情是捂不住的，延误时机只能使自己被动，这个教训是深刻的。②

2019 年 1 月 25 日，习近平总书记在主持十九届中央政治局第十二次集体学习时强调："准确、权威的信息不及时传播，虚假、歪曲的信息就会搞乱人心；积极、正确的思想舆论不发展壮大，消极、错误的言论观点就会肆虐泛滥。"③落后就要挨打，贫穷就要挨饿，失语就要挨

---

① 《毛泽东文集》第八卷，人民出版社 1999 年版，第 74 页。

② 吴仪：《加强公共卫生建设 开创我国卫生工作新局面——在全国卫生工作会议上的讲话（2003 年 7 月 28 日）》，《中国卫生质量管理》2003 年第 4 期。

③ 习近平：《加快推动媒体融合发展 构建全媒体传播格局》，《求是》2019 年第 6 期。

骂。在全媒体时代，信息更加多元，对信息发布的要求更加迫切。面对突发事件，一些政府官员出现了"水土不服"和"本领恐慌"，抱有装聋作哑的"鸵鸟"心态，不愿说、不敢说、不会说。有的是"外电不攻击不说、网媒不炒作不说、公众不质疑不说、上级不要求不说"，有的是"先做后说、多做少说、光做不说"，坐等谣言泛滥才开始应对。

突发事件舆论引导既要"收"，更要"放"，做到"收放自如"。"收"是控制信息，即通过封、堵、删等手段对外屏蔽消息；"放"是发布信息，即通过新闻发布会、官方公告、接受采访等方式对外公布消息。"逆水行舟，不进则退。"在人人争先恐后"抢凳子"的全媒体时代，面对突发事件，"放"比"收"更重要。这正如法国作家加缪在《鼠疫》中所言："这一切里并存在英雄主义。这只是诚实问题……与鼠疫斗争的唯一方式只能是诚实。"①2016 年 2 月 17 日，李克强总理在国务院常务会议上也告诫各级领导干部："实践证明，凡在重大事件中主动及时公开信息，积极回应社会关切，就会赢得民众的理解；但如果遮遮掩掩，不及时发布权威信息，就会引发舆论批评，甚至谣言满天飞。"②

做好突发事件信息发布，主动引导舆论，要坚持"第一＋第二""又快又好"的原则。所谓"第一"，就是在事件发生后的第一时间及时主动对外发布，快讲事实，下好先手棋，打好主动仗；所谓"第二"，就是首发后滚动发布、持续更新，稳扎稳打，循序渐进。"第一"强调的是"快"，"第二"强调的是"好"，"第一＋第二"也就是要"又快又好"，首发要快，续发要好，"快"字当头、"好"字跟进。

2016 年 2 月 17 日，中共中央办公厅、国务院办公厅印发实施的《关于全面推进政务公开工作的意见》强调："对涉及本地区本部门的重要政务舆情、媒体关切、突发事件等热点问题，要按程序及时发布权威信息，讲清事实真相、政策措施以及处置结果等，认真回应关切。依法依

---

① ［法］阿尔贝·加缪：《鼠疫》，刘方译，上海译文出版社 2013 年版，第 188 页。
② 《李克强：现代政府要及时回应人民群众的期盼关切》，《中国应急管理》2016 年第 2 期。

规明确回应主体，落实责任，确保在应对重大突发事件及社会热点事件时不失声、不缺位。"当年 11 月，国务院办公厅发布的《〈关于全面推进政务公开工作的意见〉实施细则的通知》（国办发〔2016〕80 号），对重特大突发事件发生后"首发"（首次对外发布）和"首会"（召开首场新闻发布会）提出了"5+24"小时的时限要求。

> 对涉及群众切身利益、影响市场预期和突发公共事件等重点事项，要及时发布信息。对涉及特别重大、重大突发事件的政务舆情，要快速反应，最迟要在 5 小时内发布权威信息，在 24 小时内举行新闻发布会，并根据工作进展情况，持续发布权威信息，有关地方和部门主要负责人要带头主动发声。

在事发后的第一时间，情况不明，信息混杂，以单向发布为主，可以"只说不答"或"多说少答"，重在介绍与事件直接相关的原生信息（即英文中 5W1H 六个基本要素），就事论事，主要目的是展示官方公开透明、高度负责的姿态。到了第二时间，各种情况不断汇集，官方掌握的信息越来越多；此时，以双向发布为主，既说又答，持续满足各方知情权，做到主动发布信息、主动运用媒体、主动引导舆论。

（三）多数 + 少数：坚持态度优先

1. 舆论引导要"看态度"

孔子曰："知者不惑，仁者不忧，勇者不惧。"仁爱是领导干部的基本要求。俗话说，"态度决定一切"。态度问题，直接影响到舆论引导的成效。突发事件舆论引导既要抢占信息制高点，更要占领道义制高点，最终形成情感共鸣点。换言之，在第一时间快速发布信息、抢占先机的同时，要"重讲态度"，及时展示官方从容有序、科学应对、坚强有力的形象，提振全社会的信心和决心。

面对突如其来的突发事件，伤亡者家属、事发地周边群众和其他相关人员往往会出现焦虑不安、恐慌烦恼、悲伤难过等情绪，他们既想了解到底发生了什么，也想看到党委、政府和有关部门对事件的态度是什么。因此，在抢占"空凳子"、快讲事实的同时，相关部门和领导必须及时诚恳地表态，坐在"凳子"上感同身受地平视而不是高高在上地俯视受众，以诚恳谦卑的态度赢得理解、信任和支持。

在突发事件舆论引导实际工作中，有时会出现态度"重讲"变"轻讲"的失误。2015 年"8·12"特别重大火灾事故发生次日上午，伤亡人数不断增加，天津卫视却在播出韩剧《糟糠之妻俱乐部》；天津一套早新闻播报事故一分钟，领导画面占去 40 秒，其他新闻均与爆炸事故无关；天津二套、三套、四套、五套、六套分别播出《每日笑吧》《神探狄仁杰》以及炒菜节目、外国搞笑录像、法制中国等。当日 16 时 30 分，首场新闻发布会召开；17 时 04 分，发布会进入问答环节时，天津卫视突然切断现场直播，之后开始播放歌曲和连续剧。

重讲态度，不仅是对各级党委、政府和领导干部的基本要求，也是对各级新闻发言人的基本要求。2013—2017 年担任全国人大会议新闻发言人、曾任中国驻英国等国大使和外交部副部长的傅莹，在谈及担任新闻发言人的体会时，特别强调态度诚恳的重要性。她说："在全国人大会议的新闻发布会上，我常会遇到针对各种社会热点和国际热点问题的提问。有的我了解情况、有了准备，可以从容回答；有的是突发的状况，需要临场依靠积累的政策知识回应。发言人也是普通人，不是万能和全知的，总会有不懂或不知的情况，此时，诚恳的态度很重要。哪怕简单表一个态，'我不掌握情况，可以进一步了解一下'，也是可以的。"[①]

2. 道义比技术更重要

舆论引导是一个交响乐团，有指挥，有各种乐手，有弹钢琴的，有拉提琴的，有敲锣打鼓的，演奏乐曲时需要各个乐手在乐队指挥的统一指挥下，按照乐谱奏响音符，共同完成一首乐曲的演奏。"重讲态度"，要形成"多数 + 少数""努力 + 发力"的格局，普通多数努力，关键少数发力，人人参与、人人尽责、人人展现态度。这就要求我们坚持以人

---

① 　傅莹：《我的对面是你：新闻发布会背后的故事》，中信出版集团 2018 年版，第 293 页。

民为中心的工作导向，自觉站在人民的立场，与人民群众心连心、同呼吸、共命运，用责任、担当和承诺传递温暖的画面和声音，把以人为本的理念传达出去，把对生命的尊重和情系人民的情怀表达出来。

一方面，普通多数要努力。"态度决定一切"，倒过来说，"一切都是态度"。每个人都是态度的一部分。突发事件发生后，舆论引导必须换位思考，站在受众的角度，展现诚恳谦卑的姿态，让全社会感受到突发事件"悲剧"背后的温情和温度。为此，要及时暂停或调整广播、电视和报纸、杂志中娱乐化、欢乐喜庆类的节目、栏目、版面，并注意对外发布时场所环境的布置以及相关人员的穿着打扮、语言表达等。在官方通报或报道中，要改变"以领导为中心"的灾难八股文套路，多以事件为中心，多表达真情实感，多介绍救援进展。

另一方面，关键少数要发力。越是重要关口，越见领导干部的精神品质；越是关键时刻，越看领导干部的担当作为。民间俚语讲："老大难，老大难，老大出面就不难。"重讲态度，要求领导干部特别是主要领导干部这个"关键少数"，在关键时刻发挥关键作用。为此，各级领导干部要在事发后的第一时间，通过各种可能的方式对外讲话表态，做到"有画面、有声音、有形象、有姿态"，及时展现敢于担当、敢于负责的态度，成为非常时期公众信赖的顶梁柱、主心骨。

2011年7月28日，温家宝抵达"7·23"甬温线特别重大铁路交通事故（以下简称"7·23"特别重大铁路交通事故）现场，悼念遇难者，看望受伤人员，对伤亡人员家属表示深切慰问。在与死伤者家属见面之后，温家宝来到事故发生地——温州市鹿城区双坳村的瓯江大桥下，敬献鲜花并三鞠躬，表达对遇难者的哀悼。在现场，温家宝会见了中外媒体记者。在回答记者提问之前，他说道：

记者朋友们：

今天，我来到铁路特别重大事故的现场，给遇难者献了花圈，表示对他们的深切哀悼！刚才，我到医院去看望了伤员，包括重伤员，又同遇难者家属见面，一一回答了他们的问题。

此时此刻，我的心情十分悲痛。我愿意借这机会同各位记者见面，讲一讲我心里的话。

我们不要忘记这起事故，不要忘记在这起事故中死难的人民。它让我们更警醒地认识到，发展和建设都是为了人民，而最重要的是人的生命安全。它也让我们认识到，一个政府最大的责任就是保护人的生命安全。作为总理，我负责全国的事务，对在事故遇难中的人们表示无限的怀念，对发生这样的特大事故感到十分痛心。也许有的记者问我，平时遇到灾难，你总是第一时刻来到现场，为什么这次到第 6 天你才来？我想如实地跟大家讲，这段时间我生病了，11 天在病床上，今天医生才勉强允许我出行。我觉得我应该尽我的责任。

我愿意回答大家提出的问题。①

2015 年 8 月 16 日下午，李克强总理来到"8·12"特别重大火灾爆炸事故现场。在看望慰问消防队员、救援官兵时，李克强说，在人民群众生命遭遇危难关头，你们临危不惧、义无反顾地付出勇敢和牺牲，党和政府感谢你们，大家在救援中要注意保护好自身安全。在医院看望受伤人员时，李克强说，党和政府已调集最好的医务人员、最优质的医疗资源，千方百计保障治疗，请大家放心。在天津公安消防局开发支队，李克强向在救援中牺牲的消防官兵和企业消防员遗像鞠躬致哀，称牺牲者都是英雄，值得全社会尊敬，要一视同仁给予荣誉，一视同仁做好家属抚恤，英雄没有编外。随后，李克强在事故救援指挥部主持召开会议；会议开始时，他提议全体起立，为事故中所有的遇难者默哀。

当走到一间病房门口准备看望受伤的消防人员时，一位香港记者突然冲过来，一边举着手机拍摄一边追问："怎么看待'编外'的消防人员？"李克强听到问题后停下脚步，转过身，面色凝重而又掷地有声地回答：

这一次事故中的现役和非现役消防人员，都接受过专业培训，

---

① 《温家宝回答中外记者提问》，《人民日报》2011 年 7 月 29 日。

他们知道火场有危险，帮助很多现场人员及时撤离，却把危险留给了自己，他们的牺牲让我们痛心。对于牺牲的现役和非现役消防人员，我们一视同仁，给他们同样的抚恤和荣誉，给他们同样的英雄称号。我们的英雄没有"编外"。①

2016 年中共中央办公厅、国务院办公厅发布的《关于全面推进政务公开工作的意见》，对各级领导干部提出了"第一责任人"和"第一发言人"的要求，"加强突发事件、公共安全、重大疫情等信息发布，负责处置的地方和部门是信息发布第一责任人，要快速反应、及时发声，根据处置进展动态发布信息"。"领导干部要带头宣讲政策，特别是遇有重大突发事件、重要社会关切等，主要负责人要带头接受媒体采访，表明立场态度，发出权威声音，当好'第一新闻发言人'"。当年 11 月国务院办公厅发布的《〈关于全面推进政务公开工作的意见〉实施细则的通知》也强调："遇有重大突发事件和重要社会关切，相关部门主要负责人要及时主动参加吹风会，表明立场态度，发出权威声音。""有关地方和部门主要负责人要带头主动发声。"

（四）主线＋辅线：坚持以我为主

1. 舆论引导要"讲方法"

突发事件舆论引导，既是一门科学，也是一门艺术；既要讲科学，也要讲方法。对此，傅莹谈道："向国内外进行有效传播，既要有'道'，也要重视'术'。这里所说的'道'，指的是沟通和传播中的理念和价值观，它决定了我们站在什么立场上，为谁服务，追求什么样的目标和理想。而'术'则是技巧和方法，这也很重要。……故事是讲给人听的，要让人听得进去，能够吸引人、打动人，进而说服人。……要实现这样的目标，需要一定的方法、技巧，做足功课。"②

---

① 《每天都要有公开透明的权威发布》，《新京报》2015 年 8 月 17 日。
② 傅莹：《我的对面是你：新闻发布会背后的故事》，中信出版集团 2018 年版，第303—304 页。

　　突发事件发生后，产生的信息是各种各样的，既包括基本事实、官方态度、主要措施等原生信息，也包括事件发生的原因、造成的最终影响与损失、事件调查与责任分担等次生信息。在事件发生后的不同阶段，公众对信息的需求是不一样的；做好舆论引导，必须坚持"以我为主"，突出重点，牢牢把握主导权和制高点。

　　坐稳坐好"空凳子"，需要形成"主线＋辅线""引领＋引申"的格局。事发初期，情况混乱不明；事实、态度、措施等原生信息，是对外沟通的"主线"，要快讲、多讲、重讲，引领舆论走势；原因、后果、责任等次生信息，是对外沟通的"辅线"，要慎讲、少讲、轻讲，作为主线的引申。总的要求是，掌握节奏，循序渐进，稳扎稳打，积极主动占领阵地，而不能被舆论推着走，或无可奉告、沉默不语，或答非所问、顾左右而言他，最终陷入被动，"引导舆论"变成"被舆论引导"。

　　舆论引导要掌握必要的方法和技巧。例如，公共沟通的"麦拉宾法则"（即"7—38—55法则"）指出：假设信息对一个人的整体影响为100％，言语的影响只占极低的7％，语调、语速等听觉信息的影响约占38％，外表等视觉信息的影响约占55％。[1] 换言之，影响沟通的信息，有九成以上是言语以外的部分（即"副语言"）。因此，我们要注意沟通时的语言和行为，包括重音、音调的变化，停顿的艺术，眼神、手势、表情动作等，做到"语言亲和、行为得体"。

　　危机沟通还有所谓的"90％＋10％"原理，即发言人在对外发布信息时，90％的时间，其角色为岗位人、职务人，代表的是本地区、本部门，要"照本宣科"，完成"规定动作"；不过，在剩余10％的时间，其角色为自然人，要灵活发挥、充分表现，完成"自选动作"。

　　进入全媒体时代，我们更要重视沟通的"术"，通过专业训练、下好苦功夫，掌握必要的技巧和方法。在《公开，才有力量》一书中，武和平就官员不会说、不善说的方法问题，提出了舆论危机化解十法，包

---

[1]　Albert Mehrabian, *Silent Messages*, Belmont: Wadstorth, 1971.

括：八种舆论引导方式（主导法、阻燃法、抽薪法、切割法、转移法、化解法、缓释法、构建法），九种答问技巧（大圈套小圈、小圈破大圈、高圈压低圈、大圈变小圈、坚决不跳圈、反套你一圈、围绕轴心圈、一击中圈、请君入我圈），十种演说策略（一流内容一流表达、厚积薄发提炼要点、预设结构逻辑明晰、态势语言锦上添花、模拟排练化解紧张、情感充沛真诚互动、气韵生动引人入胜、修辞炼句语法魅力、危机沟通折冲制衡、心悦诚服换句话说）。①

2. 主线比辅线更重要

美国危机沟通专家巴顿指出：在每一次危机中，公众都要问三个问题：发生了什么？事情是怎么发生的？为了确保此类事件永不发生，你将采取什么措施？② 舆论引导可以采取"主线＋辅线"的方法，聚焦重点，主动设置议题。其中，"主线"就是巴顿提到的公众关心的三个问题，即事实、态度、措施，这"三点"形成"一线"（"主线"）。为此，突发事件发生后，必须尽快掌握事实、态度、措施三个方面的基本情况，做到内容翔实、主线清晰。

2015 年天津港"8·12"特别重大火灾爆炸事故发生初期，"主线"掌握得不够积极主动，引发了不少次生舆情。有评论称，"天津港爆炸案：最大的危险是'不知道'"③；"天津爆炸开了七场发布会，四大关键问题依然没解答"④。据统计，当地召开的前 10 次新闻发布会，记者共提了 92 个问题，其中 33 个未得到回答，包括：化学品的危险性（问 17 次，未答 10 次）、伤亡失联的人数（问 7 次，未答 7 次）、瑞海公司的背景资质和安评情况（问 12 次，未答 5 次）、事故原因与追责（问 5 次，未答 4 次）。在出席发布会官员的回答中，出现了 11 个"不知道"，8

---

① 武和平：《公开，才有力量——舆论危机化解十法》，人民出版社 2016 年版。
② ［美］劳伦斯·巴顿：《组织危机管理》（第 2 版），符彩霞译，清华大学出版社 2002 年版，第 96 页。
③ 张曙光：《天津港爆炸案：最大的危险是"不知道"》，《中外管理》2015 年第 9 期。
④ 《天津爆炸开了七场发布会，四大关键问题依然没解答》，《新京报》2015 年 8 月 17 日。

个"日后答复"，1个"不说为好"，1个"不能回答"。① 对十余次新闻发布会进行梳理后发现，引发次生舆情的高频词汇包括："不清楚"，占39%；"不确定/可能"，占26%；"我认为"，占13%；"只能这样说"，占9%；"还不是很严重"，占9%；"不敢保证"，占4%；"我不在第一线"，占1%。②

舆论引导的"主线+辅线"方法，要求在突发事件发生初期，"慎讲结论"，即对后果、原因、责任等结论性议题，既不能不讲也不能多讲——即使官方不讲，媒体和公众也会提出这些问题；但是，如果官方多讲，难免与不断变化的实际情况存在偏差，引发公众质疑。对结论性议题，基本的原则是实事求是，"知之为知之，不知为不知"；事发初期，可以进行简要表态；等调查结论出来后，再就有关情况进行详细介绍。

美国前总统里根曾提出一个答问公式：Q=A+1。意思是，面对一个问题（Question），先从正面进行简短回应（Answer），就事论事，被动答，答"所问"；之后，进行巧妙的转折(+)，用"但是""然而""不过"等词汇进行过渡；随后，回到主线（"1"），即事实、态度、措施等需要向社会主动发布的信息，主动说，答"非所问"。换言之，面对不太清楚的各种原因类、结论性问题，要"主线引领辅线、辅线拐回主线"，既要被动答，答"所问"，正面回应，不回避问题；更要主动说，答"非所问"，以我为主，主动引导；既不失语、闷声不响，又不乱语、信口开河，从而牢牢掌控舆论的主导权。

2013年7月28日中午，在"7·23"特别重大铁路交通事故现场回答记者提问时，香港商业电台的记者问道："您觉得这次事故是天灾还是人祸？"温家宝在对事故原因进行正面简短回应后，重点回到政府对事故调查处理的态度，强调政府正在进行严肃认真的调查。

---

① 《天津爆炸事故发布会大数据》，2015年8月19日，见 http://news.sohu.com/s2015/fabuhui/index.shtml。

② 刘怡君、陈思佳、黄远等：《重大生产安全事故的网络舆情传播分析及其政策建议——以"8·12天津港爆炸事故"为例》，《管理评论》2016年第3期。

　　我方才已经讲了，我们正在进行严肃认真的调查，调查的结果将会回答你的问题。我想强调一点，我们的调查处理，一定要对人民负责，无论是机械设备问题，还是管理问题，以及生产厂家制造问题，我们都要一追到底。如果在调查过程中，发现背后隐藏着腐败问题，我们也将依法处理，毫不手软。只有这样，才能对得起长眠在地下的遇难者。①

---

① 《温家宝回答中外记者提问》，《人民日报》2011 年 7 月 29 日。

第十一讲

恢复重建：愈后除邪防复

恢复重建是一项复杂的系统工程，要科学规划，精心组织实施。特别要按时完成灾害损失、灾害范围评估，搞好资源环境承载能力评价；按照以人为本、尊重自然、统筹兼顾、立足当前、着眼长远的要求，科学编制好规划；加大政策支持力度，统筹研究资金、税费、金融、土地、产业、住房、就业、社会保障等各项支持政策。

——习近平在芦山地震灾区考察时的讲话
（2013 年 5 月 21 日—23 日）

一、"实现创造性复兴"

1995年1月17日（星期二）5时46分52秒（日本标准时间），日本关西发生了里氏7.3级地震，震源深度约10千米至20千米，震中在距离神户市西南方向23千米的淡路岛，属日本关西地区的兵库县。

阪神大地震是日本自1923年关东大地震以来规模最大的都市直下型地震，也是日本在战后50年来遭遇的最大规模的一场灾难。此次地震共造成6434人死亡、4万多人受伤，30多万人无家可归，经济损失高达1000亿美元，约占当时日本全国GDP的2%。

2月24日，根据《关于阪神淡路大震灾复兴的基本方针和法律》，日本中央政府设立了以内阁总理大臣为部长的"阪神·淡路复兴对策总部"以及主要由专家学者和地方政府官员组成的"阪神·淡路复兴委员会"，制定了"阪神·淡路地震灾后振兴计划书"。在县级政府方面，3月15日，兵库县设立了"阪神·淡路大震灾复兴本部"，作为超越既有县级组织框架的灾后恢复重建综合推进组织。

阪神大地震的灾后恢复重建，共包括三个阶段：地震发生后1年左右的时间，为灾害救援和灾后重建的准备时期；从1995年底到1998年初，为全面灾后重建和对灾区进行全面援助的时期；从1998年初到2000年前后，为灾区全面恢复和自立支援的时期。①

兵库县的灾后恢复重建，分为紧急应急应对期（即地震发生后至避难所时期）、复旧期（即临时住宅期）、复兴前期（即固定住宅迁移期）、

---

① 王柯主编：《"阪神大震灾"的教训与"创造性复兴"》，中国民主法制出版社2009年版，第45页。

复兴后期（即正式复兴期）四大阶段。灾后恢复重建工作的重中之重，是提高房屋耐震性能和加强国民防灾意识，目标是恢复到震前水平并建成远比震前更安定、更安心、更安全的城市。

为了顺利完成各阶段的主要任务，兵库县特别制定了时间跨度长达 10 年的"不死鸟计划"，指导兵库县未来 10 年在都市、防灾、产业、文化、福祉五大领域实现"创造性复兴"。"不死鸟计划"的前言写道："阪神大地震带来了前所未有的灾难。灾后复兴不仅要让兵库县恢复到灾前的状态，而且要全力解决我们面临的各种社会课题，创造美好的未来。"在"不死鸟计划"的执行过程中，又依照不同领域的重要性，制定了"紧急复兴三年计划"，目标是推动受灾地区的生活住宅、基础设施和基础产业恢复到灾前的水平。2000 年 11 月和 2002 年 12 月，兵库县又分别制定了"后五年推进计划"和"最终三年推进计划"，明确和细化了"创造性复兴"的阶段性任务。

截至 2005 年，"不死鸟计划"共投入资金 16.3 万亿日元。2005 年，阪神大地震 10 周年之际，兵库县复兴 10 年委员会发布了《阪神大震灾——复兴 10 年总体验证报告》，总结回顾了 10 年来兵库县的灾后城市复兴成果和后续有待研究解决的课题。报告显示，10 年复兴取得了丰硕成果；特别是在城市规划方面，兵库县以震灾为契机，大力开展土地区划变更、市区再开发等复兴市区调整活动，积极建设富有韧性的多元化综合交通体系和基础设施，实现了城市再造。

2001 年 11 月，受灾地区的总人口已恢复至灾前水平，复兴活动总体进展顺利。在经济和就业方面，由于受地震影响，加之全国经济罕见持续低迷，1998 年后长期停滞不前。2003 年以来，从矿工业生产指数、有效招聘倍率等指标来看，情况开始有所好转。

此外，以震灾为契机，县民自发活动扩大了。同时，在复兴公营住宅等方面，社区逐渐形成，新的地区建设活动不断发展。①

---

① 王国培：《"不死鸟计划"：日本阪神地震后创新性复兴》，《东方早报》2011 年 3 月 11 日。

恢复重建处在承上启下的地位，既是应急处置与救援阶段的结束，又是新一轮预防与应急准备的开始。中医"治未病"思想强调"瘥后防复"，即除邪务尽，防止复发。如何提升受影响地区的安全韧性，实现可持续发展和"创造性复兴"？恢复重建遵循哪些基本原则，在实施过程中又可能面临哪些主要的难题？

二、新一轮防备工作的开始

（一）既是结束也是开始

1. 既承上又启下

恢复重建是指在应急处置与救援结束后，管理主体为恢复正常的社会秩序和运行状态所采取的一切措施的总和。恢复重建是在突发事件结束后，受影响地区和人员向事前正常生活、生产秩序的回归，开始于事态趋于缓解、应急处置与救援工作告一段落，结束于受影响地区和人员完全从事件中恢复。因此，恢复重建阶段处在承上启下的位置。

恢复重建关系到受影响群众的切身利益和受影响地区的长远发展，是一项艰巨繁重的系统工程。例如，《国务院关于印发汶川地震灾后恢复重建总体规划的通知》（国发〔2008〕31 号）指出："汶川地震灾后恢复重建是一项十分艰巨的工作。面对受灾面积广大、受灾人口众多、自然条件复杂、基础设施损毁严重的困难局面，灾后恢复重建任务异常繁重，工作充满挑战。"2013 年 5 月 21 日至 23 日，习近平总书记在芦山地震灾区考察时指出："恢复重建是一项复杂的系统工程，要科学规划，精心组织实施。特别要按时完成灾害损失、灾害范围评估，搞好资源环境承载能力评价；按照以人为本、尊重自然、统筹兼顾、立足当前、着眼长远的要求，科学编制好规划；加大政策支持力度，统筹研究资金、税费、金融、土地、产业、住房、就业、社会保障等各项支持政策。"①2020 年 7 月 17 日召开的中央政治局常委会会议指出，要精心谋划灾后恢复重建，及时下拨救灾资金，调运救灾物资，尽快恢复灾区生产生活秩序，及时抢修水电、交通、通信等基础设施，组织带领受灾群众恢复生产、重建家园。要支持受灾的各类生产企业复工复产，统筹灾后恢复重建和脱贫攻坚工作，对贫困地区和受灾困难群众给予支持，防止因灾致贫返贫。②

新冠肺炎疫情暴发后，不可避免会对我国经济社会造成较大冲击。在疫情形势趋缓后，如何统筹疫情防控和复工复产、恢复正常经济社会秩序，是一个很大的挑战。2020 年 2 月 23 日，习近平总书记在统筹推进新冠肺炎疫情防控和经济社会发展工作部署会议上讲话强调：

> 经济社会是一个动态循环系统，不能长时间停摆。在确保疫情防控到位的前提下，推动非疫情防控重点地区企事业单位复工复产，恢复生产生活秩序，关系到为疫情防控提供有力物质保障，关系到民生保障和社会稳定，关系到实现全年经济社会发展目标任务，关系到全面建成小康社会和完成"十三五"规划，关系到我国对外开放和世界经济稳定。③

从工作内容来看，恢复重建主要包括四项任务。

一是及时停止应急处置措施。在实践中，要根据突发事件的性质、特点和实际情况，来确定停止执行应急处置措施的具体时间；停止应急处置措施的决定作出后，要以适当的方式向社会公布。同时，应急处置措施停止后，要圆满处理善后，防止发生次生、衍生事件。

---

① 《继续大力发扬伟大抗震救灾精神　妥善安置群众科学开展恢复重建》，《人民日报》2013 年 5 月 24 日。

② 《中共中央政治局常务委员会召开会议　研究部署防汛救灾工作》，《人民日报》2020 年 7 月 18 日。

③ 习近平：《在统筹推进新冠肺炎疫情防控和经济社会发展工作部署会议上的讲话》，《人民日报》2020 年 2 月 24 日。

2008 年汶川特大地震发生后，国务院成立抗震救灾总指挥部和前方指挥部，组织指挥抗震救灾工作。5 月 23 日，国务院抗震救灾总指挥部成立灾后重建规划组，负责灾后重建规划的编制工作。6 月 4 日，国务院常务会议通过了《汶川地震灾后恢复重建条例》（国务院令第526 号），标志着震后主要工作已由应急抢险转入恢复重建。

二是损失评估和组织恢复重建。突发事件损失评估的内容，既包括突发事件造成的伤亡人数、需要救援和安置的人数，也包括突发事件中各种设施、设备以及公私财物的损失情况。在损失评估的基础上，要及时开展重建工作，重建受影响地区的生活环境与社会环境。

2008 年 6 月 8 日，国务院公布了《汶川地震灾后恢复重建条例》；9 月 19 日，国务院发布了《汶川地震灾后恢复重建总体规划》。此后，有关部门相继印发了城乡住房、城镇体系、农村建设、公共服务、基础设施、生产力布局和产业调整、市场服务体系、防灾减灾、生态修复和土地利用等 10 个专项规划。四川、甘肃、陕西三省制定了恢复重建年度实施计划，51 个重灾县（市、区）分别制定了具体实施规划。①

三是支援恢复重建。我国实行的是以属地管理为主的应急管理体制，但对受影响地区的恢复重建工作，上级党委、政府及其有关部门要提供支持和指导，事件发生地之外的其他地区也有义务提供支援。

2008 年 6 月 30 日，国务院发布了《关于支持汶川地震灾后恢复重建政策措施的意见》（国发〔2008〕21 号），覆盖灾后恢复重建基金、财政支出、税收政策、政府性基金和行政事业性收费、金融、产业扶持、土地和矿产资源、就业援助和社会保险、粮食等九个方面。7 月 3 日，国务院发布了《关于做好汶川地震灾后恢复重建工作的指导意见》（国发〔2008〕22 号），明确了恢复重建的基本原则、主要任务、实施步骤和保障措施等。中央财政共安排 384 亿元救灾款和 740 亿元恢复重

---

① 张平：《国务院关于四川汶川特大地震灾后恢复重建工作情况的报告——2009 年 6 月 24 日在第十一届全国人民代表大会常务委员会第九次会议上》，《中华人民共和国全国人民代表大会常务委员会公报》2009 年第 5 期。

建资金，用以支持抗震救灾和灾后恢复重建工作。①

四是善后工作。突发事件结束后，上级政府要根据受突发事件影响地区遭受损失的情况，制定扶持该地区有关行业发展的优惠政策。受突发事件影响地区应当根据本地区遭受损失的情况，制定救助、补偿、抚慰、抚恤、安置等善后工作计划并组织实施，妥善解决因处置突发事件引发的矛盾和纠纷。对在突发事件应对中表现突出、成绩显著的，给予表彰或者奖励；伤亡的，依法给予抚恤。

在抗击新冠肺炎疫情过程中，疫情严重的湖北省特别是武汉市作出了很大贡献，付出了很大牺牲，经济社会发展和民生保障面临较大的困难。2020 年 4 月 29 日，党中央研究确定支持湖北经济社会发展一揽子政策，从财政税收、金融信贷、投资外贸等方面明确了具体措施，开创了全省复工复产新局面，为湖北省疫后重振注入了强大活力。国务院联防联控机制联络组积极协调有关部门，支持湖北省疫后重振建设，助力"六稳"工作，落实"六保"任务。截至 7 月上旬，中央支持一揽子政策落地见效进展显著，湖北全省"四上"企业复工率达到 98.7%，5 月全省规模以上工业增加值实现由负转正，社会消费品零售总额恢复到 2019 年同期的 77.4%。②

2. 收好尾开好局

中医"愈后防复"强调，大病初愈后身体很虚弱，抗御病邪的能力也差，如不及时调理好身体，存在很大的复发可能性。要根据身体状况，进行饮食、心态和运动调理，使身体变得结实强壮，做到"正气内存，邪不可干"，才能从根本上达到不复发的目的。如果不尊重科学，不注重调理，就可能导致半途而废，"旧病未愈，新疾又生"。

俗话说："善始容易，善终难。"突发事件发生后，要圆满"收场"，必须做好应急处置的后续工作，防止节外生枝，"一波还未平息，一波

---

① 温家宝：《政府工作报告——2009 年 3 月 5 日在第十一届全国人民代表大会第二次会议上》，《人民日报》2009 年 3 月 15 日。
② 《推动中央支持湖北一揽子政策落地》，《人民日报》2020 年 7 月 12 日。

又来侵袭"。停止执行应急处置措施，"并不意味着导致突发事件的原因已经完全消除，特别是在某些情况下，一个突发事件可能引发其他突发事件。""实践中，在停止执行应急处置措施后，突发事件死灰复燃，次生、衍生事件发生，或者重新引发社会安全事件的现象屡见不鲜。"①

例如，突发事件发生后，做好伤亡人员家属接待安抚、心理援助、赔偿救助，是善后工作的重要内容。要最大程度体现对逝者尊重，做好遇难者遗体保护和处理工作；要在当地党委、政府的统一领导下，积极协同伤亡人员家属所在地政府工作组，做好家属安抚工作。

2015年"东方之星"号客轮翻船事件发生后，数千名家属及工作人员赶往湖北省荆州市监利县。国务院救援和处置工作组善后工作组把为亲属做好服务、给予精神慰藉、抚慰亲属情绪作为工作的首要任务。江苏、上海、天津、浙江、山东、福建、安徽、重庆等相关八省（市）派出由省（市）领导带队的工作组，与湖北省、荆州市和监利县、洪湖市、江陵县以及湖南岳阳市各级党委、政府通力合作，一对一、全程对亲属进行安抚，协调解决亲属交通、生活以及遇难者善后问题。6月16日，最后一位遇难者的遗体在监利县殡仪馆完成火化。6月17日，最后一批遇难者家属离鄂返乡。至此，442位遇难者的遗体善后工作全部完成，2347位遇难者家属全部返乡。②

继续加强管控，防止死灰复燃，也是恢复重建的重要任务。在2008年瓮安"6·28"事件中就发生过"死灰复燃"的现象。6月29日凌晨1时许，打砸抢烧现场局面基本得以控制，秩序得以恢复。不过，由于善后工作不完全到位，到了当日上午，现场周围又出现数千人围观聚集（最多时有近万人）。

大部分是围观看热闹人员，但也有一些与此事无关、因其他利

① 《中华人民共和国突发事件应对法释本》，法律出版社2008年版，第43页。
② 《"东方之星"号客轮翻沉事件现场善后工作进展顺利》，《中国应急管理》2015年第6期；《东方之星客轮翻沉事件现场善后工作完成》，《人民日报》2015年6月18日。

益诉求未得到解决的人员，借机打着横幅上访，引起大量人员再次围观聚集。一些不法人员乘机故意进行破坏捣乱，他们向公安、武警执勤人员挑逗、谩骂，投掷石块、矿泉水瓶等物发泄不满，并掀翻武警部队的 1 台宣传车和 2 台开道车，企图冲破公安、武警的防线。①

（二）全面提高社会韧性

1. 舟曲山洪泥石流

2010 年 8 月 7 日 22 时左右，甘肃省甘南藏族自治州舟曲县城东北部山区突降特大暴雨，降雨量达 97 毫米，持续 40 多分钟。特大暴雨引发四条沟系特大山洪地质灾害，泥石流长约 5 千米，平均宽度 300 米，平均厚度 5 米，总体积 750 万立方米，流经区域被夷为平地。"这是新中国成立以来最为严重的山洪泥石流灾害。"②

舟曲县城位于白龙江两岸，地处白龙江漫滩、泥石流冲积扇和地质断层地带，属于典型的"两山夹一河"地形，周边高山林立，非常陡峭。县城测绘面积仅 4 平方千米。按照灾后测算，整个县城规划区面积 2.4 平方千米（城区东西不到 2 千米，南北不到 1.5 千米），综合考虑河流、山体，安全避让地质灾害隐患点，山洪、泥石流通道及地震活动断层等因素，可利用面积约 1.8 平方千米（其中建成区 1.23 平方千米），人口承载能力仅有 2.3 万人；不过，在这样一个狭小的空间里，灾前实际总人口达到了 4.67 万人，人口密度高达 2.59 万人 / 平方千米。③

舟曲特大山洪泥石流灾害的发生，也暴露出灾后恢复重建工作不到位的问题。舟曲是国家确定的汶川特大地震 51 个重灾县之一，全县

---

① 崔亚东：《群体性事件应急管理与社会治理——从瓮安之乱到瓮安之治》，中央党校出版社 2013 年版，第 193 页。

② 《国务院关于印发舟曲灾后恢复重建总体规划的通知》（国发〔2010〕38 号），2010 年 11 月 4 日，见 http://www.gov.cn/xxgk/pub/govpublic/mrlm/201011/t20101110_62424.html。

③ 李宾：《甘肃舟曲：灾难背后存隐情　多少天灾多少人祸》，《中国经营报》2010 年 12 月 27 日。

3.26 万户、12.61 万人受灾，14 人死亡、19 人重伤、119 人轻伤，19 个乡镇共有 926 户、5580 间民房倒塌。① 据舟曲县国土资源局统计，汶川地震后，全县出现 140 多处地质灾害隐患点，遍布 19 个乡镇，其中直接威胁到村庄的重点隐患有 58 处。②2008 年 6 月，来自北京的专家组到舟曲调查后确定，该县有 60 多处滑坡点，其中 13 处存在重大滑坡风险，威胁着下游村庄的安全，必须引起高度关注。③ 此次特大山洪泥石流灾害发生时，距离滑坡不远处，多幢汶川地震灾后重建的居民楼初具雏形，路边还挂着舟曲县灾后重建的规划示意图。

舟曲特大山洪泥石流发生后，科学编制规划，精心组织实施，避免"毁了建、建了毁"，是灾后重建的首要考量。国务院 2010 年 11 月印发的《舟曲灾后恢复重建总体规划》（国发〔2010〕38 号），把"尊重自然，科学布局"作为基本原则之一，强调要把科学选址作为恢复重建各项工作的重中之重，合理控制城镇人口规模，合理避让灾害风险区和隐患点。灾害防治也成为灾后重建投资和建设的重点。④ 根据甘肃省政府印发的《舟曲灾后恢复重建规划和资金安排实施方案》（甘政发〔2010〕93 号），舟曲灾后恢复重建规划总投资规模为 50 亿元；其中，灾害防治共 13.4 亿元（包括白龙江和沟道整治 3 亿元，灾害治理 8.5 亿元，生态环境治理 1.9 亿元），超过总投资额的四分之一。

2010 年 8 月 21 日至 22 日，温家宝再次来到舟曲灾区，实地指导抢险救灾和恢复重建工作。他强调，恢复重建必须首先保障人民群众的安全，要建设一个"让灾区人民满意、让全国人民放心"的新舟曲。

---

① 《舟曲县开展"5·12"汶川大地震十周年纪念日系列活动》，2018 年 5 月 11 日，见 http://www.zqx.gov.cn/zhouquyaowen/article/7363。
② 宋常青：《舟曲人的百日新生》，《瞭望》2010 年第 48 期。
③ 吕宗恕、唐靖：《中国 700 万人受地质灾害威胁》，《南方周末》2010 年 8 月 12 日。
④ 谭飞、张宗堂、张晓松等：《书写"藏乡江南"新传奇——舟曲特大山洪泥石流灾后重建工作纪实》，新华社甘肃舟曲 2011 年 8 月 7 日电。

我这次来，就是要同省里、国家有关部委和部队的领导同志，还有科学家们一起研究论证舟曲的重建工作。我们要建设一个美好的舟曲，必须首先保障人民群众的安全，同时还要使各项公用设施能够满足人民群众的需要。明天，我们将再一次到受灾现场实地察看，研究重建的措施和政策，成立舟曲恢复重建指导协调小组以及专家咨询组，从组织上保障舟曲的恢复重建工作有一个科学的规划和合理的布局。①

2. 让生活更美好

全面做好恢复重建，实现恢复重建和经济社会发展双赢，是应急管理工作的重要内容。在过渡期，能不能把受影响人员生活安置好，关系到突发事件应对工作全局，关系到受影响地区人心安定和社会稳定。在恢复重建期，能否在更高的水平上建设，在更高的起点上发展，关系到受影响地区的长远发展。

我国 2008 年汶川特大地震、2010 年舟曲特大山洪泥石流、2013 年芦山强烈地震等重特大灾害的恢复重建总体规划，都强调恢复重建要让生活更美好。例如，《汶川地震灾后恢复重建总体规划》和《芦山地震灾后恢复重建总体规划》都指出，灾后恢复重建关系到灾区群众的切身利益和灾区的长远发展。《舟曲灾后恢复重建总体规划》指出："做好舟曲灾后恢复重建工作，关系灾区群众的切身利益和生命财产安全，关系民族地区经济社会可持续发展，关系白龙江流域生态环境有效保护，对不断提高灾区人民生活水平，促进民族团结和社会和谐稳定，实现经济社会跨越式发展和长治久安，具有重要的战略意义。"《玉树地震灾后恢复重建总体规划》（国发〔2010〕17 号）指出："玉树地震灾后恢复重建工作事关灾区紧迫的民生问题和长远发展，事关三江源地区生态保护，事关民族团结和社会和谐稳定，具有重要和深远的意义。"

---

① 《"建设一个更加美好的舟曲"——温家宝再赴舟曲灾区指导救灾重建工作纪实》，《人民日报海外版》2010 年 8 月 24 日。

2013 年芦山强烈地震发生后，在 5 月 2 日作出的指示中以及 5 月 21 日至 23 日在芦山地震灾区看望慰问受灾群众时，习近平总书记都强调要坚持可持续发展理念，重建安全、美丽、放心的美好家园。

> 要全面准确评估灾害损失，按照以人为本、尊重自然、统筹兼顾、立足当前、着眼长远的科学重建要求，尽快启动灾后恢复重建规划编制工作，充分借鉴汶川特大地震灾后恢复重建成功经验，突出绿色发展、可持续发展理念，统筹基础设施、公共服务设施、生产设施、城乡居民住房建设，统筹群众生活、产业发展、新农村建设、扶贫开发、城镇化建设、社会事业发展、生态环境保护，提高建设工程抗震标准，提高规划编制科学化水平。[1]

> 重建工作我们要尽可能地快。我们继续一起努力，把我们的安全的、美丽的、放心的美好家园重建起来。……恢复重建是一项复杂的系统工程，要科学规划，精心组织实施。……工作中，既要考虑灾区原有发展基础、资源禀赋，又要充分利用恢复重建提供的机遇，高起点、高标准建设，高度重视产业升级、节能环保，努力实现恢复重建和经济社会发展双赢。[2]

3. 增强社会韧性

塔勒布在《反脆弱》一书中指出，既然"黑天鹅"事件无法避免，人类在面对外在冲击时要培养一种类似抗药性的机制，迅速产生自我补充和自我修复的能力，并转危为机，从中获益。[3] 恢复重建的最终目的，是提高受影响地区的韧性，把受影响地区建设得更安全、更美好，让受影响群众生活得更安心、更踏实。

---

[1] 《以受灾群众安置为中心任务　抓紧开展恢复重建前期工作》，《人民日报》2013 年 5 月 4 日。

[2] 《继续大力发扬伟大抗震救灾精神　妥善安置群众科学开展恢复重建》，《人民日报》2013 年 5 月 24 日。

[3] Nassim Nicholas Taleb, *Antifragile: Things that Gain from Disorder*, New York: Random House, 2012.

"韧性"最初是个物理学概念，表示材料在塑性变形和破裂过程中吸收能量的能力；韧性越好，则发生脆性断裂的可能性越小。引申到应急管理领域，"韧性"是指对突发事件的快速响应和迅速恢复能力，即整个系统有效化解和抵御冲击，避免或减轻损害，并从事件中快速恢复，从而保持系统的主要特征和基本功能不受显著影响的能力。具体而言，韧性包含四个特征：一是抗冲击，即当突发事件发生时，造成的生命财产损失小。二是可持续，即整个系统的主要功能不被中断或能快速恢复。三是防次生，即快速开展处置，不让事件产生链式反应，减少次生、衍生危害。四是恢复快，即恢复重建的时间和程度能在短时间内满足基本需求。

自 20 世纪 90 年代以来，"韧性"理念已被广泛应用于应急管理领域，成为当今世界各国城乡建设发展的主流方向。2015 年通过的联合国《2015—2030 年仙台减轻灾害风险框架》，将"韧性"作为减轻灾害风险的最终目标。[1] 2016 年召开的第三届联合国住房与可持续城市发展大会，将倡导"城市的生态与韧性"作为新城市议程的核心内容之一。依据《2015—2030 年仙台减轻灾害风险框架》，联合国减灾战略署在全球发起了"让城市更具韧性行动"，并制定了让城市更具韧性的十大准则，包括：提高组织的抗灾能力，识别、理解和运用现有和未来的风险场景，增加城市备灾投入，开展具有韧性的城市规划设计，建设生态缓冲带以增强自然生态系统的保护功能，增强更具韧性的组织能力，增强更具韧性的社会能力，增强基础设施的韧性能力，提高灾难响应的能力，加快灾后恢复并更好地重建。

应对突发事件，不仅要做好事前预防准备、事中处置救援，还要做好事后快速恢复重建，即从传统的"刚性硬抗"转为"韧性化解"。近年来，很多国家和大城市都在制定和实施韧性建设计划，以增强全

---

① 范一大：《我国灾害风险管理的未来挑战——解读〈2015—2030 年仙台减轻灾害风险框架〉》，《中国减灾》2015 年第 7 期。

过程应对突发事件的能力。例如，2011 年，伦敦制定实施了"管理风险和增强韧性"计划，通过治理洪水风险、增加公园和绿化、对居民家庭的水和能源设施进行更新改造等手段，有效防范持续的洪涝、干旱和极端高温风险。日本颁布了一项"国土强韧性政策大纲"，以地震和海啸为防控重点，提出了保障国家安全稳定的韧性提升计划。

2012 年 10 月 29 日，超级飓风"桑迪"袭击了美国纽约，造成 43 人死亡，经济损失达 190 亿美元。为修复"桑迪"飓风的影响，建设更加安全、更具韧性的城市，2013 年，纽约制定了"一个更加强大、更有韧性的纽约"建设计划，提出了一个为期 10 年、耗资 200 亿美元、包括 257 个基础设施系统建设子项目的韧性城市建设项目清单。该计划的目的，是通过改造社区住宅、医院、电力、道路、供排水等基础设施以及沿海防洪设施等，有效防范城市洪灾和风暴潮。①2014 年，纽约又发布了"一座城市，一起重建"的报告，扩大了韧性城市建设的内容。2015 年，纽约发布了"一个纽约：建设一个强大而公正的城市"规划，通过设立 200 多个项目，以建设一个"更为强大、更加公正、更可持续、更富韧性"的纽约。②

我国的韧性城市建设起步比较晚，但不论是理论研究还是实践工作都进展很快。近年来，我国开展了以抗震性态设计、减隔震和大型复杂结构混合实验等为标志的城市韧性理论和技术研究，应急准备、快速响应对策和紧急处置技术逐步推广应用。中国地震局 2017 年 6 月提出实施的《国家地震科技创新工程》包含了四大计划，"韧性城乡"计划是其中之一，这也是我国提出的首个国家层面的韧性建设计划。"本计划将科学评估全国地震灾害风险，研发并广泛采用先进抗震技术，显著提

---

① 郑艳：《推动城市适应规划，构建韧性城市——发达国家的案例与启示》，《世界环境》2013 年第 6 期。

② 曹莉萍、周冯琦：《纽约弹性城市建设经验及其对上海的启示》，《生态学报》2018年第 1 期。

高城乡可恢复能力，不断促进我国地震安全发展。"① 按照计划，黄石、德阳、海盐、义乌、北京等城市正在开展韧性城市建设。

三、建设更加美好的家园

（一）硬性 + 软性：全方位恢复重建

1. 恢复重建是系统工程

恢复重建是一项复杂的系统工程，包括物质、经济、社会、政治、生态、文化、心理等多个方面。总体上，可以把恢复重建的对象分为硬性设施和软性设施两大类。所谓硬性设施，主要是指生产、生活、工作所需的物质层面的设施，包括住宅、学校、医院、商店、工厂等公共建筑，道路、桥梁、水利等基础设施，公园、绿地等景观设施。所谓软性设施，主要是指社会关系、文化、心理等社会层面和精神层面的设施。

硬性设施的恢复重建，是要重建物质家园、自然家园；软性设施的恢复重建，是要重建社会家园、精神家园。民众心态、社区网络、基层公共服务体系、生态文化等软性设施，具有隐性的特点，不容易被观察和测度，完成恢复重建所需的时间也相对较长。与之相比，城乡居民倒塌损毁住房、公共服务设施和基础设施等硬性设施，具有显性的特点，容易被观察和测度，完成恢复重建所需的时间也相对较短。因此，与软性设施相比，硬性设施更有可能成为恢复重建的优先选项。其结果是，受影响地区和群众可能"外表华丽、内心脆弱"。

汶川特大地震发生后，如何抚慰灾区群众遭受重创的内心世界，是灾后恢复重建中一项持久的"隐性工程"。有效平衡物质家园和精神家园的关系，被认为是灾区 10 年恢复重建发展的重要经验之一。"灾后重

---

① 《地震科技创新工程将实施"透明地壳"等四项计划》，《人民日报》2017 年 6 月 8 日。

建发展不仅要满足群众基本的生存条件和物质需求，让群众安居乐业，更要关注精神家园建设，抚平群众的心灵创伤，保护优秀传统文化，传承优良民风民俗。"经过 10 年发展，灾区基本实现了'物质生活充实富裕，精神生活幸福满足'的目标。"①

因此，恢复重建要"软硬兼施"，既恢复重建硬性设施，也恢复重建软性设施。在恢复重建这个庞大系统中，社会和精神的恢复重建，与经济和建筑的恢复重建同样重要。社会和精神的恢复重建，本质上是要在物质废墟与精神巨大创伤的基础上，借助各种内在的和外在的力量，修复受到破坏的家庭、邻里、亲朋好友、社区组织等各种社会关系，使家庭、社区、社会逐步恢复自我组织、自我管理、自我发展的活力，使受影响地区和人员重新过上安定有序的生活。

2. 谨防创伤后应激障碍

以人为本、民生优先，是恢复重建的基本原则之一；保障和改善民生、增进受影响地区和人员的福祉，是恢复重建的出发点和落脚点。《管子·内业》云："我心治，官乃治，我心安，官乃安。治之者心也，安之者心也。"《刘子·清神》也说道："将全其形，先在理神。故恬和养神，则自安于内；清虚栖心，则不诱于外也。"恢复重建面临的最大挑战是人的问题，包括基本生活、居住、生计、发展等各个方面。其中，要高度警惕重特大突发事件发生后可能出现的创伤后应激障碍。

所谓创伤后应激障碍（PTSD），是指个体在经历或目睹一个或多个涉及自身或他人实际死亡，或受到死亡威胁，或遭遇严重受伤，或躯体完整性受到威胁后，延迟出现和持续存在的精神障碍。创伤后应激障碍一般在精神创伤性事件发生后数天至 6 个月内发病，病程通常持续 1 个月以上，可长达数月或数年，个别甚至长达数十年之久。其中，病期在 3 个月之内的，称为急性创伤后应激障碍；3 个月以上的，称

---

① 《灾后重建与发展振兴的四川答卷——汶川特大地震灾区 10 年重建发展的历程与启示》，《四川日报》2018 年 5 月 4 日。

为慢性创伤后应激障碍；症状在 6 个月后才发生的，则称为延迟性创伤后应激障碍。

俗话说："一朝被蛇咬，十年怕井绳。"突发事件很可能给事发地人员和救援人员留下心理阴影。调查表明，全球约 70% 的人曾经历过创伤性事件，并有 5.6% 的人被诊断出患有创伤后应激障碍。[①] 在灾难发生后的抢险救援阶段，所有接触到灾难现场的人员——特别是那些直接进入现场参与抢险救援的人员，都有可能在心理上受到一定的冲击，罹患创伤后应激障碍或其他更为严重的精神类疾病。

WHO 的调查显示，自然灾害或其他重大灾难发生后，大约 20%—40% 的受灾人群会出现轻度的心理失调，这些人不需要特别的心理干预，他们的症状会在几天至几周内得到缓解；大约 30%—50% 的人会出现中度至重度的心理失调，及时的心理干预和救援会帮助他们的症状得到缓解；而在灾害发生一年内，有大约 20% 的人可能会出现严重的心理疾病，需要对他们进行长期的心理干预。[②]

以地震灾害为例。研究发现，在地震发生 3 个月之后，幸存者的自杀行为将逐渐显现并持续增加；在此后几十年内，地震灾害带来的心理创伤将在不同的人群中以不同的形式存在。如果不能及时得到救助，一些人将逐渐出现酗酒、吸毒、忧郁和自杀的倾向。1999 年 9 月 21 日凌晨 1 时 47 分，我国台湾地区南投县发生里氏 7.6 级的大地震，导致 44 万人家毁人亡。地震发生后，受经济困顿、长期失业、亲友离散、长期离家和社会网络失联等因素影响，灾民患高血压、缺铁性心脏病、器质性精神病、情感性精神病、急性呼吸道感染、糖尿病和肿瘤的比例均增加。在 2000 年春节、清明节、端午节、七月半、中秋节等节假日以及地震纪念日，出现了"震灾自杀"和"纪念日效应"的自

①　Koenen K.C., Ratanatharathorn A., Ng L., et al., "Posttraumatic Stress Disorder in the World Mental Health Surveys", *Psychological Medicine*, Vol. 47, No. 13（October 2017），pp.2260-2274.

②　转引自时勘：《灾难心理学》，科学出版社 2010 年版，第 7 页。

杀高峰期。① 统计发现，地震发生后，南投县的自杀率连续 3 年居全岛之冠，且逐年攀升，男性比女性表现得更为显著（见表 11-1）。②

表 11-1　我国台湾地区南投县自杀率（1998—2001 年）

（单位：1/10 万）

年份	男		女		整体	
	南投县	台湾地区	南投县	台湾地区	南投县	台湾地区
1998	18.6	12.8	6.1	6.9	12.6	9.9
1999	19.0	13.7	14.2	6.8	16.7	10.3
2000	23.7	14.4	13.1	7.6	18.7	11.1
2001	33.6	16.6	11.2	8.0	22.9	12.4

对 1976 年唐山大地震的调查结果显示，地震造成的心理创伤对灾民产生了持久性应激效应，长期影响了他们的身心健康。震后余生的人出现了创伤后应激障碍，他们中患神经症、焦虑症、恐惧症的比例高于正常值，有的高出 3—5 倍。很多人失眠多梦、情绪不稳、紧张焦虑，每年 7 月 28 日都会异常悲伤；那些经历了地震创伤的人群患高血压和脑血管疾病的比例，也高于正常人群。③

"9·11"事件造成的心理后遗症也非常严重。据统计，事件发生后，约五分之一的美国人感到比以往任何时候都更加抑郁和焦虑；约 800 万人报告自己因这次事件感到抑郁或焦虑；事件发生 8 个月后，纽约的很多学龄儿童还在做噩梦；7% 的美国人曾因"9·11"事件找过精神卫生专业人员。④《美国医学会杂志》2009 年 8 月刊出的一份研究报告显示，在直接经历或目睹世贸大楼被撞五六年后，仍不断有新的创伤后症候群

① 《台湾地震灾区隐然形成自杀潮》，2000 年 9 月 23 日，见 http://www.chinanews.com/2000-09-23/26/47953.html。

② Yiing-Jenq Chou, et al., "Suicides after the 1999 Taiwan Earthquake", *International Journal of Epidemiology*, Vol. 32, No. 6 (December 2003), pp. 1007-1014.

③ 张本、王学义、孙贺义等：《唐山大地震心理创伤后应激障碍的抽样调查研究》，《中华精神科杂志》1999 年第 2 期。

④ 张倩：《灾难后心理救援如何及时到位》，《北京青年报》2008 年 5 月 13 日。

病例和哮喘症患者出现。①

　　要避免或减少创伤后应激障碍，必须把心理救援作为应急救援的重要组成部分，把心理康复作为恢复重建的重要内容。20 世纪 80 年代，美国在修改《斯塔夫德灾害救济和紧急救助法》时，专门将心理危机干预工作纳入救灾体系中，建立了快速心理干预机制。1994 年，新加坡建立了国家应急行为系统（NEBS），负责在发生突发事件时为受刺激和伤害的国民提供心理援助。1995 年阪神大地震发生后，日本通过派专家定期为幸存者免费提供心理咨询、安排生活援助员和老龄户生活援助员、定期走访老龄人等方法，开展多项针对灾民的精神救助活动。1999 年，俄罗斯紧急情况部设立了心理救助中心，负责为紧急情况部工作人员提供心理援助，为受突发事件影响的人员和救援人员提供医疗救助和心理辅导。德国联邦民事保护与灾难救助局（BBK）专门设有心理救援小组，开设了热线电话，提供心理咨询。

　　近年来，我国更加重视突发事件心理救援和心理康复工作。《汶川地震灾后恢复重建条例》第十七条规定："地震灾区的各级人民政府，应当组织受灾群众和企业开展生产自救，积极恢复生产，并做好受灾群众的心理援助工作。"《汶川地震灾后恢复重建总体规划》强调："实施心理康复工程，采取多种心理干预措施，医治灾区群众心理创伤，提高自我调节能力，促进身心健康。"2013 年施行的《中华人民共和国精神卫生法》第十四条规定："各级人民政府和县级以上人民政府有关部门制定的突发事件应急预案，应当包括心理援助的内容。发生突发事件，履行统一领导职责或者组织处置突发事件的人民政府应当根据突发事件的具体情况，按照应急预案的规定，组织开展心理援助工作。"2013 年芦山地震发生后，四川省卫生厅及时向受灾县乡派驻心理或精神科医

---

① Robert M. Brackbill, James L. Hadler, Laura DiGrande, et al., "Asthma and Posttraumatic Stress Symptoms 5 to 6 Years Following Exposure to the World Trade Center Terrorist Attack", *The Journal of the American Medical Association*, Vol. 302, No. 5（5 August 2009）, pp. 502-516.

生，在震后短短 1 个月内建立了市、县、乡三级心理干预网络，覆盖到每个村和群众安置点。①

（二）短期 + 长期：全周期恢复重建

1. 恢复重建是长期工程

恢复重建通常是一项长期而艰巨的任务。1995 年日本阪神大地震的灾后重建，耗费了近 10 年之久；我国台湾地区 1999 年"9·21"大地震的灾后重建，前后历经 6 年，直到 2005 年才宣告完成。我国"5·12"汶川特大地震、"4·14"青海玉树地震、"8·8"舟曲特大山洪泥石流、"4·20"芦山强烈地震等重特大自然灾害的恢复重建，也都经历了很长一段时间，才使当地的生产生活逐步恢复到正常水平。而且，恢复重建阶段投入巨大。从阪神大地震的情况来看，在重建阶段投入的财力、人力、物力等资源，是紧急救援阶段的四倍甚至更多。

我国特大自然灾害恢复重建的时间一般确定为三年。例如，2008年汶川特大地震，"用三年左右时间完成恢复重建的主要任务，基本生活条件和经济社会发展水平达到或超过灾前水平，努力建设安居乐业、生态文明、安全和谐的新家园，为经济社会可持续发展奠定坚实基础"。2010 年舟曲特大山洪泥石流，"2010 年年底前，基本完成城乡居民住房维修加固任务。2012 年年底前，全面完成城乡住房、公共服务和基础设施等各项恢复重建任务，使灾区基本生产生活条件和经济社会发展全面恢复并超过灾前水平"。2013 年玉树强烈地震，"力争用三年时间基本完成恢复重建主要任务，使灾区基本生产生活条件和经济社会发展全面恢复并超过灾前水平，生态环境切实得到保护和改善，又好又快地重建新校园、新家园，为建设生态美好、特色鲜明、经济发展、安全和谐的社会主义新玉树奠定坚实基础"。

---

① 黄国平、杨彦春、李静、姚晓波、赵红：《芦山地震心理救援：汶川本土化模式的移植》，《四川精神卫生》2013 年第 2 期。

俗话说："慢工出细活。"在长周期的恢复重建过程中，科学编制规划，确保受影响地区安全稳定和长远可持续发展，是一项非常重要的工作。汶川特大地震发生后，我国成立专家委员会，进行地震形成机理研究、地质地理环境条件评估和建设项目选址工作，并组织专门力量开展灾害范围评估、灾害损失评估和资源环境承载能力评价。在此基础上，组织各方面专家，编制了灾后恢复重建总体规划和 10 个专项规划。

"9·11"事件发生后，在世贸中心原址上建立了遗址纪念馆与博物馆。纪念馆占地 3 万多平方米，用于纪念在 1993 年 2 月 26 日和 2001 年 9 月 11 日两次恐怖袭击事件中的近 3000 名遇难者。纪念馆将世贸双子大楼留下的大坑建成 6 米深、各占地 4000 平方米的正方形水瀑池（全美规模最大的人工瀑布），水池外围刻着所有遇难者的姓名并种有 225 棵树（包括一棵在"9·11"事件中幸存下来的梨树）。博物馆占地约 1 万平方米，保留了许多历史元素（包括原来的地基、泥墙和被大楼压毁的消防车等），收藏了超过 1 万件文物、2.3 万张照片、1900 段口述录音以及 500 小时的影像资料。博物馆里既有向公众开放的展示厅和多功能缅怀区，也有为遇难者家属设立的私人悼念场所。①

在灾难原址的重建计划上，当时有各种不同的观点，有些人希望重建大楼，有些人希望新建纪念馆，还有一些折中的建议。在自述中，纽约市长朱利安尼谈到了灾难原址应该改建为纪念地点的设想：

> "9·11"灾难现场应该改建为纪念地点，一切的计划都要遵循这个目标。我们的做法必须是发自内心，以达成两项任务。第一，必须顾及罹难者家属的心情，这是他们心爱的人最终的安息之地。其次，我们要有一种历史观：这是一块圣地，地位好比葛底斯堡、邦克山、阿坡马托克斯城这些永垂青史的战场。它绝对有资格竖立纪念碑，而不是急就章地将"9·11"之前的两座摩天楼迅速重建。我们必须先考虑此地的目标，再决定如何进行。在考虑灾难原址重建的同

① 《9·11 遗址重建与忘却伤痛一样艰难》，《中国日报》2011 年 9 月 9 日。

时，我们不要忘了，还需要一个大型空间来纪念这个事件，借助于广阔的空间，才能呈现这次惨剧的真相。更何况，在数千名死者的集体坟场上盖大楼，怎么说都嫌离谱。我思考的角度，是想到百年之后世人的眼光。处理这块地点的方式，影响将会极为深远。它涵盖了对于历史的尊重，人性的尊严，以及对人心的体谅。①

2. 关注可持续发展

恢复重建要坚持急缓相宜。所谓急，主要体现在灾后恢复重建的急迫性。对于部分受影响人员正面临的生存、生活等问题，要打破常规，特事特办，尽快出台相关政策。所谓缓，主要体现为情况复杂多样，要汇集多方信息，进行详细评估论证，提高政策的科学性、合理性。

首先，要确保受影响地区安全稳定，避免发生次生、衍生灾害。恢复重建的首要任务，是恢复受影响地区的社会秩序，让群众安心。严防各类次生、衍生灾害的发生，既是应急处置与救援阶段的重要任务，也是事后恢复与重建阶段的重要任务。个别地方在恢复重建过程中，或出现豆腐渣工程，或出现因选址不当等问题导致的次生灾害，或出现因分配不公、工作不到位引发的群体性事件。在恢复重建规划的编制和实施过程中，要把"让群众安居、安定、安全、安稳、安心"放在第一位，在确保安全和质量的前提下积极稳妥地推进各项工作。

2013 年 5 月 21 日至 23 日，习近平总书记在芦山地震灾区考察时指出，"要形成专群结合的灾害预防体系，坚决避免因次生灾害造成新的人员伤亡"；"一定会把灾区学校建设得更坚固、更美丽"②。恢复重建应该以安全稳定为基础，建设更加美好的家园，实现受影响地区可持续发展和受影响人员全面进步。换言之，要以恢复重建为契机，面向未来长期发展，着眼常态长效，补齐建设短板，实现跨越式发展。

---

① ［美］鲁迪·朱利安尼：《领导：纽约市长朱利安尼自述》，韩文正译，译林出版社2005 年版，第 279 页。

② 《继续大力发扬伟大抗震救灾精神 妥善安置群众科学开展恢复重建》，《人民日报》2013 年 5 月 24 日

日本的灾后恢复重建，采取重建（Building）、恢复（Back）、复兴（Better）的"BBB 政策"，要求灾后建造的房子比过去好，生活质量比灾前高。

2011 年发生的"3·11"日本大地震，是 20 世纪初以来 110 年时间里全世界发生的第四大震级的地震。7 月 29 日，日本政府公布了《东日本大震灾复兴基本方针》。该基本方针指出，"灾区复兴担负着重振日本经济活力的先导任务，要以此为出发点来编制描绘区域未来蓝图的复兴计划"。"要以灾后重建为契机，实现东北的复兴，在此基础上实现日本的复兴"。该基本方针强调，在灾后恢复重建过程中，要优先考虑灾区发展的需求，同时要有长期的展望和洞察力；既要看准日本经济社会的结构变化（如高龄化、人口减少等），又要寻求推动东北地区成为引领日本未来经济社会发展重要力量的可能性。[①]

根据各县的复兴计划以及对阪神大地震灾后恢复重建情况的评估，"3·11"大地震的复兴期限定为 10 年。其中，前 5 年为集中复兴期。复兴事业推进到一定阶段后，将根据复兴规模修订财政计划，并调整集中复兴期后的政策；对受福岛核电站影响严重的地区，根据《核灾害赔偿法》《核灾害赔偿支援机构法案》的执行状况和当地的具体情况，修订复兴政策。2016 年，大地震 5 周年之际，日本政府确定了未来 5 年地震灾区的重建方针。根据该重建方针，灾区公营住宅和高台宅地的建设计划，在 2017 年前应完成九成；日本将在未来 5 年，投入约 6.5 万亿日元用于灾区重建（灾后重建的经费投入累计将达到 32 万亿日元）。

（三）政府 + 社会：全主体恢复重建

1. 恢复重建是共治工程

恢复重建的过程，不是事发当地唱独角戏的过程，更不是上级或援

---

① 陈静、翟国方、李莎莎：《"311"东日本大地震灾后重建思路、措施与进展》，《国际城市规划》2012 年第 1 期。

建方完全包揽的过程，而是一个各方共建、共治、共享的参与式过程。政府、社会、市场都是恢复重建的主体，具有各自不同的优势。

特别是恢复重建与可持续发展离不开本土参与，事发地区的党委政府、企业和民众是恢复重建的重要主体。参与式恢复重建的过程，是事发地区的人员自我管理、自我服务、自我监督的过程，是事发地区的人员重拾信心、恢复生活热情的过程，也是事发地区逐步回归正常生产秩序、生活秩序和社会秩序的过程。只有最大限度调动事发地区群众参与的积极性、主动性和创造性，才能把恢复重建的过程变为一个凝聚人心、自力更生、感恩奋进，在发展中提高的过程。

"9·11"事件发生后，世贸中心大厦的遗址重建一直是公众关注的焦点。2001年11月，纽约州和纽约市共同组建了曼哈顿下城发展集团（LMDC），作为州、市联合企业，负责协调制定曼哈顿下城地区的恢复重建规划。来自市民组织、商业机构、环保组织、社区组织、劳工组织、大学、工会等领域的85个团体，组建了"重建纽约下城市民联盟"。在民间机构"美国之声"（AmericaSpeaks）的策划下，从2002年2月开始，曼哈顿下城发展集团、重建纽约下城市民联盟以及其他公民团体，开始组织被称为"倾听城市"的城镇会议，通过民主审议的方式，让市民参与重建规划的讨论。2002年2月7日，包括市民代表，"9·11"事件遇难者家属、生还者、救援人员以及企业界代表、社区领袖、政府官员等在内的600多人，参加了第一次"倾听城市"会议。①

多元共治，也是我国恢复重建工作的一项基本原则。我国《防震减灾法》第七十二条规定："地震灾后恢复重建应当坚持政府主导、社会参与和市场运作相结合的原则。"近年来的重特大自然灾害恢复重建总体规划，都强调要充分发挥灾区干部群众的主体作用，调动市场力量和社会力量，形成多方参与的灾后恢复重建工作格局。例如，《汶川地震灾后恢复重建总体规划》把"创新机制，协作共建"作为恢复重建的

① 黄岩：《审议民主：市民参与市政决策路线图》，《南方周末》2009年11月26日。

基本原则之一，强调："充分发挥灾区广大干部群众的积极性、主动性和创造性，自力更生、艰苦奋斗。充分发挥对口支援的重要作用，建立政府、企业、社会组织和个人共同参与、责任明确、公开透明、监督有力、多渠道投资的重建机制。"《玉树地震灾后恢复重建总体规划》把"自力更生，多方支持"列为恢复重建的基本原则之一，强调："灾区各级政府要加强组织领导，动员广大干部群众自力更生、艰苦奋斗，努力建设美好家园。国务院有关部门大力支持，同时发挥社会各界援助的积极性，多方形成合力，共同推进灾后恢复重建。"

2. 倡导全主体参与

在我国以往重特大灾害的恢复重建实践中，有时存在灾区和灾区群众参与不足的问题。例如，在中央与地方关系上，一般由中央直接安排部署、举国援建，地方被动接受和执行；在援建方与受援方关系上，一般以援建方为主，灾区政府、企业和民众参与度不是很高；在灾区政府与灾民关系上，一般是由政府主导重建，群众被动参与。在 2008 年汶川特大地震的灾后恢复重建过程中，受援县（市）对援建项目的实施缺乏足够的监督，灾区农民参与以工代赈项目建设的比例不高。据估计，在对口援建项目投资中，大约 70% 是在援建省（市）直接完成的，仅有不足 30% 是在受援县（市）完成的。[①]

芦山强烈地震灾后恢复重建，由过去中央直接安排部署改为地方负责制。2013 年 5 月 21 日至 23 日，习近平总书记在芦山地震灾区考察时指出："要实行中央统筹、分级负责的体制机制，充分调动市场和社会力量，发挥群众主体作用，积极引导灾区群众开展自力更生、生产自救活动，充分调动群众建房兴业、创业就业、增收致富的积极性、主动性、创造性。"[②] 这条路，后来被概括为"中央统筹指导、地方作为主体、灾区群众广泛参与"的恢复重建新路子。芦山地震灾后恢复重建成了国

---

① 郭岚：《中国特色的对口援建：成就、问题与政策建议》，《西南金融》2010 年第 10 期。

② 《继续大力发扬伟大抗震救灾精神 妥善安置群众科学开展恢复重建》，《人民日报》2013 年 5 月 24 日。

家探索以地方为主体恢复重建新机制的首个试验田，该新机制随后在云南鲁甸地震、尼泊尔地震西藏灾区的恢复重建过程中得到推广。

　　向地方赋权、让群众自主，是芦山灾后恢复重建新路子的显著特征。在向地方赋权方面，中央赋予四川省制定重建专项规划、审批重建具体项目的权力，并将确定的 460 亿元中央财政重建补助交由地方包干使用；四川省则将 99% 以上重建项目的审批、核准和备案下放到灾区市、县。在让群众自主方面，坚持全程让群众参与，群众的事情群众办。灾民成立了由群众代表组成的住房重建自建委员会（简称"自建委"），从规划设计到建房选址，从资金使用到质量监督，从收集建议到处理纠纷，全程让群众互助自主。农房重建完成后，"自建委"逐步转型为"自管委"（自治管理委员会），负责管理维护新村环境治理、卫生、绿化和治安，制定聚居点管理办法和村规民约。"自建委"和"自管委"发挥着党委、政府联系群众的纽带作用，破解了灾后恢复重建主体由"政府单方"向"群众主体"转变，工作形式由"代民做主"向"请民当家"转变。"正是与群众商量着办、一起来干，重建工作得到群众的理解支持，营造了良好的重建环境和秩序。"①

---

① 王东明：《努力走出一条中央统筹指导、地方作为主体、灾区群众广泛参与的恢复重建新路子》，《四川日报》2015 年 4 月 21 日。

第十二讲

调查学习：知不足而后进

面对公共安全事故，不能止于追责，还必须梳理背后的共性问题，做到一方出事故、多方受教育，一地有隐患、全国受警示。

——习近平在重庆考察调研时的讲话（2016年1月4日—6日）

一、"一定清查到底"

1998 年 6 月 3 日上午，一辆运载 287 人的德国城际特快列车（ICE）从慕尼黑开往汉堡，在途经下萨克森州策勒区的小镇艾雪德（ESchede）附近时，突然脱轨。在短短 180 秒内，时速 200 千米的火车冲向树丛和桥梁，300 吨重的双线路桥被撞得完全坍塌，列车的 8 节车厢依次相撞在一起。事故共造成 101 人死亡、88 人重伤，遇难者还包括 2 名儿童。

事故发生后，现场搜救持续了 3 天，但技术调查和法律审判却持续了 5 年。时任德国交通部部长魏斯曼向公众保证："绝不允许蒙混过关，不允许半点掩饰和含糊，一定清查到底。"德国联邦铁路局组织成立了独立调查小组，对事故的原因和责任展开全面调查。

调查最终认定，事故的"罪魁祸首"是断了钢圈的火车车轮。原本在城际特快列车上使用的，是德国专有技术的整块钢材切割而成的单毂钢轮。这种车轮会产生较大的噪音，并让车体产生明显的摇晃，所以德国铁路公司换成了箍着钢条的双毂钢轮。这种双毂钢轮有橡胶层，可以减少噪音，并让运行更加平稳，但这种车轮的缺点是容易出现金属疲乏，进而造成金属断裂，而这恰恰就是导致事故发生的直接原因。[①]

由于事故审判成为公众关注的热点，2002 年主审开庭时，庭审不是在法院而是在市议会大厅举行。2003 年，庭审结束，三位工程师被判无罪，但需共支付 1 万欧元的赔偿金。经过长达 5 年的彻底清查，艾

[①] 李斐然、邵京辉：《德高铁事故现场救援持续 3 天调查和审判历时 5 年》，《中国青年报》2011 年 7 月 27 日。

雪德事故终于在技术调查和法律审判上划了一个句号。

审判结束后，调查学习并没有结束。被死神车轮戳穿的车体，除了受损特别严重的车厢被销毁以外，可用的车厢再度回到公众视野中。其中，几乎未受损的第一节车厢保持了事故前的样子，成为德国联邦政府相关机构的教学样本。列车的后牵引车头则长期存放在机车修理厂，为其他损坏的车头提供零配件。2007年，后牵引车头与另外两辆损坏的牵引车头被重新组装成一个新的牵引车头，再度回到铁轨上奔驰。

2001年5月11日，在事故发生地，遇难者家属、政府官员、志愿者、市民代表等约400人，参加了事故纪念地的落成典礼。在桥梁前的铁轨旁，栽种了101棵樱花树，代表着101个逝去的生命。在中间，立着一座长8米、高2.1米的纪念碑，上面刻着所有遇难者的名字、出生年月、家乡以及对事故的介绍。每年6月，既有德国高速列车正式运行的纪念日，也有艾雪德事故的国悼日。

> 1998年6月3日10时58分，高铁884次"威廉康拉德伦琴"号在这里撞毁。101人不幸遇难，他们的家庭被毁，100多人受到严重伤害，许多人终身受其所累。这次不幸，说明了人生的脆弱、短暂和缺憾。救援者、志愿者和当地居民无私承担了救助和安慰伤者的重任，体现了崇高品质和奉献精神。通过他们的努力，艾雪德成了一个团结的、充满人性的地方。（纪念地大门上的铭文）

> 这101人的生命之路，在这次艾雪德火车事故中结束。在这里，他们的命运以无法解释的方式，相交并结束。除了惋惜和哀悼，还要感谢这些所爱的人曾经和我们亲密地生活在一起。令人安慰的是希望：他们安息在上帝的手中。（纪念碑上的铭文）

客观公正的调查评估，知错就改的专业精神，让人们逐渐重拾对德国铁路公司的信任。事故发生半年之后，乘坐德国城际特快列车出行的人数开始恢复，此后不断增加，甚至超过了事故前（2010年共计运载旅客7800万人次，而1992年仅为1000万人次）。德国列车并没有因为这只断了钢圈的车轮而减缓行驶，而是以更加积极的姿态高速前行。

"人谁无过，过而能改，善莫大焉。"突发事件应对的过程，也是一个暴露问题、发现问题、解决问题的过程。通过客观公正的调查，就能汲取经验教训，举一反三，查缺补漏，从而避免类似事件的再次发生。突发事件调查学习，包括哪些工作内容？遵循哪些基本原则？实践中又可能会面临哪些难题？

二、教训比经验更重要

（一）危机是最好的学习时机

1."亡羊补牢，犹未晚矣"

"亡羊补牢"是中国人都很熟悉的成语故事。故事说的是，战国时期，楚国的楚襄王即位后，重用奸臣，政治腐败。大臣庄辛反复劝谏，却被赶出楚国。秦国趁机征伐，很快占领了楚都郢，楚襄王逃到城阳城（今河南信阳一带）。落难后，楚襄王想起大臣庄辛曾经反复忠告，后悔不已，赶紧派人到赵国请回庄辛。庄辛说："见兔而顾犬，未为晚也；亡羊则补牢，未为迟也。"以此来鼓励楚襄王励精图治、重整旗鼓。后来，楚襄王积极纳谏，励精图治，度过了危机，振兴了楚国。

《后汉书·窦武传》云："今不虑前事之失；复循覆车之轨。"意思是，不吸取失败的教训，就会重犯以前的错误。"遭一蹶者得一便，经一事者长一智。"就像"亡羊补牢"这个故事讲到的，羊被叼走后，如果及时堵上窟窿，堵塞漏洞，就不会有羊再被狼给叼走；反之，如果不肯接受劝告，执迷不悟，就会有更多的羊继续被狼叼走。

调查学习，是指对突发事件的发生原因、应对过程等进行客观公正的评估，针对暴露出来的短板和不足，总结经验教训，提出整改措施，避免类似事件再次发生的过程。古人云，"人非圣贤，孰能无过"，要"不贵于无过而贵于能改过"。1949 年 6 月 30 日，毛泽东在为中国共党成立 28 周年发表的《论人民民主专政》一文中指出："错误和挫折教训了我们，使我们比较地聪明起来了，我们的事情就办得好一些。任何政党，任何个人，错误总是难免的，我们要求犯得少一点。犯了错误则要求改正，改正得越迅速，越彻底，越好。"①

调查学习的过程，就是"使我们比较地聪明起来"，亡羊补牢、避免重蹈覆辙的过程，也是"森林医生"啄木鸟吃害虫的过程。据统计，一只啄木鸟一天能吃掉 1500 只害虫；有了啄木鸟的帮助，树干上的虫子变少了，树木也就可以更好地茁壮成长。同样，通过客观公正的调查学习，我们就能做到"发生一起事件、解决一类问题"，不断改进提高。

2. 危机既是危险也是机遇

中国古人很早就懂得祸福相依、多难兴邦的辩证法道理。《老子》云："祸兮福之所倚，福兮祸之所伏。"《左传·昭公四年》云："或多难以固其国，启其疆土；或无难以丧其国，失其守宇。"《韦氏大字典》认为，"危机是事件转机与恶化间的转折点"。20 世纪 60 年代，美国总统肯尼迪问起"危机"这个词用汉语怎么解释。有人回答说："在汉语里，'危机'是由'危险'和'机会'两个词组成，即危险意味着机会。"肯尼迪听后称赞道："中华文化能把两个毫不相干的词融化成一个东西，太伟大了。"

1945 年 5 月 31 日，毛泽东在党的七大上的结论中，强调要善于变坏事为好事。他说："艰难困苦给共产党以锻炼本领的机会，天灾是一件坏事，但是它里头含有好的因素，你要是没有碰到那个坏事，你就学不到对付那个坏事的本领，所以艰难困苦能使我们的事业成功。"②马丁·玛丽埃塔公司主席奥古斯丁也说道："每一次危机本身既包含导致失败的根源，也孕育着成功的种子。发现、培育，以便收获这个潜在的成功机会，就是危机管理的精髓。而习惯于错误地估计形势，并使事态

---

① 《毛泽东选集》第四卷，人民出版社 1991 年版，第 1480 页。
② 《毛泽东文集》第三卷，人民出版社 1996 年版，第 390 页。

进一步恶化，则是不良的危机管理的典型。"① 研究表明，"从某种意义上说，危机是一定时期内，潜在的社会制度问题的外化表现"。"作为政治变革与政治发展的一部分，危机对于一个理性的、有活力的政府而言，能够成为公共政策改进和完善的外部动力。"②

20 世纪中期，美国火灾频发，伤亡损失居高不下，成为严重的社会问题。据统计，火灾每年造成美国约 6200 人死亡，10 万人受伤（包括生理伤害和心理创伤），直接财产损失约 104 亿美元，每名严重烧伤患者的医疗费用可能远超 10 万美元。1968 年，美国国会通过了《火灾研究和安全法》（*Fire Research and Safety Act of 1968*），授权成立全国消防安全研究委员会，对火灾进行全面调查，并采取切实可行的措施。

1971 年，尼克松总统指定 20 名委员，成立了全国火灾防控委员会。1973 年，该委员会形成了一份题为《美国在燃烧》（*America Burning*）的专题报告。报告正文分为 20 个章节，共 177 页，全面分析了美国面临的消防安全问题及其深层次原因，就公民意识、政府责任、专业力量、技术装备等提出了 90 条建议，涉及社会消防安全责任体系重构、联邦与州和地方政府消防工作事权划分、覆盖城乡的消防救援力量体系建设、消防部门职责和工作重心向"防消并重"转移、消防宣传教育培训的基础和先导作用、消防科学基础研究和技术研发等。

报告公布后，引起了美国全国上下极大反响。1974 年 10 月，福特总统签署了一项新的《联邦消防法案》（*Federal Fire Prevention and Control Act of 1974*）。至此，美国有了第一部联邦层面专门的消防法，并一直沿用至今。根据该法案，成立了美国国家消防管理局（USFA）和国家消防学院（NFA），建立了全国火灾事故报告系统（NFIRS），并在国家标准局成立了消防研究中心。

消防改革的效果非常显著。据统计，"1973 年《美国在燃烧》发布

① ［美］诺曼·奥古斯丁：《危机管理》，北京新华信商业风险管理有限责任公司校，中国人民大学出版社 2011 年版，第 5 页。

② 胡宁生主编：《中国政府形象战略》，中共中央党校出版社 1999 年版，第 1191、1212 页。

时，美国每年死于火灾的人数约为 6200 人，因火灾受伤者约为 10 万人。到 2012 年，美国每年约有 2855 人死于火灾，受伤 16500 人，直接财产损失约为 120 亿美元。考虑到这一期间，美国的总人口从 2.12 亿人增加到 3.11 亿人，火灾伤亡和损失的下降更是难能可贵"①。

《荀子·成相》云："前车已覆，后未知更何觉时。"调查学习的目的，就是做好"事后诸葛亮"，把"前车之覆"作为"后车之鉴"，防止同样的事情再次发生。2004 年 7 月公布的"9·11"事件独立调查报告，分析了 200 多万件文件，询问了 1000 多位证人，对事发前后美国的外交、情报、移民、商业飞行以及恐怖组织的资金流动等进行了全面调查。报告强调，应对突发事件不仅要有"先见之明"，也要有"后见之明"。报告写道："我们有可能提前了解并阻止这些袭击吗？"1946 年，美国一个调查委员会在日本偷袭珍珠港的美军太平洋舰队 5 年后提出了同样的问题。巧的是，1946 年对偷袭珍珠港事件的调查与"9·11"事件调查的很多结论十分相似。例如，不同情报部门之间未能分享各自的信息，否则这些线索将组合成清晰的预警情报；一些警觉性强的基层情报人员发出了警告，但这些警告被忽略了；指挥官疏于运用想象力对现有的信息进行推理，未能识破敌方发起袭击的阴谋。②

开展调查评估、总结经验教训，是发现问题、改进工作的重要途径。2003 年 7 月 1 日，胡锦涛在"三个代表"重要思想理论研讨会上讲话指出："要认真总结抗击非典工作的宝贵经验，查找工作中的不足和薄弱环节以及干部思想作风方面暴露出来的问题，切实加强公共卫生体系建设和应急机制建设，切实改进有关工作，切实转变干部思想观念和工作作风。"③7 月 28 日，他在全国防治非典工作会议上再次指出："人类总是在经历和战胜一次又一次的磨难中前进的。抗击非典的艰

---

① 美国全国火灾防控委员会编：《美国在燃烧》，司戈译，北京大学出版社 2014 年版，"中文版序言"第 3 页。

② 《〈今日美国〉评论："9-11"调查报告太肤浅》，《北京青年报》2004 年 7 月 23 日。

③ 《胡锦涛文选》第二卷，人民出版社 2016 年版，第 59 页。

苦斗争，使我们党和我国人民又一次经受了战斗的洗礼和考验。"他强调，汲取教训是我们改进工作的重要途径。

　　反思我国非典疫情的发生和我们防治非典的过程，既有成功的经验，也有深刻的教训。总结经验，有利于我们更好地推进各项工作。汲取教训，也是我们改进工作的重要途径，而且往往是更重要的途径。通过抗击非典斗争，我们比过去更加深刻地认识到，我国的经济发展和社会发展、城市发展和农村发展还不够协调；公共卫生事业发展滞后，公共卫生体系存在缺陷；突发事件应急机制不健全，处理和管理危机能力不强；一些地方和部门缺乏应对突发事件的准备和能力，极少数党员干部作风不实，在紧急情况下工作不力、举措失当。我们要高度重视存在的问题，采取切实措施加以解决，真正使这次防治非典斗争成为我们改进工作、更好地推动事业发展的一个重要契机。①

古人讲："经一蹶者长一智，今日之失，未必不为后日之得。"恩格斯曾说过，"没有哪一次巨大的历史灾难，不是以历史的进步为补偿的"。"一个聪明的民族，从灾难和错误中学到的东西会比平时多得多。"② 温家宝也多次强调多难兴邦，"一个民族在灾难中能够学到比平时多得多的东西；一个民族在灾难中失去的，必将在民族的进步中获得补偿，关键是要善于总结经验和教训"③。

在 2008 年 10 月 8 日召开的全国抗震救灾表彰大会上，胡锦涛指出："一个善于从自然灾害中总结和汲取经验教训的民族，必定是日益坚强和不可战胜的!"④ 当年 3 月 5 日，在参加十一届全国人大一次会议江苏代表团审议时，他强调，要把应对南方低温雨雪冰冻灾害的经验转化为

---

① 《胡锦涛论构建社会主义和谐社会》，中央文献出版社 2013 年版，第 1—2 页。

② 《马克思恩格斯全集》第 39 卷，人民出版社 1976 年版，第 49 页。

③ 《温家宝出席香港特区政府表扬医护及各界成功克服非典聚会》，《人民日报》2003 年 7 月 1 日。

④ 胡锦涛：《在全国抗震救灾总结表彰大会上的讲话》，《人民日报》2008 年 10 月 9 日。

更好抵御风险的措施和能力。

> 最近这场低温雨雪冰冻灾害警示我们，越是经济社会向前发展，越是现代化程度不断提高，就越不能忽视可能发生的风险。我们必须要增强我们风险防范的意识，要完善应急管理的体制机制，要加强各种应急物资的储备，要进一步提高危机的处理水平，我们要真正把这场抗灾救灾斗争的经验转化为更好地抵御风险的措施和能力。只要我们能够始终做到忧患在心、准备在先、居安思危、防患未然，我们就一定能够经受住各种考验、战胜各种困难和风险，不断地夺取全面建设小康社会的新胜利。①

面对突发事件，"先见之明"很重要，但人不是神仙，不是"事前诸葛亮"，没法完全避免或准确预见所有事件的发生。因此，一个地方或部门偶尔发生一起突发事件，是可以理解和接受的。不能理解和接受的，是同样的事件在同一个地方或部门重复发生，这说明我们没有"后见之明"，没有做好"事后诸葛亮"，没有从事件中汲取教训。

"艰难困苦，玉汝于成。"危机是全民学习的最好课堂，危机后进行调查学习的过程，是提高全民安全意识和应对能力的最好机会；我们要比平时学得更多，学得更快，学得更好。只有这样，才能真正把个别人、少数人的经历，变为大多数人、全社会共同的财富。

3."六个月改革原理"

"二战"行将结束之际，英国首相丘吉尔在组建联合国期间说道："永远不要浪费任何一场'好'危机。"2008 年 11 月，刚被奥巴马总统指定为白宫办公厅主任的伊曼努尔（Rahm Emanuel），针对刚开始爆发但已吞噬了华尔街和全球经济的金融危机说道："永远不要让一场严重的危机浪费掉。"

美国英特尔公司创始元老、前首席执行官和董事长格罗夫（Andy

---

① 《努力把党的十七大精神落到实处　切实推动经济社会又好又快发展》，《人民日报》2008 年 3 月 6 日。

Grove）把企业分为三个层次：不好的公司被危机解决，好的公司渡过危机，伟大的公司通过危机提高自己。"智者固危而建安，明者矫失而成德。"突发事件的发生，为改革和学习创造了宝贵的"机会之窗"。每一次灾难的发生，既是一次严重冲击和重大考验，也是一次宝贵的学习实践和改革创新机会；每一次灾难的发生，都会暴露出方方面面的问题，给管理者提供一个反思和改进的契机。

美国社会学家科塞（Lewis Coser）研究认为，社会冲突具有正功能，起着"社会安全阀"的作用，能为社会或群体的成员提供某些正当渠道，宣泄和消除平时蓄积的敌对、不满情绪以及个人间的怨恨，从而释放社会的紧张状态。科塞指出："通过它，社会能在面对新环境时进行调整。一个灵活的社会通过冲突行为而受益，因为这种冲突行为通过规范的改进和创造，保证了社会在变化了的条件下延续下去。""一个僵化的社会制度，不允许冲突发生，它会极力阻止必要的调整（也消除了一个有用的警报），而把灾难性的崩溃的危险增大到极限。"①

美国学者伯克兰（Thomas Birkland）把那些"突然发生的、不可预知的事件"，看作是能够促进公共政策讨论、推动政策议程改革的"焦点事件"②。焦点事件具有吸引社会关注的聚焦能力，容易引起公众或决策者的关注，对公共政策产生重大影响甚至引发立法行为。美国政策科学家金通（John W. Kingdon）把焦点事件引发的反应阶段，称为触发变革的"政策之窗"③。王绍光研究认为，外压模式是我国公共政策议程设置的六种模式之一；外压模式的特殊情况，是突然出现焦点事件，引起社会普遍关注，进而迫使决策者迅速调整议程。④

---

① ［美］科塞：《社会冲突的功能》，孙立平等译，华夏出版社1989年版，第114页。

② Thomas Birkland, *After Disaster: Agenda Setting, Public Policy and Focusing Events*, Washington D.C.: Georgetown University Press, 1997.

③ John W. Kingdon, *Agenda, Alternatives and Public Policies*（2nd edition），New York: Harper Collins, 1995.

④ 王绍光：《中国公共政策议程设置的模式》，《中国社会科学》2006年第5期。

在应急管理中，有所谓的"6个月改革原理"：突发事件发生后，通常有6个月的时间，可供人们开展适合应对灾难需要的改革，这些改革在灾难没有发生时很难推动；在事件结束6个月之后，再想推动这些改革就会再次变得非常困难。人的注意力是一种有限的资源，人们的兴奋点往往是阶段性的；新的事件发生后，人们的注意力可能发生转移，突发事件为改革和学习创造的"机会之窗"可能很快就会关上。为此，全社会都应该紧紧抓住突发事件发生后6个月宝贵的"机会之窗"，比平时更加密集地学习、更加刻苦地学习、更加有效地学习。

突如其来的新冠肺炎疫情，是对我国应急管理工作的一次重大考验，暴露出我国个别地方和部门的应急管理工作还存在明显的短板和不足，要求我们深入总结经验教训，抓重点、补短板、强弱项。2月3日在中央政治局常委会会议研究应对新冠肺炎疫情工作、2月23日在统筹推进新冠肺炎疫情防控和经济社会发展工作部署会议，以及3月10日专门赴武汉考察疫情防控工作的讲话中，习近平总书记都强调要总结经验、吸取教训，补齐短板，提高应对突发事件的能力和水平。

> 这次疫情是对我国治理体系和能力的一次大考，我们一定要总结经验、吸取教训。要针对这次疫情应对中暴露出来的短板和不足，健全国家应急管理体系，提高处理急难险重任务能力。这次疫情暴露出我们在城市公共环境治理方面还存在短板死角，要进行彻底排查整治，补齐公共卫生短板。①

> 在这次应对疫情中，暴露出我国在重大疫情防控体制机制、公共卫生应急管理体系等方面存在的明显短板，要总结经验、吸取教训，深入研究如何强化公共卫生法治保障、改革完善疾病预防控制体系、改革完善重大疫情防控救治体系、健全重大疾病医疗保险和救助制度、健全统一的应急物资保障体系等重大问题，抓紧补短板、堵

---

① 习近平：《在中央政治局常委会会议研究应对新型冠状病毒肺炎疫情工作时的讲话》，《求是》2020年第4期。

漏洞、强弱项，提高应对突发重大公共卫生事件的能力和水平。①

我们要放眼长远，总结经验教训，加快补齐治理体系的短板和弱项，为保障人民生命安全和身体健康筑牢制度防线。要着力完善公共卫生应急管理体系，强化公共卫生法治保障，改革完善疾病预防控制体系、重大疫情防控救治体系，健全重大疾病医疗保险和救助制度，健全统一的应急物资保障体系，提高应对突发重大公共卫生事件的能力和水平。②

黑格尔曾说过："人类从历史学到的唯一的教训，就是人类没有从历史中吸取任何教训。"突发事件过后，随着生产生活工作逐渐恢复正常，教训很容易被遗忘。美国政治预测家西尔弗写道："从对卡特里娜飓风和其他暴风雨的调查中不难发现，经历过一次飓风袭击的人都不大可能在下一次飓风来临时撤离。"③ 法国作家加缪在《鼠疫》一书中、日本著名导演黑泽明在电影《七武士》中，都讲述过这种遗忘。

在《鼠疫》结尾，疫情过后，人们欢聚在一起，庆祝来之不易的抗疫胜利。不过，加缪随后特意加了一段，隐喻鼠疫可能会卷土重来。

在倾听城里传来的欢呼声时，里厄也在回想往事，他认定，这样的普天同乐始终在受到威胁，因为欢乐的人群一无所知的事，他却明镜在心：据医书所载，鼠疫杆菌永远不会死绝，也不会消失，它们能在家具、衣被中存活几十年；在房间、地窖、旅行箱、手帕和废纸里耐心等待。也许有一天，鼠疫会再度唤醒它的鼠群，让它们葬身于某座幸福的城市，使人们再罹祸患，重新吸取教训。④

1954 年出品的电影《七武士》，主要讲述了日本战国时代，小山村

---

① 习近平：《在统筹推进新冠肺炎疫情防控和经济社会发展工作部署会议上的讲话》，《人民日报》2020 年 2 月 24 日。

② 习近平：《在湖北省考察新冠肺炎疫情防控工作时的讲话》，《求是》2020 年第 7 期。

③ ［美］纳特·西尔弗：《信号与噪声：大数据时代预测的科学与艺术》，胡晓姣、张新、朱辰辰译，中信出版社 2013 年版，第 112 页。

④ ［法］阿尔贝·加缪：《鼠疫》，刘方译，上海译文出版社 2013 年版，第 273 页。

的村民为保卫家园，与雇来的七位武士联手击退强盗的故事。武士和村民们手握铁锹、竹矛，死守村庄和收成，击退了强盗一次又一次的进攻。最终，强盗被尽数歼灭，但村民们也付出了很大的代价，7 名武士阵亡了 4 名，留下坟冢上 4 把武士刀刺入天穹。大战过后，武士们离开村落；村民们搬出大酒大肉，在田里唱歌跳舞，欢庆胜利，却没有一个人去牺牲武士的坟前悼念，也没有一个人向幸存的武士道谢送行。幸存的 3 个武士站在 4 个牺牲战友光秃秃的坟前，武士中的领袖人物勘兵卫不禁感叹："这也是场败仗……赢的并不是武士，而是农民。"

（二）调查学习是一项制度

1. 警惕"重复昨天的故事"

杜牧在《阿房宫赋》中写道："秦人不暇自哀，而后人哀之，后人哀之而不鉴之，亦使后人而复哀后人也。"司马迁在《史记》中写道："智者举事，因祸为福，转败为功。"2006 年 2 月提交给小布什总统的卡特里娜飓风调查报告指出："我们必须预料到会有更多类似卡特里娜飓风以及可能更严重的灾害发生。事实上，如果我们不能从中获取经验教训并加强应急准备和应急响应，我们将使悲剧重演。我们不能对过去所犯的错误无动于衷，我们可以从中学到更多的东西并为将来做好充分准备。这是我们的责任。"① 突发事件调查学习，要求我们进行耐心细致、客观公正的调查，"吃一堑，长一智"，真正把"危险"变为"机遇"。

《左传》云："过而不改，而又久之，以成其悔，何利之有焉？"意思是，有过错而又不改正，长此以往，终会酿成灾祸。德鲁克曾说过："应注意的现象，是机构中一而再、再而三出现同样的'危机'。同样的

---

① *The Federal Response To Hurricane Katrina: Lessons Learned*, Washington D.C.: The White House, http://www.whitehouse.gov/reports/katrina-lessons-learned/, 23 February 2006, p. 65.

危机如果出现了第二次，就绝不应该再让它出现第三次。"① 在突发事件应对工作中，有时存在"虎头蛇尾"的现象：抢险救援和应急处置轰轰烈烈，全社会高度关注；调查评估和整改学习默默无闻，得不到应有的重视。其结果是，"危"没有很好地转化为"机"，"好了伤疤忘了疼"。

例如，1991 年 9 月 24 日，山西太原迎泽公园"煤海之光"灯展现场发生踩踏事故，造成 106 人死亡、98 人受伤；2004 年 2 月 5 日，北京密云在举办迎春灯展过程中，彩虹桥上发生拥挤踩踏事故，造成 37 人死亡、15 人受伤；2014 年 12 月 31 日，上海外滩陈毅广场因跨年迎新倒计时活动变更，发生拥挤踩踏事件，造成 36 人死亡、49 人受伤。

俄国作家托尔斯泰说过："幸福的家庭都是相似的，不幸的家庭各有各的不幸。"虽然这些重特大突发事件的发生有各自特殊的原因，但同样的事件重复发生，说明我们的调查学习工作做得还不够好，汲取经验教训还不够多，"发生一起事件、解决一类问题"落实得还不到位。

习近平总书记强调，重特大突发事件发生后，一定要认真吸取教训，注重举一反三，坚决堵塞漏洞。2013 年 5 月底 6 月初，全国接连发生几起重特大生产安全事故（特别是德惠"6·3"特别重大火灾爆炸事故造成 121 人死亡），在 6 月 6 日就做好安全生产工作作出的指示中，习近平总书记要求："国务院有关部门将这些事故及发生原因的情况通报各地区各部门，使大家进一步警醒起来，吸取血的教训，痛定思痛，举一反三，开展一次彻底的安全生产大检查，坚决堵塞漏洞、排除隐患。"②2013 年 11 月 24 日，习近平总书记在青岛"11·22"泄漏爆炸事故现场考察抢险工作时强调，用生命和鲜血换取的事故教训，不能再用生命和鲜血去验证；要做到"一厂出事故、万厂受教育，一地有隐患、

① [美] 彼得·德鲁克：《卓有成效的管理者》，许是祥译，机械工业出版社 2019 年版，第 47 页。

② 《始终把人民生命安全放在首位 切实防范重特大安全生产事故的发生》，《人民日报》2013 年 6 月 8 日。

全国受警示"①。2016 年 1 月 4 日至 6 日，习近平总书记在重庆考察时再次强调，面对公共安全事故，不能止于追责，还必须梳理背后的共性问题，做到一方出事故、多方受教育，一地有隐患、全国受警示。②

2. 调查学习要建章立制

《新唐书·张廷珪》说道："古有多难兴国，殷忧启圣，盖事危则志锐，情苦则虑深，故能转祸为福也。"重特大突发事件发生后，要"转祸为福"，把危险变为机遇，必须设立一个独立于利益相关方的权威组织，开展客观公正、全面系统、细致深入的调查，并将调查结论向社会公开，接受社会的监督，从而避免类似事件的再次发生。这也是发达国家的普遍做法。

在美国，根据《斯塔福德灾难救济和紧急救助法》等法律规定，总统有权动用所有的相关机构，开展重特大突发事件第三方调查。"9·11"事件独立调查委员会由 10 名成员组成，其中共和党和民主党各任命 5 名，主席由总统任命，副主席由国会的民主党领袖任命，其他成员都是与现政府无直接联系的前政府官员和专业人士，成员有权查阅所有的相关文件、质询当事人并向任何级别的官员发送传票。在为期 20 个月的调查取证过程中，调查委员会共查阅了 250 万页的文件资料，问询了来自 10 个国家的 1200 多人，举行了 12 次公开的和 2 次非公开的听证会；最终调查报告共 567 页（仅脚注就有 117 页），共提出 41 条改进建议。③

在日本，中央防灾会议可根据需要设置各类专门调查委员会，对受委托的事项进行调查，并根据调查结果对防灾计划和相关法律进行修改。例如，1995 年阪神大地震发生后，日本有关机构先后 3 次派遣不同的调查团奔赴地震灾区，调查团成员主要由日本著名大学的教授、国家研究机构的专家构成。从阪神大地震发生后第二年开始，日本政府连

---

① 《习近平谈治国理政》，外文出版社 2014 年版，第 196 页。
② 《落实创新协调绿色开放共享发展理念　确保如期实现全面建成小康社会目标》，《人民日报》2016 年 1 月 7 日。
③ 刘卫东：《探询"911"调查报告的足迹》，《世界知识》2004 年第 8 期。

续 3 次修改《建筑基准法》，大大提高了各类建筑的抗震基准。实际上，日本防灾减灾的基本大法——《灾害对策基本法》以及日本的防灾减灾组织架构，都是对灾害进行调查评估的产物。

我国《宪法》（2018 年修正）、《全国人民代表大会组织法》（1982年公布实施，以下简称《全国人大组织法》）、《地方各级人民代表大会和地方各级人民政府组织法》（2015 年修正，以下简称《地方组织法》），都赋予人大和人大常委会组织关于特定问题调查委员会的权力。《宪法》第七十一条规定："全国人民代表大会和全国人民代表大会常务委员会认为必要的时候，可以组织关于特定问题的调查委员会，并且根据调查委员会的报告，作出相应的决议。调查委员会进行调查的时候，一切有关的国家机关、社会团体和公民都有义务向它提供必要的材料。"《全国人大组织法》第三十八条规定："全国人民代表大会或者全国人民代表大会常务委员会可以组织对于特定问题的调查委员会。调查委员会的组织和工作，由全国人民代表大会或者全国人民代表大会常务委员会决定。"《地方组织法》第三十一条规定："县级以上的地方各级人民代表大会可以组织关于特定问题的调查委员会。"

对突发事件调查学习，我国《突发事件应对法》《国家总体应急预案》等法律法规和政策文件，从总体上作了原则性规定。《生产安全事故报告和调查处理条例》以及《铁路交通事故调查处理规则》（铁道部令第 30 号，2007 年 9 月 1 日起实施）、《民用航空器事故和飞行事故征候调查规定》（中国民用航空总局令第 179 号，自 2007 年 4 月 15 日起施行）、《特种设备事故报告和调查处理规定》（2009 年国家质量监督检验检疫总局令第 115 号，自 2009 年 5 月 26 日起施行）、《突发环境事件调查处理办法》（环境保护部令第 32 号，自 2015 年 3 月 1 日起施行）等，对相关类别突发事件的调查工作作了具体规定。

突发事件应急处置工作结束后，履行统一领导职责的人民政府应当立即组织对突发事件造成的损失进行评估，组织受影响地区尽快恢复生产、生活、工作和社会秩序，制定恢复重建计划，并向上

一级人民政府报告。（《突发事件应对法》第五十九条）

要对特别重大突发公共事件的起因、性质、影响、责任、经验教训和恢复重建等问题进行调查评估。（《国家总体应急预案》"3.3.2 调查与评估"）

三、善于变危机为转机

（一）查因 + 追责：学习是硬道理

1. 调查的目的：还原事还是处理人

突发事件调查，首先要明确职责使命和任务导向；职责和任务明确了，才能知道努力的方向。"目前对突发事件调查的研究虽多，但均侧重于某一类突发事件调查，没有解决对突发事件调查总体性质认识的问题。如果不解决这一问题，在实践工作中，就很难推动突发事件调查体制和机制的建立完善。"[①]

从国内情况来看，突发事件调查主要分为查实型和问责型两大类。所谓查实型，是指以查找证据、还原事实为取向的调查模式，其目的是还原事件。"调查的目的是通过收集和分析证据以获得结论，寻找导致事件发生的原因，并适当地提出防止类似事件重复发生的建议，调查的目的不在于追责。"[②]所谓问责型，是指以界定性质、分摊责任为取向的调查模式，其目的是处理人员。在问责型调查模式下，对突发事件应对情况进行调查的过程，可能异化为各级官员平息社会舆论的过程，异化

---

① 张欢、陈学婧：《应急管理调查评估的要素分析与分类》，《中国应急管理》2008 年第 12 期。

② Paul Stephen Dempsey, "Independence of Aviation Safety Investigation Authorities: Keep the Foxes from the Henhouse", *Journal of Air Law and Commerce*, Vol. 75, No. 1（April 2010）, pp.223-284.

为各方之间相互妥协、进行责任划分的过程。与查实型相比，问责型调查更关注的是分摊责任，而不是还原事实。

我国现行突发事件调查相关法律法规规章，除了《突发事件应对法》《民用航空器事故和飞行事故征候调查规定》等强调应以总结经验教训、改进工作为主要目的外，基本上都把事件调查和问责处理合并进行规定，强调事件调查以责任追究为导向，甚至直接将追究责任作为立法的目的。最后的结果是，"调查与责任追究变成了一对孪生兄弟，责任追究甚至成为了事故调查的最终目标"[①]。

例如，我国《生产安全事故报告和调查处理条例》第一条规定："为了规范生产安全事故的报告和调查处理，落实生产安全事故责任追究制度……制定本条例。"《关于生产安全事故调查处理中有关问题的规定》（安监总政法〔2013〕115号）第五条指出："事故调查组应当在查明事故原因，认定事故性质的基础上，分清事故责任，依法依规依纪对相关责任单位和责任人员提出严肃的处理意见，杜绝失之于软、失之于宽、失之于慢的现象。"《铁路交通事故调查处理规则》第一条规定："为及时准确调查处理铁路交通事故，严肃追究事故责任……制定本规则。"《特种设备事故报告和调查处理规定》第一条规定："为了规范特种设备事故报告和调查处理工作，及时准确查清事故原因，严格追究事故责任……"《突发环境事件调查处理办法》第二条规定："本办法适用于对突发环境事件的原因、性质、责任的调查处理。"

重特大突发事件发生后，容易出现"推责游戏"：有关部门和官员都在极力为自己辩护，推卸自身应承担的责任，"甩锅"给他人。如果突发事件调查学习主要定位为责任追究、人员处理，则调查学习的过程很可能异化为一个各方进行责任分摊的博弈过程；其结果是，对责任的极力推卸往往代替了对事件的严肃调查，由此会严重降低组织从灾难中

---

① 薛澜、沈华、王郅强：《"7·23重大事故"的警示——中国安全事故调查机制的完善与改进》，《国家行政学院学报》2012年第2期。

学习的能力，甚至出现二次危机，产生次生、衍生危害。[①]

2. 勿让政治问责取代技术调查

突发事件发生后，容易成为各方关注的焦点，领导不断过问、媒体不断报道、公众不断质疑。在此情况下，突发事件调查容易被领导意志所左右，被新闻舆论所左右，被社会情绪所左右。在短时间内迅速问责、给社会一个交代，可能变成比追寻真相更重要的选项。其结果是，政治性问责取代了技术性调查，暂时平息舆论取代了长远汲取教训。

《孟子·离娄上》云："行有不得，反求诸己。"意思是，事情做不成功，遇到了挫折和困难，自我反省，一切从自己身上找原因。突发事件调查，既要"处理人员"，也要"还原事件"。两者相比，突发事件调查最根本、最重要的目的，是"还原事件""反求诸己"，彻查原因，总结经验教训，做到"发生一起事件、解决一类问题"。为此，突发事件调查要坚持做到"四个明白"——"查明白、写明白、讲明白、听明白"；要坚持"追寻真相比迅速问责更重要，从事件中学习比单纯处理人更重要"的理念，避免用简单快速的政治性问责取代全面细致的技术性调查。

1944 年成立的国际民航组织（ICAO），明确提出了将技术调查和司法调查相分离的调查原则——技术调查只涉及事故技术原因分析，而司法调查则对职责和责任予以认定。1951 年制定的《国际民用航空公约》（*Chicago Convention*，通称《芝加哥公约》）附件 13《航空器事故和事故征候调查》明确："空难调查的根本目的，在于预防失事或意外事件再次发生，而不在于追究过失和责任。依据本附件规定进行的任何调查，必须与任何分摊过失和责任的司法程序或行政程序分开。"专责于国内航空、公路、铁道、水路及管线等事故调查的美国国家运输安全委员会（NTSB），把组织的使命确定为："调查事故，确定事故发生时的条件和环境，确认可能的事故原因，提出预防同类事故发生的建议，为

[①]　Arjen Boin, Paul't Hart, Eric Stern, and Bengt Sundelius, *The Politics of Crisis Management: Public Leadership under Pressure*, New York: Cambridge University Press, 2005, pp.103-110.

美国各州的事故调查提供帮助。"2009 年法国当局发布的法航 447 航班空难事故调查报告，开篇第 1 页就明确："本调查并非是为了追究责任。"美国"9·11"独立调查委员指出，调查的目的是为了确认事件的事实和原因，对与事件相关的应急准备、应急处置等工作进行评估，向美国国会和总统提交有关防范恐怖袭击的改进措施。

（二）速度 + 质量：过程就是目的

1. 调查的过程：歼灭战还是持久战

突发事件调查工作启动后，往往会受到全社会的高度关注。在调查进行过程中，速度和质量之间往往存在一定的矛盾；如何进行取舍和平衡，是一个必须面对的现实难题：在短时间内完成调查，速战速决，可以尽快给全社会一个交代，但调查可能不太深入，质量可能不是很高；在长时间内完成调查，精耕细作，虽然调查的质量有保证，但可能公众等不起。

从实际情况来看，突发事件调查分为质量型和速度型两大类。所谓质量型，是一种以质量为先，尽可能科学还原事件真相，进而提出改进对策的调查模式。质量型调查强调精耕细作，过程与结果同样重要：一方面，科学规划调查方案，通过现场勘验、调查取证、检测鉴定、实验分析、专家论证等手段，科学设定调查进度，全面搜寻各种可能的事件证据，尽可能全面还原事件真相；另一方面，调查结果向社会公开，让事件相关方参与质询，让公众参与监督。所谓速度型，是一种强调速度优于质量，结果重于过程，在尽可能短的时间内尽快完成调查，以及时回应社会关切、消除各方质疑的调查模式。

我国相关法律法规对调查报告的提交和批复，作了明确的时限规定。例如，《生产安全事故报告和调查处理条例》第二十九条规定："事故调查组应当自事故发生之日起 60 日内提交事故调查报告；特殊情况下，经负责事故调查的人民政府批准，提交事故调查报告的期限可以适当延长，但延长的期限最长不超过 60 日。"第三十二条规定："重大事故、较大事故、一般事故，负责事故调查的人民政府应当自收到事故调查报告之日起 15 日内做出批复；特别重大事故，30 日内做出批复，特殊情况下，批复时间可以适当延长，但延长的时间最长不超过 30 日。"《铁路交通事故调查处理规则》第四十二条、《民用航空器事故和飞行事故征候调查规定》第四十一条等，也作了类似的规定。

2. 勿让速度取代质量

在现实中，出于回应社会关切的需要，速度型调查往往取代质量型调查。此时，速度压倒质量，异化成为突发事件调查首要的目标。对速度的过度追求，使得调查过程呈现"短、平、快"的特点，对证据的搜寻和验证点到为止，最终公布的调查报告内容比较空泛，对相关人员的问责处理也比较笼统，甚至有时出现"调查速度越快越好，被处理的人越多越好、级别越高越好"的现象。

俗话说："慢工出细活。"突发事件调查是一件费时费力的工作，需要精耕细作，不能操之过急，不是速度越快越好，而应当根据事件的性质、特点、复杂程度以及证据搜寻的难易程度等因素，实事求是、科学合理地设定进度。实际上，因专业性、技术性需要以及客观环境限制，一些重特大突发事件的调查往往需要花费几年甚至十几年的时间。例如，美国国家运输安全委员会的重特大事故调查，常常要花费一年左右甚至更长时间才能完成。1998 年德国城际特快列车事故，技术调查和法律审判长达 5 年。2005 年 4 月 25 日发生的日本 JR 福知山线出轨事故，调查前后进行了 3 年，从事发当日至 2006 年 8 月 31 日，共实施了 15 次调查；2007 年 6 月 28 日最终公布的调查报告近 300 页，内容包括"特别事故调查经过""认定事实（上）""认定事实（下）""事实认定理由""原因""建议""意见""参考事项"七大部分，含有正文以及图表、照片等附加材料，仅出现在最终报告中的乘客证词就多达 17 份。

为了保证质量，在调查进行的过程中，还要通过召开公开听证会、讨论会等方式，向被调查对象和公众搜集相关信息，从而更全面完整、客观公正地还原事件，发现事件背后存在的问题。调查结束后，还要通过新闻发布会等方式，向社会公布调查结论。例如，2004 年 7 月 22 日，美国"9·11"事件独立调查委员会举行电视直播新闻发布会，独立调查委员会的主席和副主席就报告发表讲话，全体 10 名成员共同接受记者提问；最终公布的调查报告长达 567 页，包含独立调查委员会在 12 次公开听证会上所发表初步调查报告的大部分结论和提出的重要建议。

（三）制定 + 执行：不落实等于零

1. 调查的结果：落地上还是浮面上

"前事不忘，后事之师。"对突发事件进行调查的最终目的，是为了发现问题，解决问题，改进工作，从而避免类似事件的再次发生。"从事故中学习经验，就是向所有相关人员提供事故原因、损失和后果方面的信息，从中提炼和分析事故带来的知识，目的是阻止类似事故再次发生，从而减少损失，提升工作生活的安全性。"①正如德国铁路公司在艾雪德事故后通过调查学习不断改进提高的过程所表明的，调查结论出来之后，只有得到很好的运用，才能真起到以查促改、以改促变、以变促进的作用，把"坏事"变为"好事"；如果束之高阁，弃置不用，则可能会重蹈覆辙，重复犯错。

2001 年 6 月 8 日，日本大阪教育大学附属池田小学发生了一起杀人案：一名叫作宅间的 37 岁男子，持刀冲进小学，当场杀死 8 名、刺伤 13 名小学生。事件震惊了日本全社会——日本号称"安全王国"，很少发生校园恶性安全事件。②

事件发生后，日本有关方面总结认为，案件之所以发生，在于池田小学的校园安保工作存在如下问题：第一，1999 年，京都市立日野小学 1 名二年级小学生被杀害，日本文部省曾给各学校下达《安全管理的相

---

① Anna K. Lindberg, Sven O. Hansson, Carl Rollenhagen, "Learning from Accidents - What More Do We Need to Know?", *Safety Science*, Vol. 48, No.6（July 2010），pp.714-721.

② 萨苏：《看邻人火烧——日本大发展时代启示录》，四川人民出版社 2013 年版，第 157—162 页。

关通知》，但没有督促落实。第二，学校应急准备不充分，混乱中，遇害的 8 名儿童竟被放置 20 分钟无人理会；家长赶到学校后，也无法得到校方的协助，不能迅速掌握孩子的伤亡情况。

案件发生后，日本政府和社会进行了深刻反思，之后提出了改进校园安全工作的建议。池田小学开始建立起一套保护校园安全的措施：校门口大量设置警员，严格检查外来人员，实行"来客登记制"；增加校园围墙的高度，并定期修剪树木，确保能在很远处就发现外来人员；新校舍之间能互相看见，学生可以看见老师；学校设置 10 台监视镜，配置 314 个紧急报警装置；教职员定期举行应急救护培训，学生开设安全课；校园安全环境恶化时，实行全封闭式管理。2006 年，池田小学特地向 8 名遇难学生授予了毕业证书。在池田小学的操场上，建立了一座 3 米高的纪念碑，碑上刻着 8 名孩子的名字，中间挂着 8 口仿中国古代式样的铜钟。每年的 6 月 8 日，池田小学都会举行悼念仪式，以怀念不幸遇难的孩子，同时警醒整个社会。

很快，这些安全防范措施从池田小学推广到了其他学校，成为日本校园的标配。具体包括：首先，在学校、幼儿园等儿童经常活动的地方，设置"警察巡逻区"并立标志牌，严格控制校外人员进入校内。其次，在校园公共区域设置摄像监控系统，增设保安人员，随时对进入学校的嫌疑人员采取措施；限定学校为教学专用场所，禁止进行任何与教学无关的活动。第三，强化小学生集体上学和放学的措施，使小学生在上学和放学途中始终处在教职员的监护下。第四，设立"儿童110"救助电话，吸收地方志愿者团体助力校园安保。由于执行认真，效果显著，池田小学杀人案发生后，日本多年没有发生类似事件。①

2. 勿让虚假学习取代深入整改

俗话说："从哪里跌倒，就从哪里爬起。"突发事件调查结束后，必

① 杨九斌、武亚丽：《学校、政府、社区共同构建安全的校园——日本校园安全防御机制的建设及其对我国的启示》，《现代教育论丛》2010 年第 7 期。

须针对暴露出来的问题进行全面整改，堵塞漏洞，才能避免继续犯错；如果浮在面上，搞表面整改、虚假整改、敷衍整改，应付了事，最终很可能"涛声依旧"，类似的事件接二连三地重复发生。

2019 年响水"3·21"特别重大爆炸事故发生后，国务院事故调查组指出："事故暴露出的问题十分突出，表明江苏省一些地方和企业在吸取过去事故的惨痛教训、改进安全生产工作上不认真、不扎实，走形式、走过场，事故企业连续被查处、被通报、被罚款，企业相关负责人仍旧严重违法违规、我行我素，最终酿成惨烈事故。"① 调查报告指出，当地"防范化解重大安全风险停留在层层开会发文件上，形式主义、官僚主义严重"；"党中央多次部署防范化解重大风险，江苏作为化工大省，近年来连续发生重特大事故，教训极为深刻"。

调查报告指出，江苏省、盐城市、响水县各级党委、政府及其有关部门，汲取以往发生事故教训不深刻，整改措施不得力。

江苏省："没有深刻汲取昆山'8·2'、天津港'8·12'等特别重大事故教训，结合本省实际举一反三、亡羊补牢不够，对全省化工园区重大安全风险排查治理不全面、不深入、不扎实。"

江苏省应急管理厅："吸取昆山'8·2'特别重大爆炸事故教训不深刻，亡羊补牢措施不得力。"

江苏省工业和信息化厅："吸取昆山'8·2'和天津港'8·12'等特别重大事故教训不够，督促全省化工园区及化工企业升级、产业调整不力。"

盐城市应急管理局："没有认真吸取盐城市射阳县、连云港市灌南县等地化工企业重大爆炸事故教训，督促指导响水县和生态化工园区及企业举一反三，全面开展安全风险辨识和评估，隐患排查治理不彻底。"

---

① 《国务院"3·21"事故调查组：事故企业连续被查，相关负责人严重违法违规》，《人民日报》2019 年 3 月 24 日。

盐城市生态环境局："对中央媒体曝光的环境污染问题和中央环保督察组、江苏省委第六巡视组分别反馈的固体废物处理等方面问题没有认真组织排查治理。"

响水县："未认真吸取盐城市射阳县、连云港市灌南县等周边地区化工园区爆炸事故教训，对危险废物长期大量违法贮存问题失察。"①

_____

① 《江苏响水天嘉宜化工有限公司"3·21"特别重大爆炸事故调查报告》，第26、16、22、16、20、25页。

后　记

从事应急管理理论研究和教育培训 20 年，一直想写一本既有用又有趣的书。

有用，就是"接地气"，紧扣实践、呼应实践，而不是纸上谈兵、坐而论道。有用，要求能给应急管理实务工作和理论研究提供一些"真功夫"，帮助各级党委、政府和领导干部更好地掌握应急管理的基本方法，帮助理论研究者更好地把握应急管理的基本规律。换言之，"有用"就是要"顶天立地"——所谓"顶天"，是要学习领会习近平总书记关于应急管理的重要论述，贯彻落实中央关于应急管理工作的重大决策部署；所谓"立地"，是要紧贴各级党委、政府应急管理工作实际，回应各级领导干部应急管理工作堵点痛点。有趣，就是"揪人心"，引人入胜、扣人心弦，而不是枯燥说教，简单灌输。有趣，要求给应急管理实务工作者和理论研究者提供一些"新鲜事"，通过贴近生活的内容、鲜活生动的事例、通俗易懂的语言，以案说理，寓教于乐。

归纳起来，有用有趣，就是要让读者看得懂、读得进、记得住、用得上。这也是写作本书遵循的要求和追求的目标。

在"有用"方面，本书以实用性为导向，重在解决应急管理"怎么办"的问题。自 2003 年取得抗击非典斗争胜利以来，我国的应急管理工作进入了全面开创与发展的新阶段，以"一案三制"（应急预案，应急管理体制、机制和法制）为基本内容的应急管理体系基本建立，各级党委、政府以及全社会对应急管理工作的重要性、紧迫性有了基本认识。党的十八大以来，中国特色社会主义进入了新时代，中央提出了"积极推进应急管理体系和能力现代化"的要求。为此，我们的应急管理理论研究和实际工作，要从以往以基本认识和框架构建为主，转向未来以体系建设和能力提升为主，切实把应急管理工作做实做细做好。

具体而言，"有用"主要是通过内容选择和结构编排两个方面来实现的。在内容选择上，本书采取先"看"后"办"的基本结构，在精练介绍党的十八大以来以习近平同志为核心的党中央有关应急管理工作的重大决策部署、总结新时代应急管理工作"怎么看"的基础上，重点围绕新时代应急管理工作"怎么办"展开讨论。按照突发事件生命周期和突发事件应对全过程，本书把应急管理的重点任务归纳为源头防范、风险管控、应急准备、监测预警、事态研判、信息报告、决策部署、组织指挥、舆论引导、恢复重建、调查学习共 11 个方面，共同构成应急管理能力的基本框架。在结构编排上，本书采取先总后分"1+11"的基本结构：在第一讲对 11 项重点任务进行概括性介绍后，从第二讲开始各章按照相同体例（典型案例导入、该重点任务的基本含义与重大意义、做好该重点任务的核心内容与基本方法），对各项重点任务展开详细论述。论述中，重点又围绕党和国家相关决策部署要求、实际工作的重点难点盲点，落到该重点任务具体怎么做（核心内容与基本方法）。

在"有趣"方面，本书以生动性为基调，重在解决大家"愿意读"的问题。在一个信息泛滥、众声喧哗的自媒体时代，如何让读者静得下心、沉得住气，从头到尾耐心读完一本书，是一个不小的难题。近年来，我国公开出版的应急管理著作（包括译著）不少，但大多是以一般性知识介绍为主的通用教材或以理论分析为主的专题著作——前者内容通常过于浅显，难以满足新时代应急管理理论研究和实际工作的新要求；后者内容往往过于深奥，与应急管理实际工作需求存在一定的偏差。在写作风格上，现有的著作大多采取平铺直叙的手法，趣味性、生动性比较欠缺，读起来比较单调枯燥。本书采取理论阐述与案例剖析相结合、夹叙夹议的方法，将习近平总书记关于应急管理的重要论述、中央关于应急管理的重大决策部署，同各种有趣有料的故事有机融合，力图让大家读起来感觉鲜活、生动、新颖。

具体而言，"有趣"主要是通过体例安排和资料引用两个方面来实现的。在体例安排方面，本书采取"案例导入"和"以案说理"的方法，每讲通过一个典型案例，引出本讲主题，抛出现实问题，激发读者的兴趣；在正文中，穿插古今中外的典型鲜活事例，通过"讲故事"来"明道理"，帮助读者更好地理解和掌握本章的知识要点。在资料引用方面，本书采取"当事人现身说法"和"第三方评述"相结合的方法，广泛引述案例当事人（特别是各个重点案例中的关键决策者）对事件的回忆性资料，国内外相关重特大突发事件的官方调查报告，新闻媒体的宣传报道，以及专家学者的分析评论。希望这种体例安排和资料引用，有助于读者更好地"入场"，尽快进入"沉浸式"阅读的状态。

"位重任亦重，时危志弥敦。"突发事件是对各级党委、政府和领导干部的重大考验，做好应急管理是各级党委、政府和领导干部必须承担的重要职责。2019年11月29日，习近平总书记在主持十九届中央政治局第十九次集体学习时强调，要发挥我国应急管理体系的特色和优势，积极推进我国应急管理体系和能力现代化。当今世界正经历百年未有之大变局，国际形势复杂多变，改革发展稳定、内政外交国防、治党治国治军各方面任务之繁重前所未有，我们面临的风险挑战之严峻前所未有。在这样的时代背景下，推进我国应急管理体系和能力现代化，提升各级领导干部有效应对突发事件的能力，保护人民群众生命财产安全，护航经济持续健康发展和社会大局稳定，显得尤为重要而迫切。

本书是我近20年从事应急管理理论研究、参与应急管理实践的成果集合，是在中央党校（国家行政学院）十几年从事应急管理干部教育培训和研究生教育讲稿的基础上修改而成的。本书得以顺利出版，得到了诸多方面的关心和支持。感谢这个激情澎湃的时代，让我们在承受种种重特大突发事件带来的创伤和痛苦的同时，变得更为坚强、更有韧性；各种突发事件的发生，在暴露出我国应急管理工作存在短板和不足的同时，也在推动我国应急管理事业不断发展进步。感谢参与研讨交流的各位学员、学生，他们在课堂内外的热烈讨论、激烈交锋，大大拓宽了我对应急管理的研究视野，他们提供的各方面素材也大大丰富了本书的观点和内容；特别是，有些学员是案例当事人（有的还是主要决策者），他们提供了很多很有价值的一手资料。感谢我长年参与的多个研究团队提供的支持和帮助，包括中央党校（国家行政学院）应急管理培训中心（中欧应急管理学院）、清华大学应急管理研究基地、中国应急管理学会、中国应急管理 50 人论坛等，同行之间、同事之间的相互交流让我受益匪浅。感谢为本书相关案例提供资料和调研便利的有关机构和人员，感谢专家学者丰富的前期研究成果。感谢国家社科基金项目"基于'情景—应对'的城市综合风险治理体系研究"（17BZZ038）、2019 年宣传思想文化青年英才自主选题资助项目"中国应急管理的模式特征及其国际意义"为本研究提供的支持。感谢人民出版社领导为本书出版提供的大力支持，感谢余平博士为本书编辑修改付出的辛勤劳动。

本书在修改完善和交付出版时，恰逢新冠肺炎疫情在全球持续肆虐之际，这场近百年来人类遭遇的影响范围最广的全球性大流行病，在给人类生命安全和身体健康带来严重威胁，给全球经济社会发展带来严重冲击的同时，也进一步凸显全面加强应急管理工作的极端重要性和现实紧迫性。习近平总书记强调，这次疫情是对我国治理体系和能力的一次大考，我们一定要总结经验、吸取教训；要针对这次疫情应对中暴露出来的短板和不足，健全国家应急管理体系，提高处理急难险重任务能力。《抗击新冠肺炎疫情的中国行动》白皮书也指出："此次新冠肺炎疫情防控，为应对重大突发公共卫生事件积累了宝贵经验，同时也暴露出国家公共卫生应急管理体系存在的不足。中国将认真总结疫情防控和医疗救治经验教训，研究采取一系列重要举措，补短板、强弱项。"

希望本书的出版，能对各级党委、政府和领导干部更好地"赶考""迎考"，更好地做好应急管理工作，更好地为改革发展稳定保驾护航，更好地为实现"两个一百年"奋斗目标、实现中华民族伟大复兴的中国梦创造良好的安全环境，提供一些总体框架和基本思路。也希望本书的出版，能在应急管理这个大池子中扔下一个小石子，激起一些小浪花，吸引越来越多的理论研究者和实务工作者关心、支持我国应急管理事业发展，形成更大、更强的应急管理学术共同体和实践共同体，为积极推进我国应急管理体系和能力现代化作出更大的贡献。

理论源于实践、高于实践，但往往又滞后于实践，并最终要回归于实践。应急管理同样如此。由于应急管理是一个实践性很强的跨学科新兴研究领域，实践发展非常迅速，相关理论研究不可避免会有一定的滞后性，加之本人能力有限，本书难免存在不足之处甚至谬误，敬请各位读者批评指正。

钟开斌

2020 年 5 月

责任编辑：余　平

装帧设计：林芝玉

责任校对：白　玥

图书在版编目（CIP）数据

应急管理十二讲 / 钟开斌 著 . —北京：人民出版社，2020.7（2024.6 重印）

ISBN 978 - 7 - 01 - 022215 - 8

I.①应… II.①钟… III.①突发事件 - 公共管理 - 研究 - 中国

IV.① D630.8

中国版本图书馆 CIP 数据核字（2020）第 101026 号

应急管理十二讲

YINGJI GUANLI SHIER JIANG

钟开斌　著

人民出版社 出版发行

（100706　北京市东城区隆福寺街 99 号）

中煤（北京）印务有限公司印刷　新华书店经销

2020 年 7 月第 1 版　2024 年 6 月北京第 7 次印刷

开本：710 毫米 ×1000 毫米 1/16　印张：22.5

字数：306 千字

ISBN 978 - 7 - 01 - 022215 - 8　定价：88.00 元

邮购地址 100706　北京市东城区隆福寺街 99 号

人民东方图书销售中心　电话（010）65250042　65289539